aktion GRAMMATIK!

John Klapper & Trudi McMahon

Series editors: Phil Turk with Mike Zollo

Hodder & Stoughton

A MEMBER OF THE HODDER HEADLINE GROUP

AKTION GRAMMATIK!

ACKNOWLEDGEMENTS

The authors are deeply indebted to Series Editor Phil Turk and to Dietmar Wozniak, of the Modern Languages Unit, University of Birmingham, for their close reading of the manuscript and their extremely helpful comments. We are also grateful to teachers in Birmingham and Wolverhampton for trying out some of the materials with their students and for providing us with feedback.

Work on this book has benefited in a number of different ways from collaboration on a related project with our colleagues at Birmingham, Dr Bill Dodd and Dr Ruth Whittle, and with Mrs Christine Eckhard-Black of the Language Centre, University of Oxford.

Finally, we would also like to thank Mrs Beverley Picariello and Gaynor Williams for their help in preparing the manuscript.

British Library Cataloguing in Publication Data is available from the British Library

ISBN 0 340 77201 8

First published 1996
Second edition 2000

Impression number	10	9	8	7	6	5	4	3	2	1
Year				2003	2002	2001	2000			

Typeset by Wearset, Boldon, Tyne and Wear.
Printed in Great Britain for Hodder & Stoughton Educational, a division of Hodder Headline Plc, 338 Euston Road, London NW1 3BH by Redwood Books, Trowbridge, Wilts.

CONTENTS

4

AKTION GRAMMATIK!

INTRODUCTION

Aktion Grammatik! aims to provide a systematic presentation of grammar points with sufficient back-up practice to ensure the points are adequately reinforced. It assumes that students will have 'discovered' most points in previous – probably topic-based – study, and therefore goes straight to the explanation of them.

So wird's gemacht – 'This is how you do it: the rules of the road'

The first section of each chapter sets out a grammatical rule or usage, with a clear explanation in English. This section can also be used purely for reference.

Übung macht den Meister! – 'Practice makes perfect: the driving lesson'

This provides practice and reinforcement exercises on a particular grammatical point. Where possible, the exercises are set within a realistic, self-contained context and most are designed to be suitable for individual study. There is a key at the end of the book for self-correction. This section is entirely in German.

Freie Fahrt! – 'Off you go to enjoy the freedom of the road'

The third section offers a range of more open-ended communicative activities in German, ranging from the fairly elementary to the more sophisticated, both oral and written. The activities are set in a variety of contexts in which the grammar point is likely to occur.

GRAMMAR – WHAT IS IT?

You may already be well-versed in all the grammatical terms you need. If so, skip this chapter. If not, read it carefully a number of times and refer back to it if you need help with any of the terms used in this book.

Grammar is really nothing more than a framework which is used:

- to try to define language and how it works, and
- to provide rules and patterns to help you, the language learner.

Like any system or area of knowledge, such as engineering, information technology or horticulture, grammar has its technical terms, which enable us to talk about, explain and describe that subject. What follows is a brief explanation of some of the more common and useful grammatical terms which you will encounter in this book.

Vowels – *a, ä, e, i, o, ö, u, ü, y*, and combinations of these. All other letters are called **consonants**.

Syllables are the simple consonant + vowel units that make up a word ap-pe-tite, con-gra-tu-la-tions: *Ap-pe-tit, Herz-lich-en Glück-wunsch*.

Umlaut denotes the two dots placed above *a, o* or *u*: *Männer, das Öl, führen*.

Noun – a person, name, concept, animal or thing (the policeman, Mary, unemployment, a cow, the plate: *der Polizist, Maria, die Arbeitslosigkeit, eine Kuh, der Teller*).

Declension is the way a noun or adjective changes its case and number (singular/plural – see below) to indicate different meanings or grammatical functions. We thus talk about how nouns and adjectives **decline** or are **declined**.

An **adjectival noun** is one formed from an adjective. It takes the usual adjective endings (the (male) German, the old woman, a newcomer: *der Deutsche, die Alte, ein Neuer*).

A **compound noun** is one formed by joining together two or more words (taxi driver: *das Taxi* and *der Fahrer → der Taxifahrer*).

Nouns can be **singular**, (that is, one whatever: a dog: *ein Hund*) or **plural**, (that is, more than one: some dogs, four dogs, the dogs: *einige Hunde, vier Hunde, die Hunde*).

In German, every noun is either **masculine**, **feminine** or **neuter**. This is called **gender**. The gender of the noun will decide the form of the **definite article** (the word for 'the'), the **indefinite article** (the word for 'a') and the **determiner**.

The **determiner** is the word which tells you which noun is being referred to, how many of the nouns there are, or to whom the noun belongs; for example, 'those', 'some', 'our' (the table, the woman, a book, this man, every house, which town, our brother: *der Tisch, die Frau, ein Buch, dieser Mann, jedes Haus, welche Stadt, unser Bruder*).

A **pronoun** stands in place of a noun and means we do not have to keep repeating that noun (Mary gave the plate to her mother → She gave it to her: *Maria gab ihrer Mutter den Teller → Sie gab ihn ihr*).

The noun or pronoun who/which *does the action* is called the **subject** (in this case 'Mary'). The person or thing which *has the action done to it* ('the plate') is called the **object** or, more specifically, the **direct object**. The recipient, who gets given, sent, etc. the thing in question ('her mother' in the above example) is the **indirect object** which in German is in the **dative case**.

Case shows the role which a word or words play in a German sentence. The form of articles, determiners, nouns, pronouns and any adjectives used with them change according to case.

The **nominative** indicates the subject of the verb (see above).

The **accusative** the direct object.

The **dative** the indirect object.

The **genitive** possession or the relationship between nouns.

As shown in Chapter 15, after prepositions particular cases have to be used.

Adjectives are used to describe nouns (an interesting film, the old roof: *ein interessanter Film, das alte Dach*).

Adverbs are used to describe verbs, adjectives and other adverbs (<u>Fortunately</u> nothing happened. I have a <u>very</u> old VW. She eats <u>terribly</u> quickly: <u>*Glücklicherweise*</u> *ist nichts passiert. Ich habe einen <u>sehr</u> alten VW. Sie isst <u>furchtbar</u> schnell*).

The **comparative** is used to compare adjectives and adverbs (a more important town, walk more slowly: *eine wichtigere Stadt, geh langsamer!*)

The **superlative** is used when you describe the 'most' or 'least' (the most important town, she walks the most slowly: *die wichtigste Stadt, sie geht am langsamsten*).

Prepositions tell you where something/someone is in relation to another in time or place, or they can indicate direction (before lunch, with my brother, under the table, into town, over the bridge: *vor dem Mittagessen, mit meinem Bruder, unter dem Tisch, in die Stadt, über die Brücke*).

Conjunctions join words, phrases or clauses to each other (beer <u>and</u> wine, slowly <u>but</u> surely, <u>if</u> it rains, <u>when</u> he arrived: *Bier <u>und</u> Wein, langsam <u>aber</u> sicher, <u>wenn</u> es regnet, <u>als</u> er ankam*).

Interrogatives are question words – like when you interrogate someone (who? where? in what? *wer? wo? worin?*)

Phrase – a meaningful group of words (a cup of coffee, by the end of the year: *eine Tasse Kaffee, bis zum Ende des Jahres*).

Clause – a meaningful group of words containing a verb, usually in a tense. A **main clause** is one which can stand by itself (the table was made of plastic: *der Tisch war aus Kunststoff*). A **subordinate clause** (who was sitting at the table: *der beim Tisch saß*) cannot stand alone, as a **sentence** must always have a main clause.

Sentences – a sentence consists of a main clause and any number of subordinate clauses.

Verb – a word which describes an action or state of being (I work, you play, he thought, to feel: *ich arbeite, du spielst, er dachte, sich fühlen*).

A **finite verb** is the one verb in a sentence which changes to agree with the subject (see above); it can therefore be either singular or plural, and is always in a tense.

A **tense** relates the verb to time (past, present or future), telling you when the action takes/took/will take place. There are a number of different tenses in German which you will find explained in the body of the book.

The **infinitive** is the non-finite part of the verb, that is, a form which does not agree with a subject (see above) and is not in a tense. It is the basic form you will find in dictionaries and vocabularies (to eat, to travel, to answer: *essen, fahren, antworten*).

The **imperative** form of the verb is used to express commands (Come here, Go away: *Kommen Sie her! Geh weg!*)

Verbs in tenses have **endings** (for example, *-te, -test, -ten*), one for each **person**. There are three persons:

   1st person singular (I: *ich*) and plural (we: *wir*)

   2nd person singular (familiar you: *du*, polite you: *Sie*) and plural (familiar you: *ihr*, polite you: *Sie*)

   3rd person singular (he/she/it: *er/sie/es*) and plural (they: *sie*).

The way in which a verb changes its forms depending on these persons (for example, I go, he goes: *ich gehe, er geht*, etc.) is called its **conjugation**.

Most verbs are in the **indicative** mood – the 'normal' form. There is also a **subjunctive** mood which is explained fully in Chapters 33–35. Among other things the subjunctive is used to form the **conditional** which is commonly found in conditional sentences, so called because they suggest some condition applies to the meaning of the main clause (If I had more money, I would go on holiday: *Wenn ich mehr Geld hätte, würde ich in Urlaub fahren*).

A **strong verb** is a verb which undergoes a change to its stem in forming the simple past (we find/we found: *wir finden/wir fanden*) and sometimes also the 2nd and 3rd person singular of the present tense (I give/you give/he gives: *ich gebe/du gibst/er gibt*).

An **auxiliary verb** is used with a past participle to form tenses and the passive. The German auxiliaries are *haben, sein* and *werden* (Have you read it? He has come. It was built: *Hast du es gelesen? Er ist gekommen. Es wurde gebaut*).

The **past participle** is used to form various tenses and indicates that an action is complete (I have seen it. We had painted the house: *Ich habe es gesehen. Wir hatten das Haus gestrichen*).

The **passive** is a grammatical construction in which the person or thing affected by the action of a verb appears as the subject of the sentence (see above). For example, the sentence 'My brother bought the book' can be expressed in the passive 'The book was bought by my brother': *Mein Bruder kaufte das Buch → Das Buch wurde von meinem Bruder gekauft.*

An **inseparable verb** has an unstressed prefix which does not separate from the verb and its past participle does not begin with *ge-* (I had forgotten: *Ich hatte vergessen*).

A **separable verb**, on the other hand, has a stressed prefix which appears separately from the main part of the verb in some structures (He invited me: *Er hat mich eingeladen/Er lud mich ein*).

A **modal verb** is one which can be used with another verb to modify meaning (I do the work/I have to do the work. She does not play/She is not allowed to play: *Ich mache die Arbeit/Ich muss die Arbeit machen. Sie spielt nicht/Sie darf nicht spielen*).

Some verbs are called **reflexive verbs**, because the doer does the action to himself/herself. A number of verbs are reflexive in German which are not necessarily so in English (to wash (oneself): *sich waschen*). The pronoun (myself: *mich*, etc.) which is used with these verbs is called the **reflexive pronoun** (see above for **pronoun**).

A **transitive verb** is one which can have an accusative object (We saw the accident: *Wir sahen den Unfall*).

An **intransitive verb**, on the other hand, has no object at all (They are standing: *Sie stehen*) or is followed by a prepositional phrase (He is sitting on the chair: *Er sitzt auf dem Stuhl*) or takes a direct object (She helps me: *Sie hilft mir*).

Register and style – The term register refers to the relationship between a speaker/writer and the person he or she is speaking or writing to. The formality or informality of what they say/write depends on a number of factors: how well they know each other, how old they are and what their status or standing is. You must be careful about what sort of language you use with Germans. The most obvious example of this is the *du/Sie* distinction but there are many other examples of language style which would be more appropriate between two students or two close friends (for example, *Tschüss!* or *Tschau!*) than between a doctor and patient or a bank manager and client (*Auf Wiedersehen*). There are various gradations of style, ranging from, say, writing/talking to a sixteen-year-old penfriend (very informal), to addressing a German friend's parents (fairly formal), to interviewing a German official as part of a foreign-language project (very formal). In this grammar we have tried to indicate when a certain style would not be appropriate and have included exercises and activities involving different registers. The best advice the learner can be given on this point, however, is not to use informal language with a German native until he or she uses it with you!

GERMAN GRAMMAR TERMS

While working through the exercises in the sections *Übung macht den Meister!* and *Freie Fahrt!* you may find it helpful to refer to the following list of grammatical terms:

Adjektiv, das	adjective
Adverb, das	adverb
Akkusativ, der	accusative case
Artikel, der	article
(unbestimmt, bestimmt)	(indefinite, definite)
bestimmte Artikel, der	definite article
Buchstabe, der	letter
Dativ, der	dative case
Deklination, die	declension (of noun)
direkte/indirekte Rede, die	direct/indirect speech
Endung, die	ending
Fall, der	case
Fragewort, das	interrogative
Futur I, das	future tense
Futur II, das	future perfect tense
Genitiv, der	genitive case
Geschlecht, das	gender
Imperativ, der	imperative
Infinitiv, der	infinitive
Infinitivsatz, der	infinitive clause
Kasus, der	case
konjugieren	to conjugate (a verb)
Konjunktion, die	conjunction
Konjunktiv I/II, der	subjunctive I/II
männlich	masculine
Modalverb, das	modal verb
Nachsilbe, die	suffix
Nebensatz, der	subordinate clause
Nomen, das (stark, schwach)	noun (strong, weak)
Nominativ, der	nominative case
Ortsadverb, das	adverb of place
Partizip I/II, das	present/past participle
Partizip Perfekt, das	past participle
Passiv, das	the passive

Perfekt, das	perfect tense
Plusquamperfekt, das	pluperfect tense
Präposition, die	preposition
Präsens, das	present tense
Präteritum, das	simple past tense
Pronomen, das	pronoun
Reflexivpronomen, das	reflexive pronoun
Relativpronomen, das	relative pronoun
Relativsatz, der	relative clause
sächlich	neuter
Satz, der	sentence; clause
Silbe, die	syllable
Superlativ, der	superlative
trennbar/nicht trennbar	separable/inseparable
unbestimmte Artikel, der	indefinite article
unpersönlich	impersonal
Verb, das (schwach, stark)	verb (weak, strong)
Vergangenheit, die	past (tense)
Vorsilbe, die	prefix
weiblich	feminine
Wortstellung, die	word order
Zeit, die	tense
Zeitadverb, das	adverb of time
zusammengesetzt	compound

LETTERS AND SOUNDS

SO WIRD'S GEMACHT

You cannot learn German pronunciation from a book alone and therefore it is important that you practise all the examples in this chapter either with a teacher and/or a native-speaker.

The alphabet

Sometimes you need to spell German names and addresses. In order to do this you must know how to pronounce letters. The following guide to the alphabet gives you a *rough* equivalent of the sounds used in German spelling. The colon after some sounds indicates a long vowel, for example, *e:* is the English sound 'ay' as in 'say'; *a:* is the sound 'ar' as in 'far'; *u* is the English sound 'u' in 'dull' and *u:* is the English sound 'oo' in 'fool'.

a	a:	k	ka:	ß	scharfes S/es-tset
b	be:	l	el	t	te:
c	tse:	m	em	u	u:
d	de:	n	en	v	fau (like English 'ow!')
e	e:	o	o:	w	ve:
f	ef	p	pe:	x	i:ks
g	ge:	q	ku:	y	ypsilon
h	ha:	r	er (like English 'air')	z	tset
i	ee (as in English 'see')	s	ess		
j	yot				

You pronounce German more or less as it is written. However, there are a number of vowel and consonant combinations which sound the same but which you write differently.

Vowels

German vowels can be either long or short.

a Vowels are usually long:

- Before single consonants, especially *b, d, g, m, n, t*:

sagen, weder, Foto, gab, tragen, Samen, Mine

Exceptions are a number of one-syllable words, such as:

an, in, mit, unter, das, des, man

- In double vowels:

Paar, Boot, Beet

- Before the silent *h*:

geht, fehlen, ihnen, sahen, nah, drohen, Truhe

b Vowels are short:

- Before a double consonant:

Rasse, hassen, Mutter, Hammer, Sommer, Himmel

- Usually before *ch*:

Sache, lacht, Nacht, sprechen, dicht, licht, Küche

There are, however, a number of exceptions here:

hoch, Buch, Sprache

c You pronounce all the syllables in a German word. There is no final silent 'e' as in English 'hide', 'bathe', etc. Other than in colloquial usage, final *-e* will always be pronounced:

Zähne, Heide, bringe

Umlaut

You can place an umlaut on the letters *a (= ä), o (=ö)* and *u (= ü)*. The vowel sound can be either short or long in accordance with the above guidelines.

a Short *ä* is very like short *e*:

Säcke, Hände, Männer (compare *sprechen, decken, brennen*)

The long *ä* is like the vowel sound in English 'wear' or 'stair':

erträglich, käme, Säge

b Short *ö* has no real equivalent in English:

Schlösser, möchte, könnte

Long *ö* is close to the sound 'ern' in English 'fern':

mögen, Föhn, Stöße

c You can approximate the sound *ü* by creating the English sound 'ee' with pursed lips. It is short in *müssen*, *Flüsse* and *München*, but long in *Lüge*, *grün* and *Füße*.

Diphthongs

Diphthongs are pairs of vowels which combine to produce a new sound. There are a number of common and important diphthongs in German.

aa   is the equivalent of a long *a*:

Haare, Paar

au   is pronounced like 'ow' in English 'how':

bauen, Haus, glauben

äu/eu   are pronounced 'oy' as in 'toy':

Mäuse, Häuser, zeugen, Leute

ai/ei   are pronounced like English 'igh' in 'high':

Main, Haifisch, sein, treiben

ee   is pronounced like a long *e*:

See, leer, Tee

ie   is pronounced like English 'ee' in 'see':

Sieg, lieben, wieder, die

oo   is pronounced like a long *o*:

Boot

Consonants

You pronounce German consonants differently from the English equivalents only in the following instances:

b   is pronounced 'p' at the end of words:

hob, Lob, Sieb

d   is pronounced 't' at the end of words:

Lied, Hand, Bild

g   is pronounced 'k' at the end of words:

Sarg, mag, sag

Note that you pronounce the combination *ig* like German *ich*, although in some parts of Germany people pronounce it 'ik', and that the *g* in the combination *ng* is silent, as in English '**ring**' (*singen, hängt, bringen*).

ch   is pronounced in one of two ways: like Scots English 'Loch' following either a short or long *a, o, u* and the diphthong *au*:

machen, kroch, fluchen, auch

Like the 'sh' in English 'show' but produced further back in the mouth following all other vowels and diphthongs or a consonant:

brechen, Stich, Bäuche, streichen, riechen, welche

j   is pronounced 'y' at the beginning of a word or syllable:

Juwel, Junge, Jurist

qu   is pronounced 'kv':

Quark, quetschen, Quiz

r   at the beginning or in the middle of a word is a sound which you produce quite far back in the mouth; it involves a certain amount of vibration and is generally a harsher sound than the 'r' in English 'rugby':

Rat, Kreide, fahren

At the end of words you do not pronounce *r* but it changes the sound of the final syllable to something close to the 'a' in English 'land':

Bruder, Luther, Vater

s   is pronounced 'z' before a vowel:

sagen, lesen, leise

sch   is pronounced 'sh':

scheinen, Schneider, frisch

ß   is always pronounced 'ss' as in English 'mess':

weiß, schließen, Fuß

See Chapter 2 for rules concerning the use of *ß* and *ss*.

st, sp   are pronounced 'sht' and 'shp' respectively at the beginning of a word or syllable:

Stuhl, verstehen, spenden, entspannen

v   is pronounced 'f' at the start of words or syllables and at the end of a small number of words:

viel, vier, unverträglich, brav

w   is pronounced 'v':

weil, wann, Lawine

y is pronounced like *ü*:

Physik, Mythos, systematisch

Only at the start of words of foreign origin do you pronounce it 'y':

Yoga

z is pronounced 'ts' when it begins a word or syllable:

zeigen, Zoo, inzwischen

 ## ÜBUNG MACHT DEN MEISTER!

1 *Hören Sie den Unterschied?*

Hören Sie gut zu, während Ihr(e) Lehrer(in) folgende Wortpaare ausspricht. Versuchen Sie ihm/ihr die Worte dann nachzusprechen:

treiben – trieben	beide – bieder	deine – diene	reiten – rieten
fuhren – führen	wurden – würden	ruhen – rühren	Mutter – Mütter
Zahn – Zähne	rate – Räte	Vater – Väter	sagen – sägen
hohle – Höhle	Bonn – Köln	fordern – fördern	offnen – öffnen

2 *Wie sagt man das?*

Versuchen Sie nun auch folgende Wörter zu wiederholen:

a Mine, lange, bringe, Ruhe, fliehe
b zeigen, Zoo, ziehen, Züge, Zelt
c System, Physik, Psychologie
d Kreide, braten, Freitag, Risiko, russisch, Ratte, Roboter, direkt, fahren, Lager, weiter
e schneiden, schade, Schuhe, waschen, frisch
f Sahne, sitzen, stehen, Stuhl, spielen, spülen, reisen, leise, Fest, Last, Maus, Haus
g Hase, Hunger, geht, nah, fahren, ihnen
h Garten, Lage, lügen, mag, windig, auswendig, Garage, gelingen, bringen
i sicher, lachen, brechen, streichen, welcher, nicht, hoch, Sprache
j möchte, könnte, Schlösser, mögen, Föhn
k Füße, Flüsse, grün, Lübeck
l Bände, Männer, Länder, träge, Bären

m wenn, woher, Westfalen, Winter, Lawine, Juwelen
n Volkswagen, von, Vetter, vorwärts
o Quiz, Qual, quer, Qualifikation
p Januar, Justiz, Joghurt, jawohl
q Paare, Trauben, Kräuter, Freude, rein, Main, Tee, Boot
r Wind, Land, verschwand
s Lob, hob, Sieb

 FREIE FAHRT!

3 Wie schreibt man das?

Schreiben Sie eine Liste von zehn englischen/amerikanischen Familiennamen und zehn englischen/amerikanischen Städten. Sie sind Polizist(in) und halten ein zu schnell fahrendes Auto an. Fragen Sie, wie der ausländische (britische, amerikanische) Fahrer heißt und woher er kommt. Ihr(e) Partner(in) übernimmt die Rolle des Autofahrers. Machen Sie kurze Dialoge.

zum Beispiel:
A: Wie heißen Sie?
B: Sanders.
A: Wie schreibt man das?
B: S-a-n-d-e-r-s.
A: Und woher kommen Sie, Herr Sanders?
B: Aus Oldham, in England.
A: Wie bitte? Buchstabieren Sie, bitte.
B: O-l-d-h-a-m.

Nach jedem Dialog tauschen Sie die Rollen.

2 PUNCTUATION AND SPELLING

SO WIRD'S GEMACHT

Several reforms to German spelling and punctuation have recently been accepted by the German, Austrian and Swiss authorities. This chapter incorporates these changes and indeed the whole book is written in accordance with the new rules. If you have already learnt the old spelling conventions, the list of new spellings on pages 23–26 will serve as a guide to the major changes and help you to learn the new rules.

Punctuation rules tend to be a lot stricter in German than in English. There are a number of key points which the student of German must learn.

Capitals

You must use capital letters:

a For all nouns (including adjectives used as nouns – see Chapter 7).
b At the start of a sentence.
c In the titles of books, films and plays.
d For the polite second-person pronouns and possessive adjectives (i.e. *Sie, Ihnen, Ihr*).

Commas

Although the recent reforms have relaxed the rules on commas, they are still used more in German than in English.

a You must use them:

•   To separate a main clause from a subordinate clause:

Wenn Sie einen Moment Zeit haben, könnten Sie mir vielleicht sagen, warum diese Uhr, die ich gestern bei Ihnen gekauft habe, nicht richtig funktioniert.
When you have a moment to spare, perhaps you could tell me why this watch which I bought here yesterday is not working properly.

But note that you do not separate with a comma a *series* of subordinate clauses linked by *und* or *oder*:

Es war schon klar, dass sie zum Spiel nicht kommen wollte und dass sie gar kein Interesse am Sport hatte.
It was clear that she didn't want to come to the match and that she had no interest at all in sport.

- To separate adjectives before a noun when they are considered to be of equal importance, that is, when one of them could be used on its own without affecting the meaning of the other. Compare the following:

*Er ist der zur Zeit **bekannteste deutsche** Fußballspieler in Großbritannien.*
He is the best-known German football player presently playing in Great Britain.

*Siehst du das Mädchen mit den **langen, dunklen** Haaren?*
Can you see the girl with the long, dark hair?

(A useful way of deciding whether a comma is needed is to see if the adjectives could be linked by *und*. If so, you should insert a comma.)

- To separate items in a list:

Wir haben viele Früchte gekauft: Äpfel, Bananen, Pfirsiche, Apfelsinen und Birnen.
We bought a lot of fruit: apples, bananas, peaches, oranges and pears.

Note that there is no comma before *und*.

- To indicate a noun in apposition (see Chapter 36):

*Meinen Freund, **den Anwalt**, kennst du ja schon, oder?*
Of course, you already know my friend the lawyer, don't you?

- To indicate a decimal point:

0,012	0.012
6,4	6.4
112,5	112.5

b You may also, but do not have to use commas in the following circumstances:

- To separate a main clause from a *zu* + infinitive clause:

Wir haben nächste Woche vor(,) nach London zu fahren.
We intend travelling to London next week.

Wir empfehlen ihm(,) nichts zu sagen.
We recommend he says nothing.

- To make the meaning clear in a participial phrase (that is, a phrase using a present or past participle – e.g. *singend, gesungen*):

Ihre Wohnung betreffend(,) möchte ich folgenden Vorschlag machen.
I'd like to make the following suggestion with regard to your flat.

Other punctuation

a You use exclamation marks in commands (*Komm rein!* 'Come in!', *Bedien dich selbst!* 'Help yourself'), greetings (*Guten Morgen!* 'Good morning', *Herzlichen Glückwunsch!* 'Congratulations') and exclamations (*Du lieber Gott!* 'Good heavens!').

Note that nowadays you rarely use exclamation marks at the start of correspondence (for example, *Sehr geehrte Frau Debus!*). Instead you should use a comma and start the message with a small letter:

Liebe Anna,
vielen Dank für deinen Brief . . .
Dear Anna,
Many thanks for your letter . . .

b Full stops are used after ordinal numbers (*am 20. November* 'on the 20th of November') and abbreviations (*d.h.* for *das heißt* 'that is/i.e.'; *z.B.* for *zum Beispiel* 'for example'). But note you do not use a full stop after initial letter abbreviations such as *BRD, CDU, DM, GmbH*.

c Traditionally, opening quotation marks in German have always been placed at the bottom of the line:

„Zum Beispiel".

Increasing standardisation in the computer age now means that in German too you frequently find English-style quotation marks:

"Zum Beispiel".

You use single quotation marks for reference to an item within quotation marks:

Er fragte uns: „Weißt du, was ‚gefährlich' auf Englisch heißt?"
He asked us: "Do you know what the English for 'gefährlich' is?"

'*ss*' *or* '*ß*'

ß is not used in Switzerland, but in both Germany and Austria it is always used after a long vowel:

hieß, Straße, Spaß, Füße, Maße, Größe (but **not** after a short one: *Flüsse, genossen, musste, muss, missverstehen, essbar, dass*)

Note you always use *SS* in upper case:

FUSS

Splitting words

a German has a number of rules concerning the division of words at the end of a line. The basic rule is that the split (and hyphen) comes at the end of a syllable:

spä-ter, lau-ter, un-er-klär-lich

This means a single consonant goes onto the following line, as does the last in a series of consonants:

Ru-der, he-ben, Was-ser, Drechs-ler

b Note, however, the following refinements of this rule:

• Compound words and words with a prefix are divided according to their constituent parts:

aus-stehen, Frei-tag, be-treten, ge-sehen

• *ch*, *ck* and *sch* are not split:

Bü-cher, ausdrü-cken, Zu-cker, Fla-sche

• *ß* is split either as *-ß* or *s-s*:

hei-ßen or *heis-sen*

• The diphthongs *ai, au, äu, ei, eu, ie* and *oi* are not split:

Kai-ser, Häu-ser, ei-nig, neu-lich, Wie-se.

SUMMARY OF REFORMS TO GERMAN SPELLING

The reforms must be used in all written German from 1.8.2005. Here is a summary of the most significant changes not already covered above.

The underlying principle

The main principle underlying the reforms is that spelling should be based on the stem or root of a word. For example, *plazieren* has changed to *platzieren* to show that it is related to *der Platz*. Other examples of this type of change are:

Roheit	has changed to	*Rohheit*
numerieren (compare *Nummer*)	→	*nummerieren*
Stengel	→	*Stängel*

One word or two?

a Most separable verbs with a noun are to be written as two separate words (compare present *Auto fahren*):

eislaufen	→	*Eis laufen*
staubsaugen	→	*Staub saugen*
radfahren	→	*Rad fahren*

b The same applies to adverbial elements:

aneinandergeraten	→	*aneinander geraten*
aufeinanderfolgen	→	*aufeinander folgen*
dabeisein	→	*dabei sein*
zusammensein	→	*zusammen sein*

c Where an adjective or a verb is the separable part of a separable verb, these will usually be written as two words:

liegenlassen	→	*liegen lassen*
sitzenbleiben	→	*sitzen bleiben*
übrigbleiben	→	*übrig bleiben*

d Other inconsistencies to be eliminated include:

irgend jemand	→	*irgendjemand* (like *irgendwer*)
irgend etwas	→	*irgendetwas* (like *irgendwer*)
soviel	→	*so viel* (like *so viele*)
wieviel	→	*wie viel* (like *wie viele*)

Capital letters

a Adjectives in set phrases, especially when preceded by a preposition, will be written with a capital letter:

im großen und ganzen	→	*im Großen und Ganzen*
im allgemeinen	→	*im Allgemeinen*
in bezug auf	→	*in Bezug auf*
im besonderen	→	*im Besonderen*
im einzelnen	→	*im Einzelnen*
bei arm und reich	→	*bei Arm und Reich*
zum ersten, zum zweiten	→	*zum Ersten, zum Zweiten*
für groß und klein	→	*für Groß und Klein*
recht haben	→	*Recht haben*
und ähnliches (u.ä.)	→	*und Ähnliches (u.Ä.)*

b Adjectives used as nouns will usually have a capital letter:

Es ist das beste, wenn...	→	*Es ist das Beste, wenn...*

Das einfachste ist, wenn. . .	→	*Das Einfachste ist, wenn. . .*
auf deutsch	→	*auf Deutsch*
im dunkeln bleiben	→	*im Dunkeln bleiben*
jeder dritte/der einzelne	→	*jeder Dritte/der Einzelne*
das gleiche tun	→	*das Gleiche tun*
auf dem laufenden sein	→	*auf dem Laufenden sein*
als nächstes	→	*als Nächstes*

c In set phrases consisting of adjective and noun, the adjective will normally have a small letter:

das Schwarze Brett	→	*das schwarze Brett*
die Erste Hilfe	→	*die erste Hilfe*

However, if the phrase denotes a prominent institution or phenomenon, capitals will be used throughout:

die dritte Welt	→	*die Dritte Welt*
der Deutsche Bundestag	→	*der Deutsche Bundestag*

d Nouns used as adverbs in time expressions are to have a capital letter:

heute abend	→	*heute Abend*
morgen nachmittag	→	*morgen Nachmittag*
gestern nacht	→	*gestern Nacht*

e Nouns used in fixed constructions with the verbs *sein*, *werden* and *bleiben* will continue to be written with a small letter:

schuld sein	*schuld sein*

But note:

an etwas schuld haben	*an etwas Schuld haben*

Spelling with 'gh', 'ph', 'rh', 'th'

The letter combinations *gh*, *ph*, *rh* and *th* are to be replaced by *g*, *f*, *r* and *t* respectively. Alternative spellings will be allowed in many cases:

Orthographie	→	*Orthographie* or *Ortografie*
Alphabet	→	*Alphabet* or *Alfabet*
Thunfisch	→	*Tunfisch*
Apotheke	→	*Apotheke* or *Apoteke*
Rhythmus	→	*Rhythmus* or *Rytmus*
Joghurt	→	*Joghurt* or *Jogurt*
Delphin	→	*Delphin* or *Delfin*
Geographie	→	*Geographie* or *Geografie*

Personal pronouns

The formal second-person form *Sie* will continue to have a capital letter, but all the forms of the informal *du* and *ihr* will have a small letter, even in correspondence.

Multiple consonants

a Where three identical consonants come together as a result of word formation, all three will be written:

stillegen (= *still* + *legen*)	→	*stilllegen*
Schiffahrt (= *Schiff* + *Fahrt*)	→	*Schifffahrt* or *Schiff-Fahrt*
Gewinnummer	→	*Gewinnnummer* or
(= *Gewinn* + *Nummer*)		*Gewinn-Nummer*

b Where an *h* has been omitted before *-heit*, it will be restored:

Roheit (= *roh* + *-heit*)	→	*Rohheit*

 ÜBUNG MACHT DEN MEISTER!

1 Brief an Gasteltern in Deutschland

Clare, eine Studentin aus Liverpool, bedankt sich nach einem Auslandsaufenthalt bei Familie Wagner, ihren Gasteltern. Leider vergisst sie, dass man in deutschen Briefen die Personalpronomen (Sie, Ihnen, Ihr, etc.) mit Großbuchstaben schreibt. Verbessern Sie die Fehler im Brief.

> Liebe Familie Wagner,
>
> nach den herrlichen Sommerferien bei ihnen in ihrem Ferienhaus am Bodensee wird es schwer für mich, mich wieder hier in der Großstadt einzuleben, und ich werde noch lange an die schöne Zeit bei ihnen denken.
>
> Ich möchte ihnen nochmals ganz herzlich für ihre Gastfreundschaft danken, besonders für die Hilfe bei meinen Problemen mit der deutschen Sprache. Ich weiß, dass sie viel Zeit für mich geopfert haben und ich danke ihnen beiden für ihre Mühe und Geduld.
>
> Besonders ihnen, Frau Wagner, möchte ich aber danken, dass sie es so leicht für mich gemacht haben, mich bei ihnen in ihrer Familie wohl zu fühlen und dass sie mich so mit ihrem guten Essen und ihrem selbstgebackenen Kuchen verwöhnt haben. Auch dass sie mir ihr Fahrrad für Ausflüge in die Umgebung geliehen haben, fand ich sehr nett und die vielen

Autofahrten, zu denen sie und Herr Wagner mich eingeladen haben, haben mich schnell mit der schönen Umgebung vertraut gemacht.

Hier in England fängt jetzt der Ernst des Lebens wieder für mich an und ich hoffe sehr, dass die Zeit bei ihnen sich positiv auf meine Deutschnoten auswirken wird.

Ich danke ihnen nochmals ganz herzlich für die schönen Tage in ihrem Haus am See und sende besondere Grüße an Maxi, ihren kleinen Hund, den ich sehr vermisse.

Bitte grüßen sie auch alle ihre Freunde von mir.

Liebe Grüße
ihre Clare

2 Ein Geschäftsbrief

Herr Reiser, der Manager des Hotels ‚Alpenblick' in Konstanz hat eine neue englische Sekretärin, die immer wieder vergisst, dass deutsche Nomen und Pronomen mit Großbuchstaben anfangen. Überprüfen Sie den folgenden Brief und verbessern Sie die Fehler der Sekretärin.

Sehr geehrter herr Böll,

wir danken ihnen für ihre anfrage nach einem prospekt unseres hauses.

Wir haben ihnen wunschgemäß ein doppelzimmer mit seeblick für die zeit vom 7.7.–21.7. in unserem hause reserviert. Der preis, den wir ihnen berechnen, hängt von der ausstattung des zimmers ab. Falls sie ein zimmer mit balkon wünschen, würde sich der preis um DM 2,50 pro tag erhöhen. Dürfen wir sie auch darauf hinweisen, dass in dem preis das frühstück und das abendessen eingeschlossen sind.

Würden sie uns bitte mitteilen, ob sie mit dem wagen anreisen und somit eine garage oder einen stellplatz benötigen.

Wir legen für sie den hotelprospekt bei und erwarten ihre baldige rückantwort.

Mit freundlichen grüßen,

ihr

Magnus Reiser

(hotelmanager)

3 Lange oder kurze Vokale?

Lesen Sie die folgenden Wörter und entscheiden Sie, ob sie mit 'ss' oder 'ß' geschrieben werden. Ordnen Sie sie in Gruppen ein:

AKTION GRAMMATIK!

Nomen ss	Nomen ß	Verben ss	Verben ß
Schloss	schliessen	schiessen	Schuss
Schluss	Spass	Strasse	Gruss
Grüsse	Nuss	küssen	hassen
Sosse	Pass	heissen	essen
wissen	müssen	Strauss	Riss
stossen	reissen	lassen	grüssen

4 Vorsicht auf überfüllten Rolltreppen!

Frau Bauer schreibt einem Freund über einen Vorfall während ihres Urlaubs in einer Großstadt. Leider weiß sie nicht, wann man im Deutschen Kommas benutzt. Setzen Sie bitte die Kommas in den Brief ein:

Als wir diesen Sommer in der Landeshauptstadt waren hatten wir ein unangenehmes Erlebnis denn wir wurden von Taschendieben am Bahnhof beraubt.

Wir waren gerade nach langer ermüdender Fahrt aus dem Zug ausgestiegen und mein Mann der die Koffer trug folgte mir zum Bahnsteigende. Aber weil wir uns am Hauptbahnhof nicht auskannten stellten wir die Koffer ab um uns an der Information nach einem Hotel zu erkundigen. Mein Mann setzte sich auf eine Bank und las die Zeitung während ich mich auf den Weg zum Informationsbüro machte. Danach hatten wir vor mit einem Taxi zum Hotel zu fahren denn wir waren sehr müde von der Fahrt.

Als ich auf der Rolltreppe die voller Menschen war ins Untergeschoss des Bahnhofs fuhr bemerkte ich eine Gruppe junger Männer die heftig diskutierten und ein bisschen betrunken schienen.

Ich betrat das Informationsbüro buchte ein Hotelzimmer kaufte einen Stadtplan und erkundigte mich nach einem Taxistand. Weil wir kein Bargeld bei uns hatten holte ich noch schnell etwas Geld vom Geldautomaten am Eingang. Als ich wieder zur Rolltreppe zurückkehrte gab es dort plötzlich ein dichtes Menschengewühl weil alle Männer gleichzeitig die Rolltreppe betreten wollten. Es entstand ein großes Gedränge auf der Treppe und ich war froh als ich wieder im Obergeschoss ankam.

Wir gingen sofort mit unserem Gepäck zum Taxistand nahmen ein Taxi und fuhren direkt zum Hotel. Aber als wir dort ankamen und ich den Taxifahrer bezahlen wollte merkte ich dass der gesamte Inhalt meiner Handtasche fehlte: Geldbeutel Pässe Fahrkarten Hotelreservierung und Kreditkarten waren verschwunden! Da wurde uns klar dass ich auf der Rolltreppe Taschendieben in die Hände gefallen war!

FREIE FAHRT!

5 Es geht um die Rechtschreibung!

a Arbeiten Sie zu zweit! Jede(r) sucht einen kurzen Absatz (ca. zehn Zeilen) aus einem deutschen Buch (Lehrbuch/Schulbuch) oder einer deutschen Zeitung/Zeitschrift und schreibt ihn nur mit Kleinbuchstaben ab. Tauschen Sie dann mit einem (einer) Partner(in) und setzen Sie die Großbuchstaben ein. Geben Sie nachher Ihre Texte zurück und korrigieren Sie den Text des (der) anderen. Wer hat die wenigsten Fehler gemacht?

b Schreiben Sie einen anderen Text ab, in dem Sie alle Kommas weglassen. Wer hat diesmal die wenigsten Fehler gemacht?

AKTION GRAMMATIK!

3 ARTICLES

 SO WIRD'S GEMACHT

German, like English, uses a definite article (= 'the') and an indefinite article (= 'a').

The definite article

You use the definite article when you know exactly what the noun refers to, either because it is obvious or because it has been mentioned before. It has the following forms:

	Masculine	Neuter	Feminine	Plural (all genders)
Nominative	*der* Mann	*das* Haus	*die* Frau	*die* Kinder
Accusative	*den* Mann	*das* Haus	*die* Frau	*die* Kinder
Dative	*dem* Mann	*dem* Haus	*der* Frau	*den* Kindern
Genitive	*des* Mann(e)s	*des* Hauses	*der* Frau	*der* Kinder

The indefinite article

The indefinite article ('a') indicates the type or sort of noun you are referring to. It has the following forms:

	Masculine	Neuter	Feminine
Nominative	*ein* Mann	*ein* Haus	*eine* Frau
Accusative	*einen* Mann	*ein* Haus	*eine* Frau
Dative	*einem* Mann	*einem* Haus	*einer* Frau
Genitive	*eines* Mann(e)s	*eines* Hauses	*einer* Frau

Use of the articles

German and English use articles in similar ways, but you should note the following differences.

a You use an article in German but not in English:

- In these common phrases:

mit dem Bus, Zug, usw.	by bus, train, etc.
mit der Post	by post
zur Kirche	to church
in die/in der Kirche	to/in church
zur Schule	to school
in die/in der Schule	to/at school
in die/in der Stadt	to/in town
im Allgemeinen	in general
in der Tat	in (actual) fact

- With infinitives used as nouns:

***Das Singen** im Chor macht Spaß.*
Singing in a choir is good fun.

***Das Rauchen** im Krankenhaus ist verboten.*
It is forbidden to smoke in hospital/No smoking in hospital.

- With certain time expressions and with meals:

***Der Winter** ist hier immer sehr kalt.*
Winter here is always very cold.

***Im April** hat es noch geschneit.*
It snowed (even) in April.

***Das Frühstück** essen wir meistens draußen.*
We usually have breakfast outside.

*Was macht ihr **am Freitag/nach dem** Mittagessen?*
What are you doing on Friday/after lunch?

- With parts of the body and clothes, where in English you often use a possessive adjective.

*Maria hob **die Hand**.*
Maria raised her hand.

*Er hat **die Augen** zugemacht.*
He closed his eyes.

*Sie zog **die Jacke** aus.*
She took her jacket off.

Where there is an adjective describing the noun, however, German too uses the possessive adjective:

*Elke braucht einen Verband für **ihren wunden Fuß**.*
Elke needs a bandage for her sore foot.

- Before many abstract nouns:

Die Geschichte zeigt uns das immer wieder.
History shows us that again and again.

Die Zeit vergeht so schnell.
Time passes so quickly.

- With the feminine or plural names of countries:

Sie wohnen in der Schweiz.
They live in Switzerland.

Ich komme aus den Niederlanden.
I'm from the Netherlands.

With masculine country names it is also usual to include the article:

Wir waren im Irak. (less likely: *in Irak*)
We were in Iraq.

- When there is an adjective before the names of countries, towns, etc.:

das schöne Norwegen   beautiful Norway
das alte München   old Munich

- With geographical names for features such as lakes and mountains, as well as with the names of planets:

südlich der Eifel   to the south of the Eifel (mountains)
am Bodensee   by/near Lake Constance
in der Nähe vom Pluto   near Pluto

- With the names of streets and buildings:

Gehen Sie die Jupiterstraße hinunter.
Go down Jupiterstraße.

In addresses, however, the article is left out:

Mein Vetter wohnt Mindenstraße 12.
My cousin lives at 12 Mindenstraße.

b You do not use an article in German:

- With nationalities, professions and religions following the verbs *sein, werden* and *bleiben*:

Sie ist Engländerin.
She is English.

Er ist Politiker.
He's a politician.

*Wir sind **Katholiken**.*
We're Catholics.

But note that you do use the article when an adjective comes before the noun:

*Hans war **ein** guter Lehrer gewesen.*
Hans had been a good teacher.

• Where in English you would use 'some' or 'any' before the noun:

*Die Studenten hatten **Probleme**.*
The students had some problems.

*Haben wir noch **Geld**?*
Have we got any money left?

But be careful! In the negative you use *kein*:

*Wir haben **keinen Wein**.*
We don't have (any) wine.

• After *als* in the sense of 'as a':

*Damals hat er eine Menge Geld **als Liedermacher** verdient.*
He earned a lot of money as a singer–songwriter in those days.

• With instruments:

*Sie spielt **Geige**.*
She plays the violin (i.e. any violin).

• In certain expressions:

*Hast du noch **Kopfschmerzen**?*
Have you still got a headache?

*Sie ist doch immer **guter Laune**.*
She is always in a good mood.

*Ich habe **großen Hunger**.*
I am very hungry.

*Nächstes Wochenende haben wir **Besuch**.*
We have visitors next weekend.

Note that where in English you use the indefinite article 'a' in phrases of measurement, German uses the definite article ('the'):

*Das Bier kostet zwei Mark **die** Flasche.*
The beer costs two marks **a** bottle.

*Die Äpfel kosten 80 Pfennig **das** Stück.*
The apples are 80 pfennigs **a** piece/each.

ÜBUNG MACHT DEN MEISTER!

1 Im Möbelgeschäft

In einem Möbelgeschäft befinden sich folgende Möbelstücke. Ordnen Sie die Nomen nach Geschlecht.

M (der)	F (die)	N (das)	PL (die)
Tisch	Sofa	Sessel	Lampen
Regal	Bett	Nachttisch	Couch
Teppich	Vorhänge	Stühle	Schrank
Kommode	Matratze	Stereoanlage	Bilder
Anrichte	Videogerät		

2 Ein stolzer Eigentümer

a Ein reicher Mann zeigt einem Besucher seinen Besitz und erzählt stolz (benutzen Sie jeweils den bestimmten Artikel):

*„**Das** Grundstück gehört mir.“*

Was sagt er über:

Garten	Wagen	Villa
Sauna	Schwimmbad	Kunstwerke
Pferde	Ställe	Segelboot

b Einem Ausländer, der noch nicht gut Deutsch versteht, erklärt er (benutzen Sie den unbestimmten Artikel):

Das ist ein. . . . .
      eine. . .
      ein. . . . .
Das sind. . . . .

c Später erzählt der Besucher über den Gastgeber (benutzen Sie den unbestimmten Artikel im Akkusativ):

„Er besitzt einen . . . . ./eine . . . . ./ein . . . . .“

zum Beispiel:
Er besitzt ein Grundstück.

3 Das schöne Bayern!

In einem Touristenprospekt über Bayern findet man Vorschläge, was man besuchen oder besichtigen kann.

zum Beispiel:
Besichtigen Sie das alte München!

a   Schreiben Sie ähnliche Sätze über:
Rothenburg – romantisch
Schwabing – künstlerisch
Augsburg – modern
Nürnberg – berühmt
Regensburg – malerisch

b   Beschreiben Sie diese europäischen Länder!
zum Beispiel:
Besuchen Sie das schöne Schweden!
Spanien – sonnig
Österreich – bergig
Griechenland – antik
Irland – grün
Portugal – gastfreundlich

4 *Musiker aus aller Welt*

Folgende Studenten treffen sich auf einem internationalen Musikkurs. Was für
Nationalitäten haben sie und was für ein Instrument spielen sie?

zum Beispiel:
Jean Claude, ein Franzose, kommt aus Paris (die Geige).
→*Er ist Franzose und spielt Geige.*

a   Alfonso, ein Portugiese, wohnt in Lissabon (das Klavier).
→ Er ist . . . . . und spielt . . . . .
b   Xenia, eine Griechin, lebt in Athen (die Flöte).
→ Sie . . . . .
c   Sven, ein Schwede, hat seine Familie in Stockholm (das Cello).
d   Marieke, eine Holländerin, ist aus Amsterdam (die Klarinette).
e   Kevin, ein Ire, ist in Dublin geboren (die Gitarre).
f   Rudi, ein Schweizer, ist in Zürich zu Hause (die Trompete).
g   Maria, eine Österreicherin, kommt aus Wien (die Blockflöte).

5 *Im Studentenwohnheim*

Diese Studenten wohnen in einem Studentenwohnheim, wo es eine strenge
Hausordnung gibt. Viele Dinge sind nicht erlaubt.
Man darf nicht rauchen.
Man darf keinen Alkohol trinken.
Man darf nicht in den Zimmern essen.
Man darf nicht vor acht Uhr duschen.

Man darf nicht den Rasen betreten.

Man darf nicht vor dem Haus parken.

Schreiben Sie diese sechs Sätze als Verbote und benutzen Sie die Verben als Nomen!

zum Beispiel:

Das Rauchen ist verboten!

6 *Was sind sie von Beruf?*

Diese Leute arbeiten an verschiedenen Arbeitsplätzen. Was sind sie von Beruf? Wählen Sie die passenden Berufe aus dem untenstehenden Kasten.

zum Beispiel:

Max dient in der Armee.

→*Er ist* **Soldat.**

a Herr Maier predigt jeden Sonntag in der Kirche.

b Frau Becker unterrichtet Englisch in einer Schule.

c Gisela geht noch zur Schule.

d Eva besucht die Universität.

e Ihr Vater lehrt an der Universität.

f Frau Wagner behandelt kranke Tiere.

g Herr Hartmann vertritt einen Angeklagten vor Gericht.

die Tierärztin   die Studentin   die Lehrerin   der Rechtsanwalt
  der Dozent   der Pfarrer   die Schülerin

7 *Erstaunliche Preise!*

Mary studiert dieses Jahr in Deutschland. Sie vergleicht die Preise für Lebensmittel und findet, dass manche Dinge viel billiger oder teurer sind als zu Hause. Sie schreibt einen Brief nach Hause und zählt auf:

zum Beispiel:

ein Glas Orangensaft – DM 3,80

→*Orangensaft kostet DM 3,80 das Glas!*

Was schreibt sie über die folgenden Nahrungsmittel?

eine Flasche Wein – DM 6,00

eine Tasse Tee – DM 2,80

ein Kilo Äpfel – DM 3,80

ein Stück Kuchen – DM 3,50

eine Tüte Kartoffelchips – DM 1,25

eine Portion Pommes frites – DM 3,00

eine Schachtel Zigaretten – DM 5,20

ein Liter Milch – DM 1,25

 **FREIE FAHRT!**

8 *Kennen Sie den?*

Arbeiten Sie zu zweit! 'A' nennt eine berühmte Person und seinen/ihren Beruf. 'B' muss etwas über diese Person aussagen. Tauschen Sie nach fünf Fragen die Rollen.

zum Beispiel:
Gerhard Schröder ist Politiker.
→ *Er ist zur Zeit Bundeskanzler.*

9 *Befehl ist Befehl*

Spielen Sie das folgende Spiel zu zweit! 'A' gibt eine Anweisung und 'B' muss die Anweisung genau befolgen. Alle Anweisungen sollen sich auf Kleider und Körperteile beziehen. Für jede richtig ausgeführte Anweisung bekommen Sie einen Punkt.

zum Beispiel:
Heb(e) die linke Hand!

Hier sind einige nützliche Verben:

Stell! Leg(e)! Berühr! Steck!

10 *Das Wochenende ist ja schnell vorbei!*

Schreiben Sie einem Brieffreund, was Sie letztes Wochenende gemacht haben!

zum Beispiel:
Am Freitag bin ich etwas früher nach Hause gekommen. Vor dem Abendessen habe ich/bin ich . . . . . Nach dem Abendessen . . . . . Am Vormittag . . . . . Am Nachmittag . . . . . Am Abend . . . . .

11 *Was kostet das?*

Arbeiten Sie zu zweit! Sie haben einen Ferienjob in einem deutschen Supermarkt. Ihr(e) Partner(in) übernimmt die Rolle eines Kollegen, der Ihnen erzählt, was alles kostet. Fragen Sie, was bestimmte Waren kosten.

zum Beispiel:
Was kostet der Tee?

→ *Sechs Mark die Packung.*

Erkundigen Sie sich nach dem Preis von:

Bier	Kaffee	Eier
Kartoffeln	Tomaten	Milch
Yoghurt	Käse	Kekse
Kaugummi		

12 *Lauter Musiker*

Mit Hilfe eines Wörterbuches machen Sie eine Liste von möglichst vielen Musikinstrumenten – Sie haben fünf Minuten Zeit.

Bilden Sie dann Gruppen von vier oder fünf Personen und stellen Sie jemandem in einer anderen Gruppe Fragen.

Die Person muss die Frage verneinen, ein anderes Instrument erwähnen und dann jemandem in der nächsten Gruppe die gleiche Frage mit dem neuen Instrument stellen.

zum Beispiel:
Spielen Sie Klavier?
Nein, aber ich spiele Trompete. Spielen Sie Trompete? . . . . .

Fragen Sie weiter, bis Sie alle Instrumente auf den Listen benutzt haben. Sie dürfen jedes Instrument nur einmal benutzen! Für jedes neue Instrument bekommt Ihre Gruppe einen Punkt. Die Gruppe mit den meisten Punkten gewinnt.

4 DETERMINERS

SO WIRD'S GEMACHT

Determiners are words which come first in a noun phrase and tell you which noun is being referred to, how many of the noun there are, or to whom the noun belongs. Apart from the definite and indefinite articles (see Chapter 3) German has a number of other determiners.

Determiners fall into one of two categories: either they decline like *der* and following adjectives take the *der*-declension endings, or else they decline like *ein* with following adjectives taking the *ein*-declension endings. (See Chapter 12 for more on adjective endings.) In this chapter determiners belonging to the first of these categories are called '*der* words', while those in the second are referred to as '*ein* words'.

'der *words*'

a *dieser* corresponds closely to English 'this', but in speech people often use an emphatic *der* (*hier/da*) instead. The forms of this *der* are the same as the definite article but it cannot be shortened after a preposition: compare *in **dem** Haus* ('in that house') with *im Haus* ('in the house').

b *jener* ('that') is more often found in written German.
When the determiners *dieser* and *jener* are used together, *dieser* suggests something close to the speaker or writer and *jener* something more distant:

***Dieses** Bild ist schöner als **jenes**.*
This picture is nicer than that one.

Note that where there is no specific contrast *dieser* often has the meaning 'that':

***Dieses** Auto würde ich nicht kaufen.*
I wouldn't buy that car.

Another meaning is 'former' (*jener*) and 'latter' (*dieser*):

*Das sind meine Kusinen, Petra und Gabi. **Diese** wohnt in Osnabrück, **jene** in München.*

Those are my cousins, Petra and Gabi. The latter lives in Osnabrück, the former in Munich.

c *derjenige* ('that one' or, in the plural, 'those') is written as one word but both parts change their forms. It is frequently used with a relative clause beginning with some form of *der/die/das* (see Chapter 18):

*Er schreibt an **diejenigen** Mitarbeiter, **die** Interesse daran haben, im Ausland zu arbeiten.*
He is writing to those colleagues who are interested in working abroad.

d *derselbe* ('the same') is also written as one word and both parts change, but when the *der-* is combined with a preposition you must separate it from the rest of the word:

*Heute habe ich **denselben** Mann gesehen.*
I saw the same man today.

*Sie arbeitet **im selben** Gebäude wie du.*
She works in the same building as you.

e *jeder* ('each/every') is only used in the singular, while the more emphatic *jeglicher* ('any') can be used in the plural as well. You usually only find *jeglicher* in written (and fairly formal) German:

***Jeden** Sonntag spielen wir Fußball im Park.*
We play football in the park every Sunday.

*Ihr fehlt **jeglicher** Sinn für Humor.*
She does not have any sense of humour (at all).

f *welcher* ('which?'/'what?') is used when you want to find out what type of person or thing someone is referring to:

***Welches** Kleid hast du gekauft?*
Which dress did you buy?

g *irgendwelcher* is not very often found in the singular. The plural tends to be used as the plural form of *irgendein* (see below):

*Hatten Sie **irgendwelche** Probleme?*
Did you have any problems?

h *mancher* ('many/quite a lot of') usually behaves like a *der* word:

***Manche** alten Autos sind jetzt sehr wertvoll.*
Many old cars are now very valuable.

In this plural usage you sometimes find the adjective without the 'n' ending, for example, *manche alte Autos* (see Chapter 12 for adjective endings).

i *solche* ('such') tends to be used as a *der* word only in the plural (see also below for *solch* with *ein*):

Solche alten Filme gefallen mir nicht.
I don't like old films like that.

j *aller* ('all') in the singular is rare in modern German. The word 'all' is frequently expressed instead by using some form of the adjective *ganz*:

die ganze Zeit   all the time

alle is a plural *der* word but before *die, diese* or *jene* you may find the form *all* without any ending:

alle *alten Menschen*   all old people
all die/diese Verkehrsunfälle   all the/these road accidents

See also Chapter 12 on determiners and adjectives following *alle*.

k *beide* ('both') and *sämtliche* ('all') are used only in the plural.

*Ich trinke **beide** Teesorten.*
I drink both types of tea.

*Sie haben **sämtliche** Vorlesungen verpasst.*
You have missed all the lectures.

'ein *words*'

a *kein* ('not a/not any') is used instead of the negative *nicht ein*:

*Das ist ja **kein** schönes Haus.*
That's not a very nice house.

Its singular forms are identical to those of *ein*, but it also has plural forms:

	Masculine	Neuter	Feminine	Plural
Nominative	*kein Mann*	*kein Kind*	*keine Frau*	*keine Kinder*
Accusative	*keinen Mann*	*kein Kind*	*keine Frau*	*keine Kinder*
Dative	*keinem Mann*	*keinem Kind*	*keiner Frau*	*keinen Kindern*
Genitive	*keines Mann(e)s*	*keines Kindes*	*keiner Frau*	*keiner Kinder*

b *irgendein* ('any . . . at all'):

*Du solltest doch nicht **irgendein** (altes) Auto kaufen.*
You shouldn't just buy any (old) car.

c *was für ein* ('what sort of') is used to get someone to describe something or someone more precisely. The case of *ein* here depends on what the phrase is doing in the sentence, that is, whether it is the subject or object (see Chapters 9, 10 and 11 on case):

*Was für **eine** Sportlerin war sie denn?*
What sort of a sportswoman was she then?

*Aus was für **einer** Familie kommt er?*
What sort of a family does he come from?

*Was für **einen** Mann willst du heiraten?*
What sort of a man do you want to marry?

d *mein* ('my'), *dein* ('your'), *sein* ('his'/'its'), *ihr* ('her'/'their'), *unser* ('our') *euer* ('your'), *Ihr* ('your') – sometimes called possessive adjectives – are *ein*-word determiners. They show who the following noun belongs to, but the gender and case of their endings depend on the thing possessed:

*Das ist **unser** alter Lehrer.*
That's our old teacher.

*Kennst du **ihren** Onkel?*
Do you know her uncle?

See Chapter 8 for the full forms of these possessive adjectives.

These possessives are used much like their English equivalents. However, when you are referring to parts of the body and clothes, you should use the definite article (see also Chapter 3):

*Ich muss mir erst mal **die Hände** waschen.*
I must wash my hands first.

*Zieh doch **den Mantel** aus!*
Take your coat off.

To avoid ambiguity, *sein* and *ihr* are sometimes replaced by *dessen* and *deren* respectively:

Er brachte seinen Bruder und dessen Frau.
He brought his brother and his (i.e. the brother's) wife.

See Chapter 8 for ways of expressing 'mine', 'hers', 'ours', etc. following a verb. You can also express possession in German by using the genitive case (see Chapter 11) or *von* (see Chapter 10).

e *ein* is used with the appropriate form of *solch* to convey 'such a . . .':

***Einen solchen** Menschen trifft man nicht jeden Tag.*
You do not meet someone like that every day.

In spoken German *so ein* is often preferred:

***So ein** Haus kostet eine Menge Geld.*
A house like that costs a lot of money.

In fairly formal written style *solch* can be used before *ein*:

***Solch einen** Vorschlag hatten wir noch nie gehört.*
We had never heard such a proposal before.

f *viel* ('much', 'many'), *wie viel* ('how much?') and *wenig* ('little', 'few') do not change their form in the singular:

Wie viel hat er verdient?
How much did he earn?

Wir haben noch viel Arbeit.
We have a lot more work (to do).

Sie hat wenig Geld.
She hasn't got much money.

Note the plural form *wie viele?* which is always declined:

Wie viele Gäste hast du eingeladen?
How many guests have you invited?

g *ein wenig/ein bisschen* ('a little') and *ein paar* ('a few') do not decline:

in ein paar deutschen Großstädten	in a few German cities
aus ein bisschen weichem Holz	(made) of a bit of soft wood

h The short form *manch* ('many a') is not often found in modern German. It is not declined and any following adjectives take the 'zero declension' endings (see Chapter 12). The word *manch* may also be followed by *ein* in formal written German:

in manch altem Dom	in many an old cathedral
manch ein alter Bauer	many an old farmer

i *allerlei* ('all sorts of'), *vielerlei* ('many sorts of') and *zweierlei, usw.* ('two, etc., kinds of') do not decline and following adjectives take *ein*-declension endings (see Chapter 12 for these):

Sie litt an allerlei Krankheiten.
She suffered all sorts of illnesses.

j *einiger* ('some') is only rarely found, usually with abstract nouns (for example, *seit einiger Zeit* 'for some time'). Far more common is the plural *einige*:

Einige arme Leute können sich nicht richtig ernähren.
Some poor people cannot feed themselves properly.

k *etliche* ('quite a few') and *mehrere* ('several') are plural:

Wir haben mehrere interessante Computerspiele gekauft.
We've bought several interesting computer games.

ÜBUNG MACHT DEN MEISTER!

1 *Was Touristen interessiert*

Sie sind als Tourist auf einer griechischen Insel. Gestern haben Sie eine Nachbarinsel besucht. Dort war alles ein bisschen anders.

a Schreiben Sie einen Vergleich. (Benutzen Sie den Nominativ: *dieser, diese, dieses,* und *jener, jene, jenes*.)

zum Beispiel:
***Dieser** Strand ist sauberer als **jener**.*
der Strand – sauber
das Wasser – klar
die Küste – felsig
die Insel – malerisch
der Zeltplatz – schattig
das Restaurant – modern
die Preise – niedrig

b Am Ende des Urlaubs beurteilen Sie, was Sie lieber mögen (Vorsicht: Akkusativ!).

zum Beispiel:
*Ich mag **diesen** Strand mehr als **jenen**.*

c Einige Dinge auf den beiden Inseln sind gleich:

das Klima	die Sprache	das Wetter
der Hafen	die Kultur	die Einwohner
die Wetterbedingungen	der Leuchtturm	der Baustil
die Küche	die Spezialitäten	das Freizeitangebot

Schreiben Sie eine Aufzählung der selben Eigenschaften (Akkusativ!).

zum Beispiel:
Die Inseln haben dasselbe Klima/dieselbe . . . . ./denselben . . . . ./dieselben . . . . .

2 *Es bleibt alles beim Alten!*

Sie haben in Ihrem Freundeskreis ein ziemlich 'langweiliges' Freundespaar, das jeden Sommer das Gleiche macht. Setzen Sie in den Text die richtige Form von *jeder/jede/jedes* ein.

Diese Freunde fahren (a) . . . . . Jahr nach Spanien. Dafür sparen sie (b) . . . . . Monat DM 100 für die Reise. (c) . . . . . Mittwoch spielen sie mit ihren

Freunden Karten. (d) . . . . . Pfennig, den sie dabei gewinnen, sparen sie. Sie füllen auch (e) . . . . . Woche einen Lotteriezettel aus, in der Hoffnung viel Geld zu gewinnen. Wenn sie dann in Spanien sind, gehen sie (f) . . . . . Tag an den Strand und cremen sich (g) . . . . . Stunde mit Sonnenöl ein. Trotzdem bekommen sie (h) . . . . . Jahr einen Sonnenbrand.

3 Der arme Penner!

Setzen Sie in den Text bitte die richtige Form von *ein*, *kein*, *sein* und *irgendein* ein.

Er schläft nachts in (a) . . . . . Park auf (b) . . . . . Bank. Er hat ja (c) . . . . . Wohnung, (d) . . . . . Dach über dem Kopf. (e) . . . . . Kleider sind alt und schäbig. Er hat (f) . . . . . Mantel und (g) . . . . . Schuhe nur (h) . . . . . alten Anorak und Sandalen. Er hat (i) . . . . . feste Adresse, also bekommt er auch (j) . . . . . Sozialhilfe und deshalb hat er (k) . . . . . Geld. Niemand weiß, aus was für (l) . . . . . Familie er kommt, beziehungsweise an was für (m) . . . . . Ort er geboren wurde. Er hat (n) . . . . . Angehörigen nur (o) . . . . . alten Hund, mit dem er (p) . . . . . Leben teilt.

4 Beim Einkaufsbummel in der Schweiz

Am Ende einer Klassenreise in die Schweiz kaufen zwei Schülerinnen Geschenke für ihre Familien ein. Finden Sie die passenden deutschen Wörter für die Wörter in den Klammern.

Anne: (a) (How many) Geschenke möchtest du kaufen?
Becky: Ich habe schon (b) (some) gekauft, aber ich brauche noch (c) (quite a few), weil meine Familie groß ist.
Anne: (d) (How much) Geld hast du noch?
Becky: Ich habe nur noch (e) (few) Schweizer Franken, aber ich habe noch (f) (a little) englisches Geld.
Anne: Ich habe schon (g) (all sorts of) Schokolade, (h) (many sorts of) Bonbons und sogar (i) (two sorts of) Kekse besorgt.
Becky: Meiner Mutter kaufe ich auch (j) (two sorts of) Schokolade und (k) (some) Pralinen, weil sie so gern Süßes isst.
Anne: Für meinen Vater, der (l) (no) Süßigkeiten mag, kaufe ich (m) (a little) Emmentaler Käse und (n) (several) Ansichtskarten. Meinem Bruder, der Briefmarken sammelt, gebe ich einfach (o) (a few) Briefmarken aus der Schweiz und (p) (a few) Schweizer Münzen, denn er sammelt auch Münzen aus vielen Ländern.
Becky: (q) (Such a) Idee finde ich toll, das kostet nicht (r) (a lot)!

5 NOUN GENDERS

 SO WIRD'S GEMACHT

German nouns belong to one of three genders, or categories, known as masculine, neuter and feminine. The definite article which comes before the noun, either *der*, *das* or *die* respectively (see Chapter 3) shows the gender of the noun. While you can predict some genders from meaning (for example, most nouns denoting males are masculine), a great many you cannot. **You are therefore best advised always to learn nouns with their definite articles.** There are, however, a number of broad guidelines which can help you to work out the gender of a noun.

Masculine nouns

- All nouns ending in *-ant*, *-ast*, *-ich*, *-ig*, *-ismus*, *-ist* and *-ling*:

der Honig	honey
der Sozialismus	socialism
der Pessimist	pessimist
der Lehrling	apprentice

- Most nouns ending in *-ent*, *-er*, *-ing*, *-or* and *-us*:

der Konkurrent	rival
der Schneider	tailor
der Fasching	carnival

- Male persons and animals:

der Onkel	uncle
der Schriftsteller	writer
der Hund	dog
der Tiger	tiger

- Days of the week, months, seasons:

der Donnerstag	Thursday
der März	March

| *der Herbst* | autumn |

BUT: *das Frühjahr* (spring)

- Points of the compass and types of weather:

der Osten	east
der Südwesten	south-west
der Regen	rain
der Schnee	snow

BUT: *das Wetter* (weather), *das Eis* (ice)

- Makes of car:

der VW
der Mercedes
der Peugeot

- Alcoholic drinks:

der Alkohol	alcohol
der Wein	wine
der Schnaps	schnapps

BUT: *das Bier* (beer)

- Rocks and minerals:

| *der Stein* | stone |
| *der Kies* | gravel |

BUT: *die Kohle* (coal), *das Erz* (ore)

Neuter nouns

- Most nouns ending in *-at, -chen, -ett, -icht, -il, -it, -ium, -lein, -ma, -ment, -sal, -tum, -um*:

das Mädchen	girl
das Gewicht	weight
das Gymnasium	grammar school
das Experiment	experiment

Note, in particular, the *-chen* and *-lein* endings which change the gender of original masculine and feminine nouns:

| *das Kätzchen* | kitten (from *die Katze*) |
| *das Hündlein* | small dog (from *der Hund*) |

- Almost all nouns with the prefix *Ge-* denoting a collection of things or people:

| *das Gepäck* | luggage |
| *das Gemüse* | vegetables |

das Gedränge	crowd/crush

- Young persons and animals:

das Kind	child
das Lamm	lamb

- Names of continents, towns and most countries:

das heutige Asien	present-day Asia
das alte Trier	old Trier
das neue Südafrika	the new South Africa

- Cafés, restaurants and hotels:

das Adlon
das Kempinski
das Savoy

- Letters of the alphabet:

ein großes P	a capital 'p'

- Other parts of speech, such as adjectives, infinitives and pronouns, when they are used as nouns:

das Blau des Himmels	the blue of the sky
das Rauchen	smoking
das Du	the 'du' form

- Scientific units and measurements:

das Neutron	neutron
das Gramm	gram
das Pfund	pound

- Chemical elements and metals:

das Silber	silver
das Gold	gold
das Kupfer	copper

Feminine nouns

- Most nouns ending in *-anz, -ei, -enz, -schaft, -sis, -ung, -ur*:

die Meisterschaft	championship
die Übung	exercise
die Figur	figure

- Nouns ending in *-ie, -ik* and *-ion* are almost always of foreign origin:

die Chemie	chemistry

| *die Physik* | physics |
| *die Explosion* | explosion |

- Nouns with the less common endings *-age* and *-ette* are also mainly of foreign origin:

| *die Collage* | collage |
| *die Marionette* | (string) puppet |

- The ending *-in* usually denotes a female person:

| *die Lehrerin* | teacher |
| *die Reiseleiterin* | courier |

- Note the rhyming pair *-heit* and *-keit*:

| *die Gesundheit* | health |
| *die Schwierigkeit* | difficulty |

- And note that *-tät* is usually the equivalent of English '-ty':

| *die Qualität* | quality |
| *die Identität* | identity |

- Female persons and animals:

die Frau	woman
die Mutter	mother
die Kuh	cow
die Katze	cat

BUT: *das Mädchen* (girl), *das Fräulein* ('Miss', (young) woman)

- Most river names:

die Mosel	Moselle
die Donau	Danube
die Oder	Oder

BUT: *der Rhein* (Rhine), *der Main* (Main)

- Most flowers and trees:

die Hyazinthe	hyacinth
die Tulpe	tulip
die Eiche	oak
die Buche	beech

- Numbers used as nouns:

die Drei	three
die Hundert	hundred
die Million	million
die Milliarde	billion

- Ships, aeroplanes and motor-cycles:

die Titanic
die Concorde
die Suzuki

- Nouns formed from measurement or size adjectives:

die Länge	length
die Höhe	height
die Breite	width

Compound nouns

a Many nouns in German are formed by combining two or more shorter nouns. In such cases the second or last part of the compound decides the overall gender. For example, *der Autofahrer* 'car driver' is made up of *das Auto* and *der Fahrer*.

Note that you often need to link such nouns with *-e, -en, -es, -n* or *-s* (for example *der Küchentisch*). See Chapter 41 for further examples of this.

b Abbreviations take their gender from the main noun but this is not always the final element:

der DGB Federation of German Trade Unions: **der** Deutsche Gewerkschafts**bund**
BUT: *die SPD* Social Democratic Party: **die** Sozialdemokratische **Partei**
Deutschlands

Nouns with two genders

German has several nouns with different genders for different meanings. These nouns often have distinct plural forms. Among the most common are:

der Band (pl. *Bände*) volume/book	*das Band* (pl. *Bänder*) ribbon/tape
	das Band (pl. *Bande*) bond, fetter
	die Band (pl. *Bands*) band/pop group
der Gehalt (pl. *Gehalte*) content(s)	*das Gehalt* (pl. *Gehälter*) salary
der Leiter (pl. *Leiter*) leader	*die Leiter* (pl. *Leitern*) ladder
der Messer (pl. *Messer*) gauge, surveyor	*das Messer* (pl. *Messer*) knife
der Pony (no plural) fringe of hair	*das Pony* (pl. *Ponys*) pony
der Schild (pl. *Schilde*) shield	*das Schild* (pl. *Schilder*) (metal) sign
der See (pl. *Seen*) lake	*die See* (no plural) sea
die Steuer (pl. *Steuern*) tax	*das Steuer* (pl. *Steuer*) steering wheel

ÜBUNG MACHT DEN MEISTER!

1 *Keine Regel ohne Ausnahme!*

Finden Sie das Wort, dessen Artikel nicht in die Reihe passt:

zum Beispiel:
Geige, Gitarre, Flöte, Cello, Trompete → 'Cello' passt nicht, weil es sächlich ist und alle anderen weiblich sind.

a   Hund, Löwe, Vogel, Schwein, Fisch.
b   Katze, Maus, Giraffe, Schlange, Affe.
c   Regen, Wetter, Wind, Schnee, Hagel.
d   Sekt, Bier, Wein, Likör, Schnaps.
e   Deutschland, Österreich, Schweiz, Polen, Italien.
f   Sechs, Dutzend, Zwanzig, Million, Milliarde.
g   Mädchen, Frau, Schwester, Tante, Ärztin.
h   Mosel, Elbe, Rhein, Donau, Ruhr.
i   Audi, Volkswagen, Opel, Concorde, Mercedes.

2 *Der, die, das?*

Für einen Aufsatz über Umweltprobleme haben Sie hier eine Liste mit nützlichen Wörtern. Ordnen Sie sie in Gruppen je nach Geschlecht der Wörter. (Versuchen Sie die Übung zunächst einmal ohne Wörterbuch!)

Energie	Demonstrant	Versorgung
Wind	Regen	Gas
Atommeiler	Fabrik	Industrie
Fahrzeug	Verschmutzung	Luft
Wald	Pflanze	Auswirkung
Gift	Schadstoffe	Müll
Bedingung	Umweltsünder	Verkehr
Wiederverwertung	Maßnahmen	Erhaltung
Erde	Kohle	Erdöl
Wachstum	Problem	Gesundheit
Abwasser	Meer	Abgase
Demonstration	Waldsterben	Kraftwerk
Benzin	Protest	

3 'Umwelt'-wörter

Für denselben Aufsatz suchen Sie zusammengesetzte Wörter, die zu einem Teil aus dem Wort 'Umwelt' bestehen. Schreiben Sie diese neuen Wörter mit dem passenden Artikel.

zum Beispiel:

Belastung → die Umweltbelastung	Politik
Schutz	Steuer
Gesetz	Konferenz
Schaden	Maßnahmen
Verschmutzung	Ministerium
Katastrophe	Sünder
Partei	Regelungen
Minister	Problem

 FREIE FAHRT!

4 *Kettenspiel*

a Mit Hilfe eines Wörterbuches schreiben Sie für jeden Buchstaben fünf Nomen und ihre Bedeutungen (für die Buchstaben 'e' und 'n' finden Sie jeweils zehn).

zum Beispiel:
der Apfel (apple), *die Aula* (hall), *die Allergie* (allergy), *usw.*

b Nun arbeiten Sie zu zweit! 'A' nennt ein Nomen (inklusive *der/die/das*). 'B' muss ein anderes Nomen nennen, das mit dem letzten Buchstaben dieses Wortes beginnt. 'B' muss auch das Geschlecht des neuen Wortes angeben. Wörter dürfen nur einmal benutzt werden. Machen Sie weiter, bis Sie alle Nomen für einen Buchstaben benutzt haben.

zum Beispiel:
A: *der Man**n*** → B: *der Nam**e*** → A: *das Ei**s*** → B: *die Sprache*

5 *Ein Wettspiel*

Arbeiten Sie zu viert! Die Gruppe teilt sich in zwei Mannschaften von jeweils zwei Personen auf. Mannschaft 'A' nennt ein Nomen (dessen Geschlecht sie kennt!), und Mannschaft 'B' muss das Geschlecht (*der*, *die* oder *das*) angeben. Tauschen Sie dann die Rollen. Jede Mannschaft soll 20 Fragen stellen. Für jede richtige Antwort bekommt die Mannschaft einen Punkt. Zusatzpunkte gibt es für eine Erklärung des Geschlechts (lesen Sie noch einmal Seiten 48–52) Wer mehr als 30 Punkte bekommt, ist Sieger!

6 *Andere Länder, andere Wörter*

Im Deutschen gibt es viele Fremdwörter (z.B. *der Computer, die Mode*). Suchen Sie in einer Zeitung oder Zeitschrift nach Wörtern, die ursprünglich aus anderen Sprachen kommen und stellen Sie (anhand eines Wörterbuches, wenn nötig) die Geschlechter (*der, die* oder *das*) fest! Aus welcher Sprache kommen die meisten Fremdwörter? Sind sie meistens männlich, weiblich oder sächlich?

6 NOUN PLURALS

SO WIRD'S GEMACHT

Unlike in English, where the plural ending is almost always '-s', in German you can form noun plurals in several different ways. As with genders, you need to learn the plural form when you first meet a noun.

MAIN PLURAL

There are six main plural endings. Some of these are typical of certain genders or singular endings. The main patterns are:

Plural in -n *or* -en

A large number of nouns take this ending, including:
a Feminine nouns ending in *-e, -ei, -heit, -in* (in job titles a second *n* is inserted before the '-en' ending), *-keit, -schaft, -ung*:

die Lampe, die Lampen	lamps
die Lehrerin, die Lehrerinnen	teachers
die Schwierigkeit, die Schwierigkeiten	difficulties
die Lösung, die Lösungen	solutions

b All nouns ending in *-ant, -ent, -enz, -ie, -ik, -ion, -ist, -oge, -tät*:

der Präsident, die Präsidenten	presidents
die Theorie, die Theorien	theories
die Information, die Informationen	information

Plural in -e *or* ¨ + -e

a The *-e* ending is taken by a large number of masculine and neuter nouns with one syllable:

das Bein, die Beine	legs
das Jahr, die Jahre	years
der Ort, die Orte	places

| *der Tag, die Tage* | days |

b An umlaut is often placed on the stressed vowel in such nouns:

| *der Ball, die Bälle* | balls |
| *der Stuhl, die Stühle* | chairs |

Note that the ¨ + -e ending is found in a number of feminine nouns too:

| *die Stadt, die Städte* | towns/cities |
| *die Wand, die Wände* | walls |

c Nouns ending in *-är* and *-eur*:

| *der Pensionär, die Pensionäre* | pensioners |
| *der Jongleur, die Jongleure* | jugglers |

No change in the plural

a Most masculine nouns in *-el, -en, -er*:

der Gürtel, die Gürtel	belts
der Reifen, die Reifen	tyres
der Helfer, die Helfer	helpers

b Diminutives in *-chen, -lein*:

| *das Mäuschen, die Mäuschen* | little mice |
| *das Entlein, die Entlein* | ducklings |

Plural in ¨ only

Here the only change is to add an umlaut to the stressed vowel:

der Bruder, die Brüder	brothers
der Mantel, die Mäntel	coats
die Tochter, die Töchter	daughters

Plural in -er or ¨ + -er

a The *-er* ending appears mainly in neuter nouns of one syllable and a few masculine nouns of one syllable:

das Ei, die Eier	eggs
das Kleid, die Kleider	dresses
das Lied, die Lieder	songs

b With the *-er* plural ending an umlaut is placed on the preceding vowel or vowel combination whenever it can take one:

das Haus, die Häuser	houses
das Land, die Länder	countries
der Wald, die Wälder	forests

3 *Auf einem Familientreffen*

Die folgenden Personen erscheinen zum 65. Geburtstag des Lehrers Franz-Josef Apel.

Wie heißen sie im Plural und in welche Gruppen gehören sie?

Enkel (m.)	Vater (m.)	Lehrer (m.)	Dame (f.)
Cousine (f.)	Tante (f.)	Herr (m.)	Enkelin (f.)
Tochter (f.)	Neffe (m.)	Onkel (m.)	Kollege (m.)
Mutter (f.)	Nichte (f.)	Schüler (m.)	Pfarrer (m.)
Bruder (m.)	Vetter (m.)	Freundin (f.)	Student (m.)
Sekretärin (f.)	Schwager (m.)	Schwester (f.)	Frau (f.)

zum Beispiel:

Keine Endung	*-n* Endung	Umlaut	*-en* Endung	*-nen* Endung
die Enkel	die Damen	die Töchter	die Frauen	die Freundinnen

FREIE FAHRT!

4 *Für alle Fälle*

Arbeiten Sie in Gruppen von vier oder fünf! Die Großmutter eines deutschen Freundes kauft alles doppelt – für alle Fälle! Jede(r) muß die Einkaufsliste der Großmutter erweitern, indem er (sie) eine neue Ware (im Plural, versteht sich!) hinzufügt. Dabei dürfen Sie nichts aufschreiben!

zum Beispiel:
A: *Meine Großmutter ist zum Supermarkt gegangen und hat zwei Äpfel gekauft.*
B: *Meine Großmutter ist zum Supermarkt gegangen und hat zwei Äpfel und zwei Flaschen Bier gekauft.*
C: *Meine Großmutter ist zum Supermarkt gegangen und hat zwei Äpfel, zwei Flaschen Bier und zwei Pullis gekauft.*

Wie viele Waren können Sie im Kopf behalten?

5 *Rate mal!*

Arbeiten Sie zu zweit! Mit Hilfe eines Wörterbuches macht jede(r) für sich eine Liste von 30 Nomen im Plural: jeweils zwei für die folgenden Endungen.
-e, -ei, -heit, -in, -keit, -schaft, -ung, -ie, -ik, -ist, -oge, -tät, -el, -en, -er.

zum Beispiel:
-e: *die Schlangen, die Zigarren*
-ei: *die Metzgereien, die Büchereien*

(Vorsicht! Nicht alle Nomen können im Plural benutzt werden!)

Fragen Sie dann Ihren (Ihre) Partner(in), ob er (sie) weiß, was (zum Beispiel) 'snakes' oder 'bookshops' auf Deutsch heißt. Für jede richtige Antwort bekommen Sie zwei Punkte. Wenn Sie den (die) Partner(in) um den Anfangsbuchstaben bitten (z.B. 'S' oder 'M'), können Sie höchstens einen Punkt erzielen. Wer hat am Ende die meisten Punkte?

6 *Testen Sie sich!*

Suchen Sie zehn Minuten lang im Wörterbuch nach zwei Beispielen von jeder der sieben Kategorien von Nomen im Plural auf Seiten 56–58! Arbeiten Sie zu zweit und prüfen Sie, ob Ihr(e) Partner(in) die Pluralform von jedem Ihrer Nomen kennt und ob Sie seine (ihre) kennen. Wie viele haben Sie gekannt?

7 NOUN DECLENSIONS

SO WIRD'S GEMACHT

Noun declensions are the ways in which nouns change their forms in different cases (see Chapters 9, 10 and 11). German has three principal declensions.

Standard (or strong) declension

This is by far the most common pattern.

Singular

	Masculine	Neuter	Feminine
Nominative	*der Hund*	*das Ding*	*die Mutter*
Accusative	*den Hund*	*das Ding*	*die Mutter*
Dative	*dem Hund*	*dem Ding*	*der Mutter*
Genitive	*des Hund(e)s*	*des Dings*	*der Mutter*

Plural

	Masculine	Neuter	Feminine
Nominative	*die Hunde*	*die Dinge*	*die Mütter*
Accusative	*die Hunde*	*die Dinge*	*die Mütter*
Dative	*den Hunden*	*den Dingen*	*den Müttern*
Genitive	*der Hunde*	*der Dinge*	*der Mütter*

You need to note the following points about this declension:

- Feminine nouns never change their ending in the singular.

- You can form feminine plurals either with an umlaut, like *Mütter*, or by adding *-n/-en*, like *Frauen* (see mixed declension below).

- You add *-(e)s* to masculine and neuter nouns in the genitive singular. This ending is normally only used in nouns of one syllable where pronunciation might otherwise prove difficult (for example, *des Jahres*), but you **must** use it with nouns or syllables ending in sibilants, i.e. *-s, -sch, -ß, -ss, -st, -x* or *-z*:

AKTION GRAMMATIK!

des Fisches	of the fish
des Flusses	of the river
des Schmerzes	of the pain

- The dative singular ending *-e* on some masculine and neuter nouns is old-fashioned and is usually found only in certain set phrases:

nach Hause	home(wards)
zu Hause	at home

- You must add *-n* to almost all nouns in the dative plural (the only exceptions are nouns of foreign origin which retain the nominative plural *-s*):

mit seinen Freunden	with his friends
aus diesen Gründen	for these reasons

but

in den Restaurants	in the restaurants

- The genitive singular of neuter nouns ending in *-nis* is always *-nisses*:

des Verhältnisses	relationship
des Ergebnisses	result

Feminine nouns ending in *-nis*, however, do not change in the genitive singular:

trotz der Finsternis	in spite of the dark

- You can give the infinitive of almost any verb an initial capital letter and turn it into a neuter noun:

das Rauchen	smoking
das Schwimmen	swimming
das Singen	singing

Weak declension

Masculine nouns which add *-n* or *-en* to the nominative singular form when they are in the accusative, dative and genitive form in both singular and plural are usually referred to as weak nouns. (Some grammar books also refer to feminine noun plurals in *-n* or *-en* as weak.) There are relatively few weak nouns:

Singular

Nominative	*der Junge*
Accusative	*den Jungen*
Dative	*dem Jungen*
Genitive	*des Jungen*

Plural

Nominative	*die Jungen*
Accusative	*die Jungen*
Dative	*den Jungen*
Genitive	*der Jungen*

You should note the following points about weak nouns:

- They usually denote living beings:

der Affe	monkey
der Franzose	Frenchman
der Held	hero
der Kunde	customer
der Mensch	person
der Neffe	nephew
der Spatz	sparrow

- They include most nouns of foreign origin ending in *-and*, *-ant*, *-arch*, *-at*, *-ent*, *-ist*, *-krat*, *-nom*:

der Automat	slot machine
der Dirigent	(musical) conductor
der Demokrat	democrat

- A small number have an *-ns* ending in the genitive singular. The most common are:

der Buchstabe	letter (of alphabet)
der Friede	peace
der Gedanke	thought
der Glaube	faith
das Herz	heart (but note the accusative singular *das Herz*)
der Name	name
der Wille	will

- Weak nouns ending in *-ar* and *-er* add *-n* rather than *-en*. *Herr* adds *-n* in the singular and *-en* in the plural:

den Nachbarn	neighbour
des Bauern	farmer
dem Herrn	Mr/gentleman
die Herren	gentlemen

Adjectival declension

You can use many adjectives as nouns. These 'adjectival nouns' have an initial capital letter and take the appropriate adjective endings (see Chapter 12 for the various ways in which adjectives change their endings):

eine Alte	an old woman
ein Neuer	a (male) newcomer/new arrival
die Arbeitslosen	the unemployed
er ist Deutscher	he is German

Mixed declension

A small number of nouns have the standard masculine/neuter genitive singular *-(e)s* but the weak plural *-n*. For example:

das Bett (bed), *des Bett(e)s, die Betten*
der See (lake), *des Sees, die Seen*
der Staat (state), *des Staat(e)s, die Staaten*

You need to learn such irregularities in noun declension when you first meet the noun, since there is no way of knowing just by looking at the noun whether it takes the standard or weak declension. The three key elements to learn are:

*   a noun's nominative singular
*   its genitive singular
*   its nominative plural

These, along with the gender, will usually be given in any good dictionary: *Tisch, m., -es, -e* indicates that the noun is masculine, that the genitive form is *des Tisches* and that the plural is *die Tische.*

ÜBUNG MACHT DEN MEISTER!

1 *Was ist wichtig beim Neukauf eines Autos?*

Die Autofirmen wollen wissen, was ihre Kunden beim Autokauf beachten. Sie machen eine Meinungsumfrage über die Wichtigkeit folgender Punkte. Schreiben Sie bitte diese wichtigen Punkte auf. Die Nomen in Klammern folgen der starken Deklination.

zum Beispiel:
  das Prestige (Marke, f.)
→*das Prestige der Marke*

die Vorzüge (Modell, n.)
der Preis (Fahrzeug, n.)
das Topmodell (Reihe, f.)
das Grundmodell (Serie, f.)
die Farbe (Wagen, m.)
der Benzinverbrauch (Maschine, f.)
die Leistung (Motor, m.)
das Material (Sitze, m. pl.)
der Mechanismus (Schiebedach, n.)

 **FREIE FAHRT!**

6 *Europa und die Europäer*

a Schauen Sie sich eine Landkarte von Europa an und mit Hilfe eines Wörterbuches machen Sie eine Liste von Ländern und der dazugehörigen Nationalitäten. Schreiben Sie das Geschlecht ('m.' oder 'f.' oder 'n.') hinter jedes Land.

zum Beispiel:

Land	**männlich**	**weiblich**
Deutschland (n.)	*der Deutsche*	*die Deutsche*
Schweiz (f.)	*der Schweizer*	*die Schweizerin*
Frankreich (n.)	*der Franzose*	*die Französin*

b Schreiben Sie nun Sätze nach dem folgenden Muster:

zum Beispiel:
*Als ich **in Deutschland** war, habe ich **eine Schweizerin** und **einen Franzosen** kennengelernt.*

Benutzen Sie in jedem Satz ein anderes Land und verschiedene Nationalitäten.

c Schreiben Sie die Sätze in (b) um.

zum Beispiel:
*Mit **der Schweizerin** habe ich gearbeitet und mit **dem Franzosen** habe ich mich im Zug unterhalten.*

7 *Nomen est Omen!*

Arbeiten Sie in Gruppen von vier Personen. Mit Hilfe eines Wörterbuches finden Sie möglichst viele 'schwache' Nomen. Ihr(e) Lehrer(in) wird prüfen, ob Ihre Nomen tatsächlich dieser Kategorie angehören. Welche Gruppe hat die meisten gefunden?

8 PRONOUNS

 SO WIRD'S GEMACHT

A pronoun is a word which stands in place of a person or thing. For example, in English instead of 'the house' you could say 'it', or instead of 'a woman' you might use 'she' or 'her'. These are examples of personal pronouns.

Personal pronouns

The personal pronouns in German are:

	Singular		**Plural**	
1st person	*ich*	I	*wir*	we
2nd person (familiar)	*du*	you	*ihr*	you
2nd person (formal)	*Sie*	you	*Sie*	you
3rd person	*er, sie, es*	he, she, it	*sie*	they

1 *Use of* du, ihr *and* Sie

You will see from the table above that you can address people in either a familiar or a formal way. Note that the plural of the familiar *du* is *ihr*, but the formal or polite *Sie* is the same in singular and plural. Since we do not have this distinction in English, you need to pay particular attention to when these two forms are used in German. If you fail to use them correctly you could cause offence. A useful rule of thumb is that except in obvious circumstances, such as addressing an old friend, familiar forms should not be used until the native speaker you are talking/writing to uses them to address you.

The use of the various forms can be summarised as follows.

- *Du/ihr* is used when addressing:
  - relatives and close friends
  - children up to about the age of 14 or 15
  - fellow students

- colleagues in manual or blue-collar jobs
- animals

- *Sie* is used in all other circumstances, in particular:
  - with adults who are strangers
  - with colleagues in non-blue-collar jobs
  - by teachers when addressing students in the senior classes of secondary school.

It is often difficult to know when to start using *du*. The best advice is to follow the lead of the Germans you are speaking to. **If you are ever in any doubt, use Sie.** Note that *du/ihr* and the related possessive adjectives, that is, *dein*, etc. and *euer*, etc., are written with small letters. The various forms of *Sie* and the possessive adjective *Ihr* ('your') are written with a capital letter.

2 Pronouns and case

German pronouns change their form according to their case (see Chapters 9, 10 and 11). One of the few remaining examples of case change in English is the pronoun system: 'I–me', 'she–her', 'he–him', etc.

The full personal pronoun system is:

Singular   **Plural**

Nominative	Accusative	Dative	Nominative	Accusative	Dative
ich	*mich*	*mir*	*wir*	*uns*	*uns*
du	*dich*	*dir*	*ihr*	*euch*	*euch*
Sie	*Sie*	*Ihnen*	*Sie*	*Sie*	*Ihnen*
er	*ihn*	*ihm*	*sie*	*sie*	*ihnen*
sie	*sie*	*ihr*			
es	*es*	*ihm*			

The following illustrates how these personal pronouns are used:

Mein Vater ist fast immer verreist. **Er** (= nominative) *ist zur Zeit in Paris.*
My father is almost always away on business. He is currently in Paris.

Der Film soll gut sein. Wollen wir **ihn** (= accusative) *sehen?*
The film is supposed to be good. Shall we go and see it?

Wo ist deine Schwester? Ich bin doch mit **ihr** (= dative) *verabredet.*
Where is your sister? I arranged to meet her.

Note that the genitive forms (*meiner, deiner, Ihrer, seiner, ihrer, seiner; unser, euer, Ihrer, ihrer; ihrer, ihrer*) are very rare and are nowadays only found with verbs taking the genitive case:

*Viele unserer Kameraden sind im Krieg gefallen. Dieses Jahr möchten wir **ihrer** gedenken.*
Many of our comrades died in the war. We would like to commemorate them this year.

The forms *meinetwegen, deinetwegen, Ihretwegen, seinetwegen, ihretwegen, seinetwegen; unsertwegen, euretwegen, Ihretwegen, ihretwegen,* mean 'because of me (etc.)/for my (etc.) sake'.

*Ich bin doch **seinetwegen** extra in die Stadt gegangen.*
I went to town specially for him/because of him.

3 *Alternative personal pronouns*

* *dieser, diese, dieses* is used for emphasis, especially in spoken German, in place of *er, sie, es*:

*Dann ist sein Bruder angekommen. **Dieser** wollte nichts damit zu tun haben.*
Then his brother arrived. **He** wanted nothing to do with it.

Note that *dieser* and *jener* are also used for 'the latter' and 'the former' respectively (see Chapter 4).

* the definite article *der, die, das* is frequently used in place of personal pronouns in conversation:

***Die** arbeiten schon lange hier.*
They've been working here a long time.

***Von dem** kriegst du ja gar nichts.*
You'll get absolutely nothing out of him.

For the reflexive pronoun forms, see Chapter 29.

Possessive adjectives and pronouns

The endings of the possessive adjectives *mein, dein,* usw. ('my', 'your', etc.) are the same as those for *ein* (see Chapter 3):

	Masculine	Neuter	Feminine	Plural
Nominative	*mein*	*mein*	*meine*	*meine*
Accusative	*meinen*	*mein*	*meine*	*meine*
Dative	*meinem*	*meinem*	*meiner*	*meinen*
Genitive	*meines*	*meines*	*meiner*	*meiner*

Possessive adjectives usually come before the noun to which they refer. However, when they **follow** the verb (often *sein*) they are known as possessive pronouns (like 'mine', 'yours', etc.). Possessive pronouns have two forms not shared by the possessive adjectives:

a The masculine nominative singular (for example, referring to *der Wagen*)

meiner	mine (i.e. my car)	*uns(e)rer*	ours
deiner	yours	*eurer*	yours
Ihrer	yours	*Ihrer*	yours
seiner	his	*ihrer*	theirs
ihrer	hers		
seiner	its		

b The neuter nominative and accusative singular (for example, referring to *das Problem*)

meins	mine (i.e. my problem)	*uns(e)res*	ours
deins	yours	*eures*	yours
Ihres	yours	*Ihres*	yours
seines	his	*ihres*	theirs
ihres	hers		
seines	its		

*Ist das sein Mantel? – Nein, es ist **meiner**.*
Is that his coat? – No, it's mine.

*Wem gehört das Haus? Ist es **deins**?*
Who does the house belong to? Is it yours?

In all other forms they decline like the possessive adjective:

Fahren wir mit deinem Wagen?
Shall we go in your car?

*Ja, mit **meinem**.*
Yes, in mine.

Relative pronouns

These are virtually identical in form with the definite article *der, die, das* (see Chapter 3). You should note the following four key points about relative pronouns:

- A relative pronoun introduces a so-called relative clause (see Chapter 18).

- It sends the finite verb (i.e. the one verb which changes to agree with the subject) to the end of the clause.

- It must agree in number and gender with the noun or phrase to which it refers. (In the plural, of course, it only needs to agree in number.)

- The grammatical case of the relative pronoun is decided by its role in the relative clause:

der Freund, **der** *mich eingeladen hat,* . . .   the friend who invited me . . .
(here the nominative **der** is the subject of the relative clause)

der Freund, **den** *ich einladen möchte,* . . .   the friend (whom) I would like to
invite . . .
(here the accusative **den** is the object of the clause)

die Beamtin, **der** *er den Brief gab,* . . .   the official (to whom) he gave the
letter . . .
(here **der** is in the dative as it is the indirect object of the verb *geben*)

Note that in formal style Germans sometimes use *welcher* (see Interrogative pronouns (c) below) instead of *der*, especially when they wish to avoid repetition of *der*:

Der Wirtschaftsminister, **welcher** *den Gesetzesvorschlag unterstützt hatte, musste zurücktreten.*
The economics minister, who had supported the draft bill, was forced to resign.

For further information on relative pronouns see Chapter 18.

Interrogative pronouns

You use these to introduce questions. There are three interrogative pronouns: *wer* ('who'), *was* ('what') and *welcher* ('which').

a   *wer* declines as follows:

Nominative	*wer*
Accusative	*wen*
Dative	*wem*
Genitive	*wessen*

Wen *haben Sie gefragt?*
Whom did you ask?

Mit **wem** *hat sie getanzt?*
Who did she dance with?

The genitive form *wessen* is rather formal and is usually avoided:

Wem *gehört das Auto?*
To whom does the car belong?

rather than:

Wessen *Auto ist das?*
Whose car is it?

b   *was* is only used to refer to things, and has one other form, the literarysounding genitive *wessen*. The word *was* cannot normally be used with a preposition and is replaced by *wo-* or *wor-* + preposition (see Chapter 13):

Wogegen *hat man gestreikt?*
What was the strike about?

Worüber *haben sie gestritten?*
What did they argue about?

c *welcher* is declined like *dieser* and is normally used either as a determiner (see Chapter 4) or as an interrogative pronoun:

Ich habe zwei Autos. **Welches** *gefällt dir besser?*
I have two cars. Which do you prefer?

Welcher is hardly ever used in the genitive.

Indefinite pronouns

a *einer, eine, eins* ('one') declines like *meiner, meine, meins* (see 'Possessive adjectives and pronouns' above):

Ich habe kein Buch. Hast du **eins?**
I haven't got a book. Have you (got one)?

b *man*, meaning 'one', 'people in general' and 'they', is used a great deal in German:

Man *kann ja nicht alles wissen.*
You can't know everything.

The accusative of *man* is *einen* and the dative of *man* is *einem*:

Man muss ihnen helfen, auch wenn es **einen** *manchmal viel Zeit kostet.*
One has to help them even if it does occasionally take up a lot of time.

c *jemand* (meaning 'someone') and *niemand* (meaning 'no one') decline as follows:

Nominative	*jemand*	*niemand*
Accusative	*jemanden*	*niemanden*
Dative	*jemandem*	*niemandem*
Genitive	*jemandes*	*niemandes*

In **spoken** German the accusative and dative often have no ending, that is, the forms *jemand* and *niemand* are used:

Wir kennen hier **niemanden** OR: **niemand.**
We don't know anyone here.

ÜBUNG MACHT DEN MEISTER!

1 *Wann duzt man sich, wann sagt man Sie?*

Die Lehrer an einem Gymnasium nennt man Studienräte/Studienrätinnen. Sie duzen die Schüler der Unter- und der Mittelstufe. In der Oberstufe werden die Schüler mit 'Sie' angeredet. Setzen Sie die passenden Pronomen (*du, ihr, Sie*) ein.

a Ein Studienrat sagt zu seinen Schülern in Klasse 5/6 (Unterstufe):

Habt . . . . . eure Hausaufgaben gemacht?
Wollt . . . . . lieber im Klassenzimmer bleiben oder auf den Schulhof gehen?
Seid . . . . . alle vollzählig hier?
. . . . . müsst für nächste Woche einen Aufsatz schreiben.
. . . . . sollt die neue Lektion sorgfältig durchlesen.
. . . . . könnt die Aufgaben für die nächste Stunde machen.

b Die Schüler sprechen untereinander auf dem Schulhof:

Gibst . . . . . mir einen Kaugummi?
Kannst . . . . . mir das nochmal erklären?
Hilfst . . . . . mir bei den Hausaufgaben?
. . . . . hörst mir ja gar nicht zu.
. . . . . weißt doch, dass ich keine Zeit habe.
. . . . . sollst mich nicht immer stören.

c Die Schüler wenden sich an die Lehrer:

Könnten . . . . . mir das noch einmal erklären, Herr Klug?
Würden . . . . . das bitte wiederholen?
Helfen . . . . . mir bitte bei dieser Mathematikaufgabe?
Ich kann . . . . . nicht verstehen, Frau Berg.
Machen . . . . . mit uns eine Klassenfahrt?
Was für eine Note geben . . . . . mir für den Aufsatz?

2 *Meine Schule*

Ein deutscher Schüler beschreibt seinem englischen Brieffreund seine Schule. Setzen Sie die Pronomen *er, sie, es* ein.

Ich gehe auf ein Gymnasium. (a) . . . . . liegt in der Stadtmitte und (b) . . . . .
heißt Goethe-Gymnasium. (c) . . . . . ist ein gemischtes Gymnasium, das heißt,
(d) . . . . . wird von Jungen und Mädchen besucht.

Die Schule ist ziemlich alt. (e) . . . . . wurde 1920 erbaut. Heute besteht (f) . . . . . aus mehreren Gebäuden. (g) . . . . . liegen um einen Schulhof herum. (h) . . . . . dient uns als Pausenhof und teilweise als Sportplatz. Es gibt eine Turnhalle, (i) . . . . . liegt neben dem Hauptgebäude, daneben befindet sich der Kunstraum, der ziemlich neu ist. (j) . . . . . wurde erst vor zwei Jahren fertiggestellt. Auf der anderen Seite liegen die Chemie- und Physiklaboratorien. (k) . . . . . sind ein bisschen altmodisch und sollen demnächst modernisiert werden. Das neue Schwimmbad liegt gegenüber. (l) . . . . . wurde erst letztes Jahr eingeweiht.

Die Schüler an unserer Schule sind etwa 10–19 Jahre alt. (m) . . . . . kommen im Alter von zehn Jahren in diese Schule und treten in die sogenannte Unterstufe ein. Nachdem (n) . . . . . die sogenannte Mittelstufe durchlaufen haben, kommen (o) . . . . . im Alter von 16–17 Jahren in die Oberstufe. (p) . . . . . dauert drei Jahre. Die Schüler der Oberstufe haben alle vor, das Abitur zu machen, weil (q) . . . . . zum Zugang zur Universität berechtigt. (r) . . . . . ist eine schwierige Prüfung. Viele der Schüler bestehen (s) . . . . . nicht.

3 Sie haben ihre Herzen in Heidelberg verloren

Ersetzen Sie die unterstrichenen Namen mit den passenden Pronomen.

a Barbara wohnt in Hamburg. Horst kommt aus München. Barbara und Horst studieren in Heidelberg. Barbara und Horst kennen sich nicht.
b Barbara sieht Horst in der Universität. Barbara findet Horst ganz toll, sie wirft Horst interessierte Blicke zu, aber Horst bemerkt Barbara nicht.
c Ein paar Tage später gehen Barbara und Ulla in die Disco. Dort treffen sie Horst. Barbara tanzt mit Horst, sie gefällt Horst. Am nächsten Tag schenkt er Barbara Blumen! Er trifft Barbara jetzt täglich.
d Bald kauft Horst einen Ring für Barbara. Barbara und Horst verloben sich und Barbara heiratet Horst ein Jahr später. Barbara und Horst leben glücklich und zufrieden bis an ihr Lebensende!

4 Partygespräche

Folgende Sätze sind auf vielen Partys zu hören. Setzen Sie die richtigen Pronomen ein.

a Darf ich vorstellen, das ist (my) Mann und das ist (his) Schwägerin.
b Möchten Sie bitte (your, *polite*) Mäntel ablegen.
c Guten Abend, wie geht es (your, *polite*) Eltern?
d Wir sind heute Abend mit (his) Wagen gekommen. Ich habe (mine) zu Hause gelassen.
e Können Sie mir (my) Glas nachfüllen?
f Entschuldigung, sitze ich auf (your, *polite*) Platz?

g Wir haben heute Abend einen Babysitter für (our) Kinder gefunden. Wer versorgt (yours, *familiar plural*)?

h Ist das (your, *familiar*) Teller? – Nein, es ist der Teller (of my) Frau.

i Ist die junge Dame (his) Schwester? – Nein, sie ist (his) Freundin.

j Wir schreiben Ihnen (our) Adresse und (our) Telefonnummer auf.

k Er kann (his) Mantel, und ich kann (my) Schirm nicht finden.

l Vielen Dank für (your, *polite*) Einladung.

5 *Niemand kennt sich aus*

Auf der Party treffen viele Leute zusammen, die sich alle fremd sind und auch den Gastgeber nicht besonders gut kennen. Man hört diese Aussagen und Fragen. Setzen Sie die richtigen Pronomen ein.

a (Who) ist der Gastgeber?

b Wo legt (one) die Mäntel ab?

c Sitzt hier schon (anybody)?

d Nein, hier sitzt (nobody).

e Ich kenne (nobody) unter den Gästen.

f (Who) ist der Herr dort drüben?

g (Whom) haben Sie mitgebracht?

h (Which) Wein schmeckt besser, der Weiße oder der Rote?

i (Which) Kuchen möchten Sie probieren?

j Könnte (somebody) bitte ein Taxi rufen?

k (Nobody) weiß, wo sich das Telefon befindet.

FREIE FAHRT!

6 *Können Sie mir helfen?*

Arbeiten Sie zu zweit! Machen Sie eine Liste von 20 Sehenswürdigkeiten, Straßen oder Gebäuden, die man in einer typischen deutschen Stadt finden würde (*das Denkmal, die Hauptstraße, der Stadtpark, der Zoo, usw.*). 'A' fragt 'B', wo sich die verschiedenen Sehenswürdigkeiten, usw. befinden. 'B' weiß nicht genau und kann nur sagen, wie weit entfernt sie sind. Tauschen Sie nach zehn Fragen die Rollen:

zum Beispiel:
   Wo ist hier der Zoo?
→*Er ist nur 100 Meter/zwei Kilometer von hier.*

Wo befindet sich die Hauptstraße?
→ *Sie ist nicht weit von hier, etwa 300 Meter.*

Wo finde ich das Kriegerdenkmal?
→ *Es steht hier (irgendwo) in der Nähe.*

7 Wer kauft was?

Am Samstagmorgen sitzen Herr und Frau Richter am Frühstückstisch. Sie gehen heute in verschiedene Läden und Frau Richter will wissen, wer was kaufen wird. Stellen Sie sich ihren Dialog vor.

zum Beispiel:
Wer kauft denn heute das Fleisch?
→ *Ich kaufe es.*

Wer kauft die Milch?
→ *Ich kaufe sie.*

Machen Sie zu zweit weiter! 'A' stellt die Frage, 'B' bietet an, das Produkt zu kaufen. Tauschen Sie nach jeder Frage die Rollen.

8 Die neue Wohnung hat Probleme

Arbeiten Sie zu zweit! Person 'A' ist gerade in eine neue Wohnung eingezogen und muss vieles reparieren lassen. 'A' fragt die Person 'B' ob er (sie) jemanden kennt, der helfen kann.

zum Beispiel:
A: *Kennen Sie einen Handwerker, der das Fenster reparieren könnte?*
B: *Nein, ich kenne niemand(en). Aber Herr Arnold war sehr zufrieden mit dem Mann, der seins repariert hat.*

Die anderen Probleme in der Wohnung sind:
die Wasserleitung
das Waschbecken
der Ofen
die Steckdose
der Türgriff
das Bad
die Dusche
das Schlafzimmer
der Schrank

9 *Lauter Fragen*

Schreiben Sie 15 Fragen, die mit *wo* + Präposition anfangen.

zum Beispiel:
Wozu hat er dich angerufen?
Worin besteht das Problem?
Worüber ärgert er sich?

9 NOMINATIVE CASE AND ACCUSATIVE CASE

 SO WIRD'S GEMACHT

General information on cases

The forms of German articles, determiners, nouns, pronouns and adjectives vary according to what job they do in the sentence. These variations are the result of the German case system.

Whereas English relies on word order to show what part a word plays in the sentence, the use of cases means German can be a lot more flexible in its word order. For example, in the sentence 'My brother saw the thief', swapping the positions of 'my brother' and 'the thief' changes the meaning completely. In German, however, it is possible to say both *Mein Bruder hat den Dieb gesehen* and *Den Dieb hat mein Bruder gesehen*, without changing the essential meaning of the sentence. This is because the case endings of the definite article *den* and the possessive adjective *mein* indicate clearly which is the subject and which the object, that is, who is doing what to whom.

As the above example shows, it is usually the words qualifying a noun (articles, determiners and adjectives) rather than the noun itself that indicate case.

There are four cases in German, the nominative, the accusative, the dative and the genitive. This chapter and Chapters 10 and 11 deal with their use.

The nominative

The nominative case is the basic form in which nouns appear in textbooks and dictionaries. It is the form which is used to 'nominate' or 'name' the person or thing. You use it for the following purposes:

a To show the subject of the sentence or clause:

Meine Schwester wohnt in Innsbruck.
My sister lives in Innsbruck.

*Das hat **der neue deutsche Student** auch gesagt.*
The new German student said that too.

b   After the verbs *bleiben, heißen, scheinen, sein* and *werden*:

*Der Direktor heißt **Herr Bauer**.*
The director is called Mr Bauer.

*Sein Bruder ist **ein bekannter Schauspieler**.*
His brother is a famous actor.

*Das scheint **ein guter Plan** zu sein.*
That seems to be a good plan.

c   To express oaths and exclamations or to address people when no verb is used:

du lieber Gott!	good heavens!
du blöder Mann! (rude)	you stupid man!
du unartiger Junge!	you naughty boy!

The accusative

The accusative is used:

a   To show the direct object:

*Er hat **einen schweren Fehler** gemacht.*	He has made a serious error.
*Ich habe **keinen Mantel**.*	I don't have a coat.

b   After the prepositions *bis, durch, für, gegen, ohne, um* and *wider*:

*Bis nächsten **Mittwoch**!*
See you next Wednesday!

*Fahren Sie durch **den Tunnel**.*
Go through the tunnel.

*Ich arbeite für **meinen Vater**.*
I'm working for my father.

*Das macht ihr ohne **mich**!*
You can count me out of that. (literally: 'you do that without me')

c   After the prepositions *an, auf, hinter, in, neben, über, unter, vor* and *zwischen* when you wish to imply motion **towards** the following noun or pronoun.

Note that when used with the dative these prepositions indicate position – see Chapter 10 and also Chapter 15 on prepositions.

POSITION:
Das Kind saß **auf** *dem Stuhl.*
The child sat on the chair.

MOTION:
Das Kind kletterte **auf** *den Stuhl.*
The child climbed onto the chair.

Wir kletterten auf **das Dach.**
We climbed **onto** the roof.

Der Junge lief hinter **den Wagen.**
The boy ran behind the car.

Gehen wir in **die Kneipe.**
Let's go to the pub.

Ich setzte mich neben **die neue Schülerin.**
I sat down next to the new girl (pupil).

Note that *entlang* follows the noun in the accusative case:

Sie fuhren **die Bismarckstraße** *entlang.*
They drove along Bismarck Street.

d To indicate a particular point in time or a length of time in phrases without a preposition (see also Chapter 38):

Einen Moment, bitte!
Just one moment, please.

letzten *Montag*
last Monday

Er blieb **die ganze Woche.**
He stayed the whole week.

Ich war **einen Monat** *lang in Bonn.*
I was in Bonn for a month.

e For expressions of measurement, distance, space or value:

Der Koffer muss fast **einen halben Zentner** *wiegen.*
The case must weigh almost half a hundredweight.

Sie wohnt kaum **einen Kilometer** *vom Büro entfernt.*
She lives barely a kilometre from the office.

Der Teppich ist **einen Meter** *breit.*
The carpet is a metre wide.

*Das ist ja **keinen Pfennig** wert.*
That's not worth a penny.

f   In wishes and greetings:

Guten Abend!
Good evening.

Herzlichen Glückwunsch!
Many congratulations!

g   With the verbs *lehren* and *nennen* which require two accusative objects, and with *kosten* which can occasionally have two objects:

*Der Lehrer nannte **sie ein Wunderkind**.*
The teacher called her a child prodigy.

*Die Wohnung hat **meinen Vater eine Menge Geld** gekostet.*
The flat cost my father a lot of money.

 ÜBUNG MACHT DEN MEISTER!

1 *An der Universität heißt alles anders*

Heidi hat ihr Abitur bestanden und will in Tübingen an der Universität studieren. Ihre Freundin, die schon zwei Semester dort ist, erklärt ihr das neue 'Uni'-Vokabular.

So war es an der Schule	So heißt es an der Universität
die Schule	die Hochschule
das Gebäude	das Kollegiengebäude
die Bücherei	die Bibliothek
die Kantine	die Mensa
das Klassenzimmer	der Hörsaal
das Unterrichtszimmer	der Seminarraum
der Lehrer/die Lehrerin	der Dozent/die Dozentin
der Studienrat/die Studienrätin	der Professor/die Professorin
die Unterrichtsstunde	die Vorlesung/das Seminar/die Übung
der Mitschüler/die Mitschülerin	der Kommilitone/die Kommilitonin
die Klassenarbeit	die Klausur
die Prüfung	das Examen
die Abschlussprüfung	das Staatsexamen
der Festsaal	die Aula

das Schulhalbjahr	das Sommersemester/Wintersemester
die Schulferien	die Semesterferien
das Fachgebiet	die Fakultät

Setzen Sie das richtige Uni-Vokabular in den Text ein:

a . . . . . werden auch vorlesungsfreie Zeit genannt.

b In deutschen Universitäten sind . . . . . oft überfüllt, weil die Studentenzahlen nicht beschränkt sind.

c . . . . . serviert billiges Essen.

d . . . . . dauert von Mitte Oktober bis Mitte Februar, ... dauert von Mitte April bis Ende Juli.

e . . . . . ist eine staatliche Prüfung am Ende der Studienzeit.

f . . . . . ist der größte Raum der Universität, wo oft Feiern abgehalten werden.

g . . . . dauern im Allgemeinen 45 bis 50 Minuten.

h . . . . . ist eine schriftliche Prüfungsarbeit.

i Herr Doktor Esch ist ein berühmter . . . .

2 *Alles dreht sich um die Studenten*

Mit dem Wort 'Student/en' lassen sich viele neue Wörter bilden. Schauen Sie sich die Graphik an, schreiben Sie alle diese neuen Wörter auf.

zum Beispiel:
die Wirtschaft + der Student → der Wirtschaftsstudent
der Student + die Ermäßigung → die Studentenermäßigung

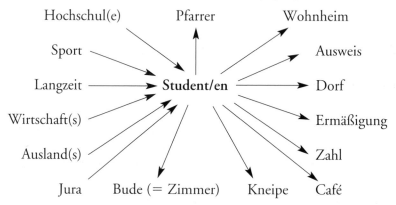

Setzen Sie jetzt die passenden Wörter in den Text ein.

a In Deutschland unterstützt der Staat bedürftige . . . . . durch das Bundesausbildungsförderungsgesetz (Bafög).

b Viele Studenten gehen in die . . . . ., weil sie für ihr billiges Bier bekannt ist.

c Um verbilligte Eintrittskarten zu bekommen, zeigt man den . . . . . .

d Man hat das . . . . . nur für Studenten gebaut.

e Ich mag meine . . . . ., weil sie zwar klein, aber preiswert ist.

f In der Nähe der Universität gibt es ein . . . . ., das von 8 Uhr morgens bis 22 Uhr geöffnet hat.

g Studenten, die länger als 12/14 Semester studieren, nennt man . . . . . .

h Diesen . . . . . treffe ich jeden Mittwoch beim Training im Stadion.

i Wenn Studenten in Not sind oder religiöse Fragen besprechen wollen, sehen sie den . . . .

j Die . . . . . wächst von Jahr zu Jahr.

k Die . . . . . werden vom akademischen Auslandsamt betreut.

3 *Wohin gehen die Studenten?*

Bilden Sie zwölf Sätze mit dem Akkusativ!

Sie gehen	in	der Hörsaal	zum Trainieren.
		die Kneipe	zum Lernen.
		die Mensa	zum Feiern.
		die Bibliothek	zum Trinken.
		der Betrieb	zum Lesen.
		das Stadion	zum Tennisspielen.
		das Laboratorium	zum Experimentieren.
	auf	die Universität	zum Studieren.
		das Universitätsfest	zum Essen.
		der Maiball	zum Tanzen.
		der Tennisplatz	zum Betriebspraktikum.
		das Amt	zum Einschreiben.

4 *Was Studenten sich erzählen*

Was passt zusammen?

a Herzlichen Glückwunsch

b Letzten Sommer

c Bis morgen Abend.

d Diesen August

e Für die kommende Prüfung

f Meine Bude ist

g Für die Auslandsreise

h Guten Morgen,

i Das Übungsbuch

j Nächsten Sommer

1 wie geht es dir?

2 einen halben Kilometer von der Uni entfernt.

3 mache ich einen Deutschkurs in der Schweiz.

4 ist seinen Preis wert.

5 Ich sehe dich dann in der Kneipe.

6 wünsche ich einen guten Flug.

7 zum bestandenen Examen!

8 werde ich mein Staatsexamen machen.

9 machte ich ein Praktikum in Österreich.

10 wünsche ich dir alles Gute!

 **FREIE FAHRT!**

5 Alte Erinnerungen

Sie sind zu einem Klassentreffen in Ihrer alten Schule eingeladen. Dort unterhalten Sie sich mit früheren Kameraden über nicht Anwesende. Was ist aus ihnen geworden?

zum Beispiel:

Weißt du, was Renate jetzt macht?
→ *Sie ist eine bekannte Tänzerin geworden.*

Was ist aus Horst geworden?
→ *Er scheint ein wichtiger Beamter geworden zu sein.*

Kennst du noch die Sonja Krämer?
→ *Ja, sie heißt aber jetzt Frau Professor Krämer!*

Arbeiten Sie zu zweit! Machen Sie ähnliche Dialoge. Benutzen Sie die Verben *sein, werden, heißen, scheinen* und *bleiben.*

6 Hier braucht man kein Geld

In Ihrer Stadt haben Studenten ein Tauschgeschäft aufgemacht. Sie gehen ins Geschäft und erzählen dem Assistenten, was Sie gern tauschen möchten.

zum Beispiel:
Ich tausche diesen Mantel gegen eine Lederjacke.
Kann ich einen Roman von Tolstoi gegen ein englisches Wörterbuch tauschen?

Schreiben Sie zehn weitere Sätze.

7 Wie komme ich am besten zum Stadion?

Sie befinden sich in der Stadtmitte und ein Wagen hält an. Der Fremde am Steuer fragt nach dem Weg zum Fußballstadion. Leider ist die Fahrt ganz kompliziert. Erklären Sie ihm den Weg, indem Sie jede der folgenden Präpositionen mindestens einmal benutzen: *durch, um, in, an, auf, hinter, neben, unter, über, vor, zwischen, entlang.*

zum Beispiel:
Fahren Sie diese Straße entlang. Dann fahren Sie unter die Eisenbahnbrücke, über den Theaterplatz, usw. . . .

8 Erinnern Sie sich noch?

Was haben Sie letztes Jahr gemacht? Schreiben Sie Sätze für alle zwölf Monate. Dann vergleichen Sie mit diesem Jahr. Stellen Sie auch Fragen an Ihre Kameraden.

zum Beispiel:

Was hast du letzten Januar gemacht?
→*Letzten Januar hatte ich Prüfung – diesen Januar mache ich ein Praktikum.*

Was hast du letzten März gemacht?
→*Letzten März machte ich den Führerschein – diesen März fahre ich nach Schottland.*

10 DATIVE CASE

 SO WIRD'S GEMACHT

The dative case has a wide range of uses.

Indirect object

The dative expresses the indirect object of a verb, especially after verbs such as *geben, erzählen, zeigen, schicken*. The indirect object is the person who is given, told, shown, sent, etc. the thing in question.

*Sie gab **ihrem Freund** das Buch.*
She gave her friend the book.

*Sie erzählten **uns** eine lange Geschichte.*
They told us some long story.

*Peter zeigte es **mir**.*
Peter showed me it/it to me.

Note that English, since it lacks case endings, must either use 'to' or rely on the word order 'indirect object, direct object' to make the meaning clear.

Prepositions (general)

You always use the dative after the following prepositions:

aus	out of
außer	apart from
bei	at someone's house/near/on the occasion of
gemäß	in accordance with
laut	according to
mit	with/by (transport)
nach	after
seit	since
von	from/of
zu	to

aus dem Zimmer	out of the room
bei meiner Schwester	at my sister's
mit dem Zug	by train
nach dem Mittagessen	after lunch
seit den Wahlen	since the elections
vom Bahnhof	from the station
ein Freund von mir	a friend of mine

entgegen 'against/contrary to' and *gegenüber* 'opposite' usually follow the noun:

| *dem Park gegenüber* | opposite the park |

See also Chapter 15 on prepositions.

Prepositions (location)

You use the dative after the following prepositions to mean being 'in' a place or 'on' (etc.) something, as opposed to arriving 'into' a place or 'on to' (etc.) something (see Chapter 9):

an	on/at/by
auf	on (a horizontal surface)
hinter	behind
in	in
neben	near/next to
über	over/above
unter	under/among
vor	in front of
zwischen	between
an der Wand	on the wall
auf dem neuen Tisch	on the new table
in dieser schmutzigen Wohnung	in this dirty flat
unter den Kollegen	amongst one's colleagues

Compare:
Er ging in die Bibliothek.
He went into the library.

and:
Sie traf ihn in der Bibliothek.
She met him in the library.

Note that the dative is also used for movement at the place or on the object without actually leaving it:

Sie tanzten auf dem Ball.
They danced at the ball.

See also Chapter 15 on prepositions.

Verbs with dative

Certain verbs can **only** take a dative object. The most common are:

antworten	to answer
begegnen	to meet
danken	to thank
folgen	to follow
gehören	to belong to
geschehen	to happen to
glauben	to believe
gratulieren	to congratulate
helfen	to help
nutzen/nützen	to be of use
passen	to fit/to suit
passieren	to happen to
schaden	to harm
vorkommen	to seem to

*Wir danken **Ihnen** für Ihre Hilfe.*
(We) thank you for your help.

*Er gratuliert **seinem Freund**.*
He congratulates his friend.

*Das ist **mir** noch nie passiert.*
That has never happened to me before.

Impersonal verbs

The dative is needed with a number of verbs which either have *es* as their subject (see Chapter 30) or whose subject in English is the indirect object in German (and therefore in the dative). Some of the most common are:

auffallen	to strike/occur to
einfallen	to occur to
fehlen	to be missing
gefallen	to like
gelingen	to succeed
Leid tun	to be sorry
schmecken	to taste (good)
wehtun	to hurt

*Es tut **mir** Leid.*
I'm sorry.

*Das ist **uns** noch nicht gelungen.*
We haven't managed that yet.

Ihm tut der Rücken weh.
He has a sore back/His back is hurting.

*Das Essen hat **meinem Freund** gar nicht geschmeckt.*
My friend didn't like the food at all.

See also Chapter 30 on impersonal verbs.

Verbs with certain prefixes

You use the dative with verbs beginning in *bei-, ent-, entgegen-, nach-, wider-* or *zu-*:

*Ein junger Mann kam **dem Auto** entgegen.*
A young man was coming towards the car.

*Wir sind **ihr** sofort nachgelaufen.*
We ran after her at once.

*Hören Sie **der Musik** gut zu.*
Listen carefully to the music.

Adjectives (sensation)

The dative is used with certain adjectives to express sensations, usually alongside the verbs *sein* or *werden*:

heiß	hot
kalt	cold
schlecht	bad or ill
schwind(e)lig	dizzy
süß	sweet
übel	ill/sick
unwohl	unwell
warm	warm

*Ist **dir** zu kalt?*
Is it too cold for you?

***Mir** wurde plötzlich schwindlig.*
I suddenly started to feel dizzy.

Adjectives (general)

You use the dative with a wide range of other adjectives, again mostly with *sein* or *werden*. Here the adjective usually follows the noun to which it refers:

dankbar	grateful
egal/gleich	equal or indifferent
fremd	strange
klar	obvious/clear

möglich	possible
nützlich	useful
peinlich	embarrassing
schädlich	harmful
wichtig	important

*Wir waren **dem Chef** sehr dankbar.*
We were very grateful to the boss.

*Das war **meinem Mann** doch ganz klar.*
It was, of course, quite clear to my husband.

*So etwas könnte **euch** ja ganz nützlich sein.*
Something like that could be quite useful to you.

Advantage/disadvantage

The dative serves to indicate the person for whom or to whom the action of the verb is done. This is sometimes called the 'ethical dative' and suggests either advantage or disadvantage for someone:

*Kannst du **mir** bitte eine Zeitung kaufen?*
Can you buy me a paper, please?

*Der Hausmeister hat **dem Alten** die Tür aufgemacht.*
The caretaker opened the door for the old man.

*Jemand hat **meiner Freundin** die Handtasche gestohlen.*
Someone stole my girlfriend's handbag (from her).

Parts of the body, clothes

You use the dative to indicate possession, in particular with parts of the body or with clothes:

*Habt ihr **euch** die Hände gewaschen?*
Have you washed your hands?

*Du solltest **dir** heute etwas Warmes anziehen.*
You ought to put something warm on today.

 ÜBUNG MACHT DEN MEISTER!

1 *Großzügige Weihnachtsgeschenke!*

Rudi Reich hat viel Geld. Er wird Weihnachtsgeschenke für seine Familie kaufen. Unten ist seine Einkaufsliste. Abends in der Kneipe prahlt er bei seinen Freunden.

Schreiben Sie auf, was er sagt:

zum Beispiel:
Ehefrau – Goldkette (f.), Goldarmband (n.)
→ *Der Ehefrau* (= dative) *schenke ich eine Goldkette* (= accusative) *und ein Goldarmband* (= accusative).

a Eltern – Kreuzfahrt (f.)
b Schwester – Pelzmantel (m.)
c Bruder – Motorrad (n.)
d Zwillingsschwester – Kleinwagen (m.)
e Schwiegereltern – Kiste (f.) Sekt
f Schwägerin – Seidenbluse (f.)
g Schwager – Golfausrüstung (f.)
h Neffe – Spielcomputer (m.)
i Nichte – Stereoanlage (f.)

2 *Das war ihm noch nie passiert!*

Setzen Sie bitte die Wörter in den Klammern in den Dativ.

Hans Jung wohnt in (eine) Kleinstadt in Süddeutschland. Er arbeitet in (die Firma) seines Vaters. Unter (die) Arbeitskollegen ist er nicht sehr beliebt, weil (sie) klar ist, dass (er) nur schnelle Autos und Frauen wichtig sind.

Letzte Woche wollte er nach (die) Arbeit mit (eine junge) Sekretärin der Firma zu (das) Autorennen nach Monaco fahren. Er wollte nicht mit (der) Zug, sondern mit (der neue) Sportwagen, der (sein) Vater gehörte, in den Süden reisen. Er traf sich also mit (seine neue) Freundin in (das teuerste) Restaurant der Stadt. Nach (ein vorzügliches) Abendessen begann die Reise.

Schon als sie aus (die) Stadt fuhren, machte der Motor seltsame Geräusche. Sie folgten (die) Landstraße in Richtung Autobahn. Die Geräusche unter (die) Motorhaube wurden immer lauter, aber Hans trat nur stärker auf das Gaspedal. Sie waren schon in (die) Schweiz, und irgendwo zwischen (die Schweizer) Grenze und (der) Gotthardpass geschah es dann. Plötzlich fiel (er) auf, dass die Geschwindigkeit immer langsamer wurde. Kurz darauf gab es einen Knall und der Motor stand still.

So etwas war (der junge) Mann noch nie passiert! Da er sich mit (das neue) Modell nicht auskannte, blieb (er) nichts anderes übrig, als zu Fuß zu (das nächste) Telefon zu laufen und Hilfe herbeizurufen. Schließlich kam ein Mechaniker aus (das nahegelegene) Dorf, der versuchte (sie) zu helfen, aber leider fehlten (er) die passenden Ersatzteile.

Es wurde (Hans und seine Freundin) klar, dass sie Monaco auf keinen Fall rechtzeitig für das Autorennen erreichen würden und dass sie in (das einzige) Gasthaus des nahegelegenen Dorfs übernachten mussten. Zu allem Unglück stellte Hans dort fest, dass er seine Kreditkarte in (das teure) Restaurant hatte liegen lassen. Das war (er) sehr peinlich. Auch das war (er) noch nie passiert!

3 Auf der Fähre fühlt man sich nicht so wohl

Eine Schülergruppe befindet sich auf der Überfahrt von Dover nach Calais. Auf der Fähre reden alle durcheinander. Was passt zusammen?

a Walter und Hans haben zu viel Schokolade gegessen.

b Sabine hat mir Geld geliehen.

c Gisela sitzt in einer Ecke und stöhnt.

d Die Suppe schmeckt mir gar nicht.

e Er sieht blass aus.

f Wir waren eine halbe Stunde an der frischen Luft auf dem Deck.

g Frau Schmidt hat den Kapitän ganz oben auf der Brücke besucht.

h Rudi hat beim Bezahlen einen Fehler gemacht.

i Ich habe zu viel Sahnetorte gegessen.

j Wir finden es sehr warm hier im Restaurant.

k Ich bin seekrank.

1 Mir ist übel.

2 Das war ihm peinlich.

3 Uns ist kalt.

4 Ihnen ist übel.

5 Ich bin ihr dankbar.

6 Mir ist schlecht.

7 Ihm ist schlecht.

8 Uns ist es hier zu heiß.

9 Sie ist mir zu salzig.

10 Dabei wurde ihr schwindlig.

11 Ihr ist unwohl.

 FREIE FAHRT!

4 Mitbringsel aus England

Ein deutscher Freund ist bei Ihnen zu Besuch. Er kauft viele Geschenke für seine Familie und Sie möchten wissen, wer welches Geschenk bekommen wird. Stellen Sie ihm Fragen.

zum Beispiel:

Wem (= dative) *kaufst du den Tee* (= accusative)?

→*Den Tee* (= accusative) *kaufe ich meinem Vater* (= dative).

Arbeiten Sie zu zweit und machen Sie weitere Dialoge – der Freund hat auch Geschenke für Mutter, Schwester, Bruder, Kusine, Vetter, Onkel, Tante, Großvater, Großmutter, Schwager und Schwägerin gekauft.

5 Wer hat das schönste Wohnzimmer?

Zeichnen Sie ein einfaches Bild eines Wohnzimmers mit Fenster, Tür und folgenden Gegenständen:

Tisch	Stuhl	Sofa	Sessel
Flasche	Buch	Heft	Tasse
Glas	Ball	Tennisschläger	Schuhe
Kassette	Bild an der Wand	Fernseher	

Arbeiten Sie zu zweit! Ihr(e) Partner(in) darf Ihr Bild auf keinen Fall sehen. Versuchen Sie durch Fragen herauszufinden, wo sich die Gegenstände auf dem Bild Ihres Partners/Ihrer Partnerin befinden.

zum Beispiel:
Wo steht der Tisch/liegt das Buch/hängt das Bild?
Neben der Tür/hinter dem Sofa/auf dem Tisch.

Sie können folgende Präpositionen benutzen: *an, auf, hinter, neben, über, unter, vor, zwischen, rechts von, links von.*

Versuchen Sie das Bild Ihres Partners/Ihrer Partnerin zu zeichnen. Wenn Sie alle Gegenstände in das neue Bild gesetzt haben, vergleichen Sie Ihre Bilder.

6 *Vorsicht vor Hoteldieben!*

Sie sind Leiter einer Gruppe von britischen Touristen in Zürich. Eines Tages gibt es einen Einbruch im Hotel und Sie müssen aufschreiben, was gestohlen worden ist. Schreiben Sie einen Bericht für die Polizei.

zum Beispiel:
Der Dieb hat dem jungen Mann im Zimmer 104 den Pass gestohlen.
Der alten Dame im Zimmer 17 hat er die Handtasche gestohlen.
Mir hat er den Fotoapparat genommen.

Schreiben Sie, was die anderen zehn Mitglieder der Gruppe verloren haben.

7 *Das hatten wir nicht erwartet!*

Die Familie Wiechert ist aus einem Urlaub in Spanien nach Salzburg zurückgekommen. Leider ist im Urlaub alles Mögliche schief gegangen. Frau Wiechert erzählt ihrer Freundin über die Probleme, die sie, ihr Mann und ihre drei Kinder gehabt haben. Übernehmen Sie die Rolle von Frau Wiechert. Benutzen Sie die Verben *gefallen, schmecken, gelingen* oder die Adjektive *süß, heiß, kalt, warm, schlecht.*

zum Beispiel:
Meinem Mann hat das Essen nicht geschmeckt.
Madrid hat uns gar nicht gefallen.
Meinem jüngeren Sohn ist öfters schlecht geworden.

AKTION GRAMMATIK!

11 GENITIVE CASE

SO WIRD'S GEMACHT

In modern German the genitive case is not used very often in conversation, frequently being replaced by the preposition *von*. In the written language, however, the genitive is still very common.

Possession

You use the genitive to indicate possession, corresponding to English apostrophe 's' or 'of':

*die Familie **meines Freundes***	my friend's family
*der frühere Direktor **unserer Schule***	the former headteacher of our school
*die Geschichte **dieser Häuser***	the history of these houses

• Note that instead of the genitive you can use *von* with the dative: *von meinem Freund, von unserer Schule, von diesen Häusern.* (See also Chapters 10 and 15.)

• Note that in German you only use the so-called Saxon Genitive (for example, 'that car's bumper', 'Sarah's friend') with the names of people, nationalities and towns/cities and that there is no apostrophe before the 's':

***Helmuts** Auto*	Helmut's car
***Herrn Wegeners** Wohnung*	Mr Wegener's flat
***Frau Arnolds** Kinder*	Mrs Arnold's children
***Deutschlands** Weine*	Germany's wines
*die Stadtmitte **Frankfurts***	Frankfurt's city centre

Verbs

The following verbs require the genitive:

anklagen	to accuse of
bedürfen	to be in need of
gedenken	to remember/commemorate

sich bedienen	to make use of
sich entsinnen	to remember
sich erfreuen	to enjoy
sich rühmen	to boast of
sich schämen	to be ashamed of
sich vergewissern	to make sure of
sich versichern	to assure oneself of

*Wir gedenken **unserer Toten.***
We remember our dead.

*Er schämte sich **seiner Taten.***
He was ashamed of his actions.

*Sie rühmten sich **ihrer Qualifikationen.***
They boasted about their qualifications.

Prepositions

You use the genitive after a number of prepositions, of which the most common are:

(an)statt	instead of
außerhalb	outside of
infolge	as a consequence of
innerhalb	within
trotz	in spite of
während	during
wegen	because of

infolge der Demonstrationen	as a result of the demonstrations
trotz seiner schlechten Noten	in spite of his bad marks
wegen des schlechten Wetters	because of the bad weather

In spoken German, in particular, you can also use *(an)statt, trotz, während* and *wegen* with the dative.

See also Chapter 15 on prepositions.

Adjectives

The genitive is used with some adjectives. These include:

bewusst	aware of
fähig	capable of
gewiss	certain/assured of
schuldig	guilty of
sicher	sure of
voll	full of

ganzen Welt bekannt geworden. Während (die Sommermonate) finden vor der Kulisse (das Schloss) Theater- und Konzertaufführungen statt. Unweit (die Schlossruine) gibt es herrliche Spazierwege inmitten (der Wald) und (die Weinberge). Angesichts (die zahlreichen internationalen Touristen), die aufgrund (die günstige Lage) zum Flughafen Frankfurt anreisen, hat Heidelberg ein gutes Hotelangebot und kann sich (viele ausgezeichnete Restaurants) rühmen, wo man (Deutschland) Weine und Speisen genießen kann.

FREIE FAHRT!

4 *Auf der Hochzeit*

Zur Hochzeit von Peter und Claudia sind alle möglichen Verwandten eingeladen. Sie fragen den Bruder von Peter, wer die Leute sind.

zum Beispiel:
> *Wer ist das denn da drüben?*
→ *Das ist Peters Onkel.*
→ *Ich glaube, das ist Claudias Schwester.*

Machen Sie zu zweit weitere kurze Dialoge.

5 *Ein Blick ins Familienalbum*

Zu Hause schauen Sie sich alte Familienfotos an. Sie erklären einem Freund, wer oder was auf den Bildern zu sehen ist.

zum Beispiel:
Hier ist der Bruder unseres Großvaters.
Das ist das Haus meiner Tante.
Links siehst du den Bauernhof meines Onkels.

6 *Wie gut sind Sie in Geographie?*

Arbeiten Sie zu zweit! Testen Sie Ihren Partner/Ihre Partnerin über Hauptstädte, höchste Berge, die Einwohner, die Sprache von europäischen Ländern.

zum Beispiel:
*Wie heißt die Hauptstadt **der** Türkei?*
Wie nennt man die Einwohner Frankreichs?
*Was ist der höchste Berg **der** Alpen?*
Was ist die Landessprache Belgiens?

7 Verkehrshinweise

Sie sind Angestellter des Südwestfunks, Baden-Baden, und müssen jeden Tag über Verkehrsprobleme berichten. Fertigen Sie einen Bericht über Probleme in Stuttgart, Karlsruhe, Baden-Baden und Freiburg an, indem Sie folgende Präpositionen benutzen: *wegen, infolge, außerhalb, beiderseits, diesseits, jenseits, inmitten, oberhalb.* Folgende Ausdrücke könnten Ihnen helfen:

der Stau	traffic jam
die Bauarbeiten	roadworks
die Umleitung	diversion
Straße gesperrt	road closed
der Schnee	snow
die Ampel funktioniert nicht	traffic lights out of action
der Unfall	accident
zäh fließender Verkehr	slow-moving traffic
mit Verkehrsstockungen/Verspätung rechnen	be prepared for hold-ups/delays
das Glatteis	black ice
der Nebel	fog

zum Beispiel:
In Stuttgart gibt es jenseits/beiderseits der Eisenbahnbrücke einen Stau von zwei Kilometern.
In Freiburg muss man wegen des Nebels/eines Unfalls mit Verkehrsstockungen rechnen.

12 ADJECTIVES

SO WIRD'S GEMACHT

Adjective endings

a Adjectives which come after the finite verb (the one verb in a sentence which changes to agree with the subject) do not take any endings. With adjectives the finite verb is very often some form of *sein* or *werden*:

Der Film war ausgezeichnet.
The film was excellent.

Die Schule ist ja langweilig geworden.
School has become boring.

b However, if adjectives come before the noun they describe, they change their endings:

Das renovierte Haus sieht gut aus.
The renovated house looks good.

Hast du den neuen Lehrer gesehen?
Have you seen the new teacher?

There are three types of adjective declension, involving no more than minor variations in endings. The particular declension you use depends on which article or determiner (if any) comes before the adjective (see Chapters 3 and 4 on articles and determiners).

'der' *declension*

a
Singular

	Masculine	Neuter	Feminine
Nominative	*der große Stuhl*	*das kleine Haus*	*die schöne Wohnung*
Accusative	*den großen Stuhl*	*das kleine Haus*	*die schöne Wohnung*
Dative	*dem großen Stuhl*	*dem kleinen Haus*	*der schönen Wohnung*
Genitive	*des großen Stuhls*	*des kleinen Hauses*	*der schönen Wohnung*

Plural (all genders)

Nominative	*die netten Leute*
Accusative	*die netten Leute*
Dative	*den netten Leuten*
Genitive	*der netten Leute*

b You use these adjective endings after the definite article *der, die, das* and after so-called *'der'* words such as *dieser, jener, jeder*, etc. (see Chapter 4):

Das große Auto drüben gehört mir.
The big car over there belongs to me.

Ich kaufe diesen schönen Tisch.
I'm going to buy this lovely table.

Sie arbeitet in der neuen Fabrik.
She works in the new factory.

In jedem alten Haus haben wir ähnliche Probleme gefunden.
We found similar problems in every old house.

c Following *beide, irgendwelche* and *solche, der*-declension endings are usual, but you may also find the zero declension endings (see 'zero declension' below):

beide blauen (or *blaue*) *Stifte*   both blue pens
solche blöden (or *blöde*) *Fragen*   such stupid questions

d The plural *alle* ('all') is also followed by *der*-declension adjective endings, but note that any following demonstrative adjectives (for example, *dieser, jener*) or possessive adjectives (for example, *mein, dein, sein*, etc.) must have the same endings as *alle*:

Nominative	*alle diese alten Leute*	all these old people
	alle meine guten Freunde	all my good friends
Accusative	*alle diese alten Leute*	
	alle meine guten Freunde	
Dative	*allen diesen alten Leuten*	
	allen meinen guten Freunden	
Genitive	*aller dieser alten Leute*	
	aller meiner guten Freunde	

• After *alles* ('everything'), the adjective has the following endings and an initial capital letter:

Nominative	*alles Gute*	all the best
Accusative	*alles Gute*	
Dative	*alles Gutem*	
Genitive	*alles Guten*	

e Note the *der*-declension ending after personal pronouns:

Wir Angestellten streiken für bessere Arbeitsbedingungen.
We employees are striking for better working conditions.

'ein' *declension*

a Note the highlighted adjectives are the only ones which differ from the equivalent *der*-declension endings:

Singular

	Masculine	Neuter	Feminine
Nominative	*ein **roter** Tisch*	*ein **neues** Auto*	*eine alte Frau*
Accusative	*einen roten Tisch*	*ein **neues** Auto*	*eine alte Frau*
Dative	*einem roten Tisch*	*einem neuen Auto*	*einer alten Frau*
Genitive	*eines roten Tisches*	*eines neuen Autos*	*einer alten Frau*

Plural (all genders)

Nominative	*keine leeren Gebäude*
Accusative	*keine leeren Gebäude*
Dative	*keinen leeren Gebäuden*
Genitive	*keiner leeren Gebäude*

b You use the *ein*-declension endings after *ein*, *kein* and the possessive adjectives *mein* ('my'), *dein* ('your'), *sein* ('his/its'), *ihr* ('her/their'), *unser* ('our'), *Ihr* ('your' singular and plural polite form), *euer* ('your' plural familiar form):

*Hast du **ein** neues Kleid?*
Do you have a new dress?

*Sie ist **meine** beste Freundin.*
She is my best friend.

***Unsere** persönlichen Probleme gehen Sie nichts an.*
Our personal problems do not concern you.

Zero declension

a
Singular

	Masculine	Neuter	Feminine
Nominative	*guter Wein*	*deutsches Bier*	*frische Sahne*
Accusative	*guten Wein*	*deutsches Bier*	*frische Sahne*
Dative	*gutem Wein*	*deutschem Bier*	*frischer Sahne*
Genitive	*guten Weins*	*deutschen Biers*	*frischer Sahne*

Plural (all genders)

Nominative	*reiche Leute*
Accusative	*reiche Leute*
Dative	*reichen Leuten*
Genitive	*reicher Leute*

b You use the zero declension endings when there is no article or determiner before the adjective:

französischer Rotwein	French red wine
der Geschmack frisch gebackenen Brotes	the taste of freshly baked bread
bei schönem Wetter	in nice weather

c Zero declension endings are also used after *ein paar* ('a few') and any number other than one:

ein paar wertvolle Münzen	a few valuable coins
sechs alte Flaschen	six old bottles

d Following *allerlei* ('all kinds of'), *etwas* ('something'), *nichts* ('nothing'), *viel* ('much'), and *wenig* ('little'), the adjective declines like a zero declension neuter adjective and begins with a capital letter:

Nominative	*nichts Interessantes*	nothing of interest
Accusative	*nichts Interessantes*	
Dative	*nichts Interessantem*	
Genitive	*nichts Interessanten*	

You very rarely see the genitive form.

e After the indefinites *einige* ('some/a few'), *etliche* ('several'), *folgende* ('following'), *manche* ('some'), *mehrere* ('several'), *viele* ('many') and *wenige* ('few'), the adjective also takes zero declension endings:

wenige warme Tage	few warm days
einige arme Leute	some poor pensioners
dank vieler guter Ratschläge	thanks to much good advice

f When *viel* and *wenig* come before singular, so-called 'uncountable' nouns, or when they are used as adverbs, you do not decline them. Adjectives that follow *viel* and *wenig* take zero declension endings:

viel guter Wein	a lot of good wine
aus wenig haltbarem Stoff gemacht	made of not very hardwearing material

g Note that when there is a string of adjectives before a noun each adjective has the same ending, whether it takes *der*-, zero or *ein*-declension endings.

wir sahen einen interessanten, neuen Film	we saw an interesting new film
eine schöne, alte, romanische Kirche	a beautiful, old, romanesque church

In the masculine or neuter dative singular, however, the second element *may* take the *der*-declension ending *n* rather than the zero declension *m*:

aus teurem italienischen Stoff   made of expensive Italian material

Other adjective types

a You can also use past participles as adjectives (see Chapter 23 for the formation of the past participle):

*das hart **gekochte** Ei*   the hard-boiled egg
(from *kochen* 'to cook, boil')

*ein **gelungenes** Experiment*   a successful experiment
(from *gelingen* 'to succeed')

A few such adjectives have taken on meanings distinct from the original verb, for example:

ausgezeichnet   excellent
(from *auszeichnen* 'to award, decorate')

bekannt   well known, famous
(from *bekennen* 'to confess, admit')

b Present participles too can be used as adjectives. These participles are formed by adding -*d* to the infinitive:

*die **steigenden** Preise*   the rising prices
***fließendes** Wasser*   running water

Present participles are the equivalent of the English verb ending '-ing', but you must **not** use them to translate the continuous present tense in English, for example, 'I am playing', which in German can only be *ich spiele*.

Like the past participles, some present participles have acquired a meaning independent of the original verb. For example:

dringend   urgent
umfassend   comprehensive, all-embracing

c In German you can use past and present participles to create extended adjective phrases in a way you cannot in English:

*die schon vor Monaten **geprüften** Dokumente*
the documents that were examined months ago
*die gegen die hohe Arbeitslosigkeit **streikenden** Arbeitnehmer*
the workers who are demonstrating against the high level of unemployment
*die sich erst sehr langsam **entwickelnde** Windenergie*
wind power which is only developing very slowly.

The article and noun in such phrases can often be a long way apart, separated by other noun phrases, adjectives, adverbs and reflexive pronouns. You will rarely meet this construction outside formal written contexts but it is quite common there. As shown above, to translate it into English you normally use the main noun followed by a subordinate clause beginning 'who', 'that' or 'which'.

d You can form adjectives from the names of cities and towns by adding *-er* to the place name. These adjectives have an initial capital letter and never change their ending:

*im **Kölner** Dom*	in Cologne Cathedral
*wegen der **Basler** Fastnacht*	because of the Basle Carnival

e Adjectives formed from numbers also end in *-er* and do not change:

*in den **siebziger** Jahren*	in the (nineteen) seventies

Non-declinable adjectives

Certain adjectives do not take case endings. There are three main groups here:

a Adjectives which you use only in spoken German, such as *klasse*, *prima*, *super*, all of which have similar meanings:

*ein **prima** Typ*	a really nice person
*eine **super** Zeit*	a great time

b The colour adjectives *beige*, *lila*, *orange* and *rosa*:

*mit einem **lila** Kleid*	in a purple dress
*meine **rosa** Hose*	my pink trousers
*ein **orange** Hemd*	an orange shirt
(but *ein orangefarbenes Hemd*)	

c *ganz* and *halb* when used before place names without a preceding article or determiner:

***Ganz** Deutschland war in Trümmern.*
The whole of Germany was in ruins.

*Durch **halb** Europa sind wir gereist.*
We've travelled half-way round Europe.

Spelling of certain adjectives

a The adjective *hoch* loses its *c* when you add an ending:

Die Kosten sind zu hoch.
The costs are too high.

*In den **hohen** Bergen gibt's auch im Sommer viel Schnee.*
There's plenty of snow in the (high) mountains even in summer.

b The *e* before the adjective endings, *-l*, *-n* and *-r* is lost before an ending:

*Das Spiel war **miserabel**.* The game was awful.
→ *Es war ein **miserables** Spiel.* It was an awful game.

*Die Jacke ist **dunkel**.* The jacket is dark(-coloured).
→ *die **dunkle** Jacke* the dark jacket

*Der Regen war **sauer**.* The rain was acid.
→ *infolge des **sauren** Regens* as a result of acid rain

Adjectives with prepositions

Adjectives are very often used with specific prepositions. You need to learn these along with the adjective. Here are a few examples:

bereit zu (+ dat.)	ready for
dankbar für (+ acc.)	grateful for
eifersüchtig auf (+ acc.)	jealous of
einverstanden mit (+ dat.)	in agreement with
fertig mit (+ dat.)	finished with
gleichgültig gegenüber (+ dat.)	indifferent towards
reich an (+ dat.)	rich in
typisch für (+ acc.)	typical of
verwandt mit (+ dat.)	related to
zuständig für (+ acc.)	responsible for

You often have to put this adjective at the end of the clause or sentence:

*Ich bin **mit** diesem Plan nicht **einverstanden**.*
I don't agree with this plan.

ÜBUNG MACHT DEN MEISTER!

1 *Welches findest du besser?*

Sie sind in ein Restaurant eingeladen, aber Sie wissen nicht, was Sie tragen sollen. Bitten Sie Ihren deutschen Freund um Rat.

zum Beispiel:
Anzug: braun, schwarz
Welchen Anzug findest du besser, den Braunen oder den Schwarzen?

a Jacke: lang, kurz
b Hut: grün, rot

c Hemd: weiß, gelb
d Handschuhe: schwarz, blau
e Mantel: braun, grün

2 Ein Blick ins Familienalbum

Ergänzen Sie die folgenden Sätze:

a Die klein..... Frau auf diesem Bild ist meine älter..... Schwester, Claudia.
b Sie trägt hier eine schwarz..... Jacke, ein weiß..... Hemd, einen rot.....
Hut und modisch..... rot..... Schuhe.
c Neben ihr steht meine ander..... Schwester, Birgit. Was meinst du, passt
die gelb..... Bluse zum grün..... Kleid?! Und passen die dunkl.....
Strümpfe zu den grau..... Schuhen?
d Und hier ist mein klein..... Bruder, Fritz. Gefallen dir der braun.....
Anzug und die weiß..... Schuhe?! Weiß..... Schuhe trägt er immer so
gern!
e Kennen Sie diesen alt..... Mann mit der braun..... Mütze, der vor dem
teur..... blau..... Mercedes steht? Das ist mein Vater.
f Wie du siehst, habe ich die lang..... Nase von der Mutter, aber meinen
kurz..... Hals und meine blond..... Haare habe ich vom Vater.

3 In deutschen Städten

Herr Reitz, Vertreter einer großen Firma, fährt geschäftlich in verschiedene
deutsche Städte. Er erzählt seiner Frau, was er diese Woche erlebt hat.
Ergänzen Sie die Sätze mit den Adjektiven in Klammern. Achten Sie auf die
Endungen!

a In dem ..... Bahnhof bin ich meinem ..... Lehrer begegnet. Erinnerst du
dich noch an den ....., ... Meyer?
(Düsseldorf; früher; groß; dick)
b In Bonn hat mich der ..... Taxifahrer mit der ..... Hose und dem .....
Hemd an deinen ..... Bruder erinnert.
(jung; blau; weiß; älter)
c Zwei meiner ..... Kollegen in Essen werden bald pensioniert. Ich habe
ihnen alles ..... gewünscht. In Essen hatte ich ja früher viele ..... Kollegen.
(alt; gut; nett)
d Am Freitag war ich in Meschede, im Sauerland. Ich glaube, in .....
Deutschland gibt es keinen ..... Standort.
(ganz; besser)
e Da findet man alles, was das Herz begehrt: ..... Leute, ein ..... Klima,
und vor allem eine ..... Landschaft.
(freundlich; gut; wunderschön)

f Gestern war ich in Emmendingen, im Schwarzwald. Außer . . . . . Fachwerkhäusern aus dem 18. Jahrhundert und einer . . . . ., ... Kirche gab es dort nichts . . . . . .
(malerisch; restauriert; mittelalterlich; sehenswert)

4 *Beschreibungen*

Anhand der Wörter in den untenstehenden Kästen beschreiben Sie ein Familienmitglied. Sagen Sie etwas über (a) Aussehen, und (b) Kleidung.

zum Beispiel:
Er/sie hat ein schmales Gesicht, eine kurze Nase, blaue Augen, lange blonde Haare und einen kleinen Mund.
Er/sie trägt meistens eine weiße Bluse, ein graues Hemd, einen schwarzen Rock/eine braune Hose mit braunen Schuhen.

a Aussehen:

Haare	Gesicht	Wangen
Lippen	Ohren	Hals
Nase	Mund	Haut
Brille	Beine	Füße
lang	kurz	interessant
hübsch	schön	attraktiv
hässlich	schlank	dick
groß	klein	hell
schmal	blond	dunkel
blau	grün	usw.

b Kleidung:

Bluse	Hose	Rock
Kleid	Pullover	Jacke
Mantel	Krawatte	Strümpfe
Socken	Schuhe	
modisch	teuer	modern
elegant	sportlich	rot
blau	weiß	braun
schwarz	gelb	grün
usw.		

5 *Kein Problemkind mehr*

Jahrelang haben sich die Krämers Sorgen um ihren Sohn Bernd gemacht. Jetzt freuen sie sich, dass er so gut vorankommt. Vervollständigen Sie diesen kleinen Text, indem Sie das jeweils richtige Adjektiv mit der dazugehörigen Präposition einfügen. Vergessen Sie nicht, dass das Adjektiv oft am Ende des Satzes steht!

Wir sind sehr (a) . . . . unseren Sohn, Bernd. Als er noch zur Schule ging, waren wir allerdings (b) . . . . . seiner Leistung sehr (c) . . . . ., aber seitdem er bei meinem Bruder in der Firma arbeitet, sind wir (d) . . . . . der Richtigkeit seines Entschlusses (e) . . . . . . Wir hatten ja nicht geahnt, dass er (f) . . . . . der Computertechnik so (g) . . . . . wäre. Er ist schon (h) . . . . . eine ganze Abteilung (i) . . . . . Ich bin meinem Bruder (j) . . . . ., dass er Bernd die Chance gegeben hat, zu zeigen, dass er solcher Arbeit (k) . . . . . war.

fähig	an . . . interessiert
dankbar	stolz auf
von . . . überzeugt	von . . . enttäuscht
für . . . verantwortlich	

FREIE FAHRT!

6 *Das war aber interessant!*

a Mit Hilfe eines Wörterbuches finden Sie Adjektive, die die Wörter im Kasten beschreiben. Machen Sie eine Liste für sich.

> ein (= n.) Buch
> eine Fernsehsendung
> eine Landschaft
> eine Party
> ein (= m.) Urlaub
> ein (= n.) Abenteuer
> ein (= n.) Erlebnis
> eine Schauspielerin
> ein (= n.) Fußballspiel

zum Beispiel:
ein interessantes Buch, eine schöne Landschaft

b Vervollständigen Sie Ihre Liste, indem Sie Ihre Wörter mit denen eines anderen Kameraden vergleichen.

c In Gruppen von vier Personen versuchen Sie nun so viele dieser Adjektive wie möglich in einem Erinnerungsspiel zu benutzen. Jedes Gruppenmitglied muss jedes Mal ein neues Adjektiv hinzufügen.

zum Beispiel:

Wir hatten einen schönen Urlaub.

→ *Wir hatten einen schönen, erholsamen Urlaub.*

→ *Wir hatten einen schönen, erholsamen, ruhigen Urlaub.*

→ *Wir hatten einen schönen, erholsamen, ruhigen, (aber) langweiligen Urlaub.*

7 Wer ist das denn?

Arbeiten Sie in Gruppen! Eine(r) von Ihnen beschreibt jemanden in der Klasse und die anderen Gruppenmitglieder müssen raten, wer das ist. Beschreiben Sie in höchstens zehn Sätzen zunächst einmal Aussehen und dann Kleidung.

zum Beispiel:

er/sie hat lange, braune Haare, er/sie trägt einen weißen Pulli.

Wenn keiner bis zum zehnten Satz richtig geraten hat, haben Sie gewonnen.

8 Wie sieht es bei dir aus?

Arbeiten Sie zu zweit! Zeichnen Sie eine Gestalt (Gesicht und Körper), aber zeigen Sie es nicht Ihrem (Ihrer) Partner(in). Diese(r) muss *Was für*-Fragen stellen, um Ihr Bild auf seinem (ihrem) Blatt zu zeichnen. Vergleichen Sie am Ende Ihre Bilder!

zum Beispiel:

Was für einen Hals hat er/sie?

9 Zwanzig Fragen

Arbeiten Sie in Gruppen! Eine(r) stellt sich einen Gegenstand vor und beantwortet die Fragen der anderen Gruppenmitglieder nach Größe, Länge, Härte, Farbe, Material, Zweck, usw. des jeweiligen Gegenstandes mit *Ja* oder *Nein*.

13 ADVERBS

SO WIRD'S GEMACHT

You can easily remember what an adverb does by telling yourself that it **adds** information to a **verb**. It can also qualify the meaning of an adjective or another adverb. An adverb can be one of the following:

*   Of manner (telling us how something occurred):

hoffentlich	hopefully
nur	only
leider	unfortunately

*   Of degree (to what extent something occurred):

etwas	rather
sehr	very
ziemlich	quite

*   Of place (where something happened):

hier	here
oben	upstairs
unten	downstairs

*   Of time (when something happened):

endlich	finally
noch einmal	once again
wieder	again

Forming adverbs

German adverbs usually have the same forms as simple adjectives. For example, *gut* means either 'good' or 'well', *schnell* means either 'quick' or 'quickly'.

There are, however, a few typical adverbial endings which are added to simple adjectives, nouns or verbs. These are: *-erweise, -lang, -lich, -maßen, -s, -wärts, -weise*:

einigermaßen	to a certain extent
glücklicherweise	fortunately
meistens	usually
stückweise	bit by bit
vorwärts	forwards
wahrscheinlich	probably
wochenlang	for weeks on end

See also Chapter 41 for forming adverbs.

Adverbs of direction

You can add *hin* and *her* to the beginning of several prepositions (for example, *hinauf, herum, hinaus*) and to the end of a small number of adverbs of place (for example, *dorthin, hierher*). They indicate motion towards (*her*) or motion away from (*hin*) the speaker:

*Komm doch **herunter**.*
Do come down.

*Sie lief die Treppe **hinauf**.*
She ran up the stairs.

*Wir sind **dorthin** gelaufen.*
We ran there.

Hin and *her* sometimes repeat the meaning of a preposition:

*Er kam **aus** der Wohnung **heraus**.*
He came out of the flat.

*Sie fuhr **auf** den elften Stock **hinauf**.*
She travelled up to the 11th floor.

Question words

a Another form of adverb is the question word, or interrogative. The main question words are:

wann?	when?
warum?	why?
wie?	how?
wie lange?	how long?
wie oft?	how often?
wo?	where?
woher?	where from?
wohin?	where to?
von wo?	where from?

- Two other words for 'why?' are the colloquial *wieso?* and the rather formal *weshalb?*

- Note also the interrogative pronouns *was?* ('what?') and *wer?* ('who?'), and the interrogative pronoun/determiner *welcher?* ('which?') (see Chapter 8).

b Several question words consist of *wo* + preposition. The following is a selection. Note that if the preposition begins in a vowel, you have to insert *r*:

woran?	what on/at?
woraus?	out of what?
wofür?	what for?
wogegen?	against what?
worin?	what in?
womit?	with what?
worüber?	what about?
wovon?	about what?
wozu?	what for?

Worüber *klagen sie?*
What are they complaining about?

Wovon *hat er erzählt?*
What did he talk about?

Wogegen *demonstrieren sie?*
What are they demonstrating against?

c For each of these question words there is an equivalent adverb beginning *da-*. Note again the insertion of the letter *r*:

daraus	out of it/that
dadurch	through it/that
dafür	for/in favour of it
dagegen	against it
damit	with it/that
danach	after it/that
davor	before/in front of it
dazu	to it/that

Danach *gingen sie ins Kino.*
After that they went to the cinema.

Dahinter *liegt die Kirche.*
Behind it is the church.

Darin *liegt ja auch das Problem.*
That's where the problem lies, of course. (compare: 'therein lies the problem')

ÜBUNG MACHT DEN MEISTER!

1 *Zeit ist relativ!*

Aus den folgenden Wörtern können neue Zeitadverbien durch Anhängen der Nachsilbe *-lang* gebildet werden:

die Jahrhunderte	die Jahrzehnte	die Jahre
die Monate	die Wochen	die Tage
die Stunden	die Minuten	die Sekunden

zum Beispiel:
die Jahrtausende → jahrtausendelang

Setzen Sie nun passende Zeitadverbien in die untentstehenden Sätze anstelle der Ausdrücke in Klammern ein:

a Die Dinosaurier sind schon (vor vielen tausend Jahren) ausgestorben.
b Ich musste gestern im Krankenhaus (von neun Uhr morgens bis drei Uhr nachmittags) warten.
c (Seit dem Ende der 80er Jahre) versuchen die Forscher schon ein Mittel gegen das Aids-Virus zu finden.
d Die Ehefrau des Unfallopfers saß (jeden Tag) an seinem Bett im Krankenhaus.
e Der Banküberfall dauerte nur (wenige Minuten), bevor die Täter in einem schwarzen Lieferwagen flohen.
f Diese Firma befindet sich schon (seit mehreren Jahrzehnten) im Familienbesitz.
g Der Pistolenschuss war nur (für einige Sekunden) zu hören.
h Der Arbeitslose ist schon (seit Wochen) auf Arbeitssuche, hat aber bisher noch nichts gefunden.

2 *Wie kann man das mit einem Wort sagen?*

Neue Adverbien lassen sich mit der Silbe *-lich* bilden. Ersetzen Sie die Ausdrücke in Klammern mit einem Adverb, das auf *-lich* endet:

a Ich muss diese Tabletten (jede Stunde) einnehmen.
b Einmal (jede Woche) gehe ich zum Training.
c (Jeden Tag) macht er mit seinem Hund einen Spaziergang.
d Es wurde (von den Wissenschaftlern) nachgewiesen, dass das Rauchen gesundheitsschädigend ist.
e Die Firma macht einmal (pro Jahr) einen Betriebsausflug.
f Ich bezahle meine Zimmermiete (regelmäßig jeden Monat).

g Meine Abschlussprüfung als Krankenpfleger wird (vom Staat) anerkannt.
h (Aller Wahrscheinlichkeit nach) werde ich nach Australien auswandern.

3 *Fragen an einer Unfallstelle*

Welche Teile passen zusammen? (Bei einigen Beispielen gibt es mehrere
Möglichkeiten.)

a	Wann	1	hat die Polizei festgestellt?
b	Wer	2	hat der Zeuge ausgesagt?
c	Was	3	ist es zum Unfall gekommen?
d	Wo genau	4	war in den Unfall verwickelt?
e	Wie	5	bremste der Motorradfahrer nicht?
f	Woher	6	Personen wurden verletzt?
g	Wohin	7	ist der Unfall passiert?
h	Warum	8	fuhr der Lastwagenfahrer?
i	Wie viele	9	kam der Motorradfahrer?

4 *Hin und her!*

Bilden Sie so viele Adverbien wie möglich!

a zum Beispiel:
vor + hin → vorhin
hin + unter → hinunter

b zum Beispiel:
wo + her → woher
her + auf → herauf

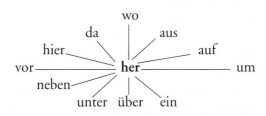

 **FREIE FAHRT!**

5 Wir suchen um die Wette!

Wer findet die meisten Adverbien in einer bestimmten Zeit (etwa fünf Minuten)? Eine der Nachsilben (*-maßen, -weise, -lang, -wärts, -lich*) wird vorgeschlagen. Alle suchen die entsprechenden Adverbien. Danach liest jeder seine Adverbien vor. Wer dieselben Wörter hat, streicht sie durch.

Sieger ist, wer zum Schluss die meisten Wörter hat! Der Sieger schlägt dann eine neue Nachsilbe vor.

6 Hin-und-her und her-und-hin

Arbeiten Sie in kleinen Gruppen! Erfinden Sie eine Geschichte, in der jeder Satz ein Adverb mit entweder der Vorsilbe bzw. Nachsilbe *hin* oder *her* enthält. Jede(r) sagt einen Satz, dann kommt der (die) nächste an die Reihe. Benutzen Sie die Adverbien aus Übung 4.

zum Beispiel:
Vorhin fuhr ein Auto die Straße entlang.
Woher kam es wohl?

7 Fragen, Fragen und nichts als Fragen

Schreiben Sie einen Fragebogen (etwa zehn Fragen pro Thema):

a Sie sind ein Reporter, der über einen Hotelbrand berichtet. Sie fragen einen Zeugen aus.

zum Beispiel:
Wann haben Sie den Brand gesehen?

b Sie sind ein Polizist, der nach einem Einbruch den Hausbesitzer nach Details fragt.

zum Beispiel:
In welchem Zimmer war die Aktentasche?

c Sie sind eine besorgte Mutter, die ihren Sohn nach dem Grund seines späten Heimkommens fragt.

zum Beispiel:
Wieso kommst du so spät nach Hause?

14 COMPARISON OF ADJECTIVES AND ADVERBS

 SO WIRD'S GEMACHT

In English we frequently use the adjective ending '-er' to compare people or things. For example: 'taller than', 'nicer than', 'larger than'. This form of the adjective is known as the comparative. Similarly, we use the adjective ending '-est/-st' (for example, 'the kindest', 'the prettiest') to express the so-called superlative.

German comparatives and superlatives use these same endings. However, whereas English has to employ 'more' with adjectives longer than two syllables, German uses the '-er' and '-est/-st' endings for all adjectives.

Comparative and superlative adjectives

a You can place the comparative adjective, as with any adjective, after the verb. Where this occurs it does not require any additional ending:

*Deine Noten waren diesmal **besser**.*
Your marks were better this time.

*Das Wetter wird morgen **schlechter**.*
The weather will be worse tomorrow.

For a superlative adjective in this position, *am* comes before the superlative adjective which has the ending *-sten*. For example: *am schönsten* the nicest, *am besten* the best:

*Dieses Buch ist **am billigsten**.*
This book is the cheapest.

*Diese Leute sind **am freundlichsten**.*
These people are the friendliest.

b If you place comparatives and superlatives before the noun they describe, you have to give them the same endings as any other adjective:

die bessere Lösung	the better solution
einen kleineren Garten	a smaller garden
mit der neusten Technologie	with the latest technology
aus billigerem Stoff	made of cheaper material

- Comparative adjectives used in this way can have the meaning 'fairly' or 'quite':

*eine **längere** Reise*	quite a long journey
*ein **älterer** Mann*	quite an old/an elderly man

- Note that you normally use the superlative ending *-est* with adjectives whose simple or basic form ends in *-d, -s, -sch, -ß, -t, -tz, -x* or *-z*:

die lauteste Musik	the loudest music
der süßeste Kuchen	the sweetest cake

c   With many adjectives of one syllable you must add an umlaut to *a, o* or *u* in the comparative or superlative forms. For example: *alt – älter – am ältesten* (old, older, oldest). Similar adjectives are:

dumm stupid	*dümmer*	*am dümmsten*
grob coarse/rough	*gröber*	*am gröbsten*
groß big	*größer*	*am größten*
hart hard/harsh	*härter*	*am härtesten*
jung young	*jünger*	*am jüngsten*
kalt cold	*kälter*	*am kältesten*
klug clever	*klüger*	*am klügsten*
kurz short	*kürzer*	*am kürzesten*
lang long	*länger*	*am längsten*
scharf sharp	*schärfer*	*am schärfsten*
schwach weak	*schwächer*	*am schwächsten*
schwarz black	*schwärzer*	*am schwärzesten*
stark strong	*stärker*	*am stärksten*
warm warm	*wärmer*	*am wärmsten*

*die viel **größere** Wohnung*	the much bigger flat
*eine **härtere** Strafe*	a harsher punishment
*er ist am **schwächsten***	he is the weakest
*der **jüngste** Sohn*	the youngest son

d   There are some common irregular comparative and superlative forms, including:

gut good	*besser* better	*das beste* the best	*am besten* best
hoch high	*höher* higher	*das höchste* the highest	*am höchsten* highest
nah near	*näher* nearer	*das nächste* the nearest	*am nächsten* nearest
viel much	*mehr* more	*das meiste* the most	*am meisten* most
wenig little	*weniger* less/fewer	*das wenigste* the least	*am wenigsten* least/fewest

- Note that *weniger* does not change:

*Ich habe **weniger** Freizeit als er.*
I have less free time than he does.

- Very occasionally you will find the forms *minder* and *das mindeste*, as alternatives to *weniger* and *das wenigste* respectively.

Comparative and superlative adverbs

a The comparative forms of adverbs are essentially the same as those of adjectives:

schnell quickly/fast   *schneller* more quickly/faster
gut well   *besser* better

b The superlative adverb has the same form as the superlative adjective following a verb:

*Er schwimmt **am besten**.*
He swims best/is the best swimmer.

*Der letzte Zug fährt **am schnellsten***
The last train is the fastest.

You can also say *aufs Beste*, *aufs Schnellste*, etc., which essentially means 'could not be better/faster'.

c One other way in which you can form the superlative of adverbs is to place *äußerst*, *höchst* or *möglichst* before the basic adverb or adjective:

äußerst *vorsichtig*   extremely carefully
höchst *notwendig*   most necessary
möglichst *bald*   as soon as possible

d You should pay particular attention to the following irregular comparative and superlative adverbial forms:

bald soon	*eher/früher* sooner	*am ehesten/am frühesten* soonest
gern gladly/keenly	*lieber* more gladly/rather	*am liebsten* most gladly/most of all
oft often	*öfter* more often	*am häufigsten* most often
viel much	*mehr* more	*am meisten* most

e There are a number of superlative adverbs ending in *-ens*, the most common of which are:

bestens	very well
höchstens	at the most
meistens	mostly
mindestens	at least

nächstens	shortly
schnellstens	as quickly as possible
strengstens	most/very strictly
wärmstens	most warmly
wenigstens	at least

*Das Stück hat **mindestens** drei Stunden gedauert.*
The play lasted at least three hours.

*Wir sind **höchstens** in einer Stunde da.*
We'll be there in an hour at most.

*Das Rauchen ist **strengstens** verboten.*
Smoking is strictly forbidden.

Adjectives and adverbs: miscellaneous points

Note the following points which apply to both adjectives and adverbs:

a In comparisons, German uses *als* where English uses 'than':

*Das ist **weniger als** ich dachte.*
That is less than I thought.

*Peter arbeitete hier **länger als** Antje.*
Peter worked here longer than Antje.

while *so . . . wie* is used where English uses 'as/so . . . as'

*Du bist nicht **so klug wie** sie.*
You're not as clever as she is.

b You must use the same case for the persons or things you are comparing:

*Ich fand **ihn** nicht so schön wie **unseren** Garten.*
I didn't find it as nice as our garden.

c You can reinforce a comparison with *genauso* or *ebenso*:

*Unsere Aufgabe war **genauso schwierig** wie eure.*
Our task was just as difficult as yours.

*Der Film war **ebenso langweilig** wie das Buch.*
The film was just as boring as the book.

d You can also reinforce comparatives by using *noch* or *viel* before the adjective/adverb. Similarly you can emphasise superlatives by using *aller-* or *bei weitem*:

*Ihr Auto ist **noch/viel schöner**.*
Her car is even/much nicer.

der **allerbeste** Wein der Welt   the (very) best wine in the world

Russland ist bei weitem das interessanteste Land Europas.
Russia is by far the most interesting country in Europe.

e 'More and more' in a comparative phrase is *immer* + the simple
comparative adjective or adverb:

*Es wird hier **immer kälter**.*
It's getting colder and colder here.

*Wegen des Nebels mussten wir **immer langsamer** fahren.*
We had to drive more and more slowly because of the fog.

f For English 'the more . . . the more' German uses either *je* + *-er* . . . , *desto*
-er or *je* + *-er* . . . , *um so -er*:

Je länger *du arbeitest,* **desto mehr/um so mehr** *verdienst du.*
The longer you work, the more you (will) earn.

 # ÜBUNG MACHT DEN MEISTER!

1 *Vergleichen Sie Fakten über Deutschland!*

Schreiben Sie zwei Sätze.

zum Beispiel:
  der Rhein, der Neckar (breit)
→ *Der Rhein ist **breiter als** der Neckar.*
→ *Der Neckar ist **nicht so** breit **wie** der Rhein.*

  Köln, Dresden (westlicher)
→ *Köln liegt **westlicher als** Dresden.*
→ *Dresden liegt **nicht so** westlich **wie** Köln.*

a Berlin, Bonn (groß)
b Hamburg, Hannover (nördlich)
c München, Frankfurt (südlich)
d die Zugspitze, der Feldberg (hoch)
e die bayrischen Alpen, der Schwarzwald (bergig)
f das süddeutsche Klima, das norddeutsche Klima (mild)
g Schleswig Holstein, Bayern (flach)
h der Bodensee, der Titisee (tief)
i das Ruhrgebiet, die friesischen Inseln (industriell)

2 Welche Verbesserung!

Frau Baumann, eine fleißige Mitarbeiterin in einer Großfirma, wurde befördert. Sie zieht auf die Chefetage um, wo sich ihr neues Büro jetzt befindet. Hier oben ist alles besser:

Das alte Büro war schön.
Die Einrichtung war luxuriös.
Der Schreibtisch war groß.
Der Chefsessel war bequem.
Der Teppich war weich und teuer.
Der Computer war modern.
Das Telefon war neu. Die Sekretärin war fleißig und intelligent.
Ihr Gehalt war hoch.
Bisher hatte sie viel Arbeit und wenig Freizeit.

a Schreiben Sie bitte auf, wie jetzt alles ist.

zum Beispiel:
Das neue Büro ist noch schöner.

b Wie würde Frau Baumann selbst über die neue Situation berichten? (Vorsicht bei den Endungen!)

zum Beispiel:
*Ich habe jetzt ein schöner**es** Büro.*

3 Es war super!

Zwei verwöhnte Teenager kommen aus den Ferien zurück und erzählen ihre Erlebnisse. Ihrem Bericht nach hatten sie von allem das Beste. Finden Sie die Superlative zu den Adjektiven:

zum Beispiel:
Wir flogen mit dem (modern) Flugzeug.
→ *Wir flogen mit dem modern**sten** Flugzeug.*

Wir wohnten im (groß) Hotel des Ortes. Es lag an der (malerisch) Küste. Wir hatten das (luxuriös) Zimmer mit der (schön) Aussicht. Wir speisten im (elegant) Restaurant und aßen die (fein) Speisen. Die Hotelbar hatte die (toll) Musik. Dort wurden die (heiß) Rhythmen gespielt. Dort tanzten auch die (gut) Tänzer. Die Kellner servierten die (einfallsreich) Cocktails, aber leider hatte das Hotel die (teuer) Preise!

4 Welcher Ausdruck passt hier?

Setzen Sie einen passenden Ausdruck aus dem untenstehenden Kasten ein. (Bei einigen Beispielen gibt es mehrere Möglichkeiten.)

a Das Theaterstück kann ich Ihnen . . . . . empfehlen.
b Das Betreten des Atommeilers ist . . . . . verboten.
c Die Wanderung wird . . . . . drei Stunden dauern.
d Das Essen im Restaurant hat mir . . . . . geschmeckt.
e Für die geplante Reise kann ich . . . . . DM 500 sparen.
f Das Geschäft soll . . . . . eine Zweigstelle in Birmingham eröffnen.
g Ich trainiere . . . . . am Dienstagabend im Sportklub.
h Die Opernkarte kostet . . . . . DM 100.
i Mit 40° Fieber sollte er . . . . . zum Arzt gehen.

nächstens	wärmstens	strengstens	bestens
mindestens	wenigstens schnellstens	höchstens	meistens

FREIE FAHRT!

5 Vergleiche anstellen!

Wählen Sie zwei Räume der Schule/Universität/Ihres Hauses und vergleichen
Sie beide (Größe, Zahl der Fenster, Einrichtung, Lage, Helligkeit, usw.).

6 Personen vergleichen

Wählen Sie zwei bekannte Politiker/Stars/Sportler und vergleichen Sie beide.

zum Beispiel:
'x' ist viel schöner/interessanter als 'y'.

7 Vorlieben

Machen Sie eine Umfrage unter Ihren Freunden/Kollegen nach deren
persönlichen Vorlieben. Schreiben Sie einen Fragebogen mit zehn Fragen.
Verwenden Sie Superlative (zum Beispiel: *am liebsten, am besten, am häufigsten,
am meisten, am schönsten, am schwersten, am nettesten, am strengsten . . .*).

zum Beispiel:
Was machst du am liebsten in den Ferien?
Was meinst du, welcher Lehrer ist hier am strengsten?

8 Nie wieder!

Beschreiben Sie einen Urlaub, wo alles unübertrefflich negativ war.

zum Beispiel:
Wir buchten die billigste Reise und flogen mit dem ältesten Flugzeug einer kleinen Fluglinie . . .

15 PREPOSITIONS

SO WIRD'S GEMACHT

A preposition is a word which connects a noun or pronoun to other elements of the sentence. Most prepositions form part of phrases of time, manner or place, that is 'when', 'how' or 'where': '**after** three o'clock', '**at** great pace', '**in** town'.

The meaning of several German prepositions is similar to their English equivalents, but there are also a large number of differences between the two languages, and indeed the same German preposition can have a number of different uses. The noun or pronoun to which a preposition refers has to go into either the accusative, dative or genitive case, and knowing which preposition to use with which case is an important part of learning how to speak and write accurate German.

Prepositions with the accusative

These include: *bis, durch, für, gegen, ohne, pro, um, wider.*

- *bis* until a certain time or by a certain deadline:

bis nächsten Samstag	by/until next Saturday
bis 2004	by/until 2004

In spoken German the first example also has the meaning 'see you next Saturday'.

- *durch* physically through an object or place; by means of; owing to:

Wir fuhren durch die Stadt.
We drove through the town.

Berlin wurde 1961 durch die Mauer geteilt.
Berlin was divided by the wall in 1961.

durch einen Unfall	as the result of an accident

- *für* on behalf of; for a total of (in time phrases):

ein Geschenk für die Mutter   a present for (my) mother

Ich fahre für nur zwei Tage nach Bremen.
I'm only going to Bremen for two days.

- *gegen*   against something physical. With time and numbers it suggests approximation. Occasionally it can also mean 'in exchange for':

gegen die Tür	against the door
gegen Abend	towards evening
gegen Entgelt	in return for pay

- *ohne*   Indicates the absence of something or someone and is almost always the equivalent of the English 'without':

ohne sie   without her

- *pro*   is not very common and means 'per' or 'each':

Es kostet DM 5 pro Person.
It costs five marks each.

- *um*   around; at (when telling the time). With the verb *gehen* it also means 'concerning':

um den Sportplatz	around the sportsground
um sechs Uhr	at six o'clock
es geht um das Geld	it's a question of the money

- *wider*   against (in the context of emotions or feelings):

wider seinen Willen   against his wishes

Prepositions with the dative

These include: *aus, außer, bei, entgegen, gegenüber, gemäß, laut, mit, nach, seit, von* and *zu*.

- *aus*   out of a place; made out of. Can also convey a motive or cause:

aus dem Gebäude	out of the building
aus Glas	made of glass
aus Mitleid	out of pity

- *außer*   apart from/except. Can also occasionally have the meaning 'out of':

außer meiner Frau	apart from my wife
außer Kontrolle/Betrieb	out of control/out of order

- *bei*   at the house of; near to; in particular circumstances/at certain opportunities. With a verb infinitive it is the equivalent of 'while . . .ing':

bei meinem Freund/beim Bäcker	at my friend's/at the baker's
bei Wien	near Vienna

bei kaltem Wetter	in cold weather
beim Schwimmen	while swimming

- *entgegen*   against in the sense of 'contrary to'. Can come before or after the noun/pronoun:

seinem Befehl entgegen	against his orders
entgegen meinen Wünschen	contrary to my wishes

- *gegenüber*   opposite; in relation to (someone). Tends to be placed before a noun but it must be placed **after** a pronoun and is often placed after people too:

gegenüber dem Stadion	opposite the stadium
ihr gegenüber	opposite/towards her
seinen Kollegen gegenüber	towards his colleagues

- *gemäß*   in accordance with. More typical of written German; usually follows noun:

Ihrem Vorschlag gemäß	in accordance with your suggestion

- *laut*   according to:

laut Fahrplan	according to the timetable
laut ärztlichem Attest	according to the medical certificate

- *mit*   together with something or someone; by means of (with reference to transport or parts of the body); at (a particular age):

mit meiner Schwester	(together) with my sister
mit dem Zug/mit der Hand	by train/by hand
mit sechs Jahren	at the age of six

- *nach*   after (in time phrases); past (when telling the time); to a place; according to. In this last sense it often follows the noun it refers to:

nach der Arbeit	after work
zehn nach eins	ten past one
nach Genf/nach Hause	to Geneva/home
nach meiner Berechnung	according to my calculations
meiner Meinung nach	in my opinion

- *seit*   since or for a period of time. It conveys how long something has or had been occurring. If the thing you are describing is still going on, you should use the present tense; if it is over and done with, use the simple past:

seit dem Fall der Mauer	since the wall came down

*Ich wohne hier **seit zwei Jahren**.*
I have been living here for two years.

*Er arbeitete schon **seit fünf Monaten** in Zürich.*
He had already been working in Zurich for five months.

- *von*   from; of. In the second meaning it often replaces the genitive, especially in conversation, but also in written German:

  - before personal pronouns
  - after numbers, after *viel, wenig, etwas* and other indefinite expressions
  - before nouns standing on their own

ein Brief von einer Freundin	a letter from a friend
die Sekretärin von Frau Schneider	Mrs Schneider's secretary
ein Vetter von uns	a cousin of ours
vier von den Abgeordneten	four of the MPs
die Folge von Schadstoffemissionen	the consequence of harmful emissions

A third meaning of *von* with the passive (see Chapter 32) is 'by':

Das Auto wurde von dem Mechaniker abgeholt.
The car was picked up by the mechanic.

- *zu*   to a place or person; for a purpose. It also has a wide range of other uses:

Ich komme zu dir/zum Flughafen.
I'll come to see you/to the airport.

zum Frühstück	for breakfast
zu unserem Bedauern	to our regret
zu Hause/zu Fuß	at home/on foot
zu jener Zeit	at that time
zwei Koteletts zu DM 6	two chops at 6 marks each

Prepositions with the accusative or dative

Several prepositions can take either the accusative or dative, depending on their meaning in the particular context. These include: *an, auf, entlang, hinter, in, neben, über, unter, vor* and *zwischen.*

You use the accusative case to express motion in relation to the following noun or pronoun, usually this is motion **towards** the thing or person. The dative after these prepositions conveys rest or movement **at** a place. (See Chapters 9 and 10 for further explanation of this point.) In what follows, examples with the accusative are given in bold:

- *an* to; at; on a vertical surface:

Sie schreibt an ihren Bruder.
She's writing to her brother.

Hans stand an der Tür.
Hans was standing by the door.

Wir hängten das Bild an die Wand.
We hung the picture on the wall.

Das Bild hängt jetzt an der Wand.
The picture is now (hanging) on the wall.

- *auf* on a horizontal surface. It also corresponds to English 'in', 'at' or 'to' in a number of different contexts:

Die Flasche steht auf dem Tisch.
The bottle is on the table.

Stell die Flasche auf den Tisch.
Put the bottle on the table.

Wir wohnen auf dem Lande.
We live in the country.

Wir fahren aufs Land.
We're going to the country(side).

auf dem Platz/auf den Platz	in the square/onto the square
auf der Straße/auf die Straße	in the street/into the street
auf der Fete/auf die Fete	at the party/to the party

- *entlang* along. It takes the accusative and follows the noun when it means movement alongside something. It takes the dative and comes before the noun when it denotes position next to or alongside something:

Wir gingen den Fluß entlang.
We walked alongside the river.

Entlang der Mauer gab es wenig zu sehen.
There was little to see alongside/next to the wall.

- *hinter* behind:

Hinter dem Haus steht die Garage.
The garage is behind the house.

Wir fuhren hinter das Haus.
We drove behind/round the back of the house.

jenseits	on the far side of
oberhalb	above
um . . . willen	for the sake of
unterhalb	beneath
unweit	not far from

You should note the following:

- You can also use *(an)statt, trotz, während* and *wegen* with the dative, especially in spoken German.

- In spoken German, particularly, you would very often replace *außerhalb, innerhalb, oberhalb, unterhalb* and *unweit* by another preposition or use them with *von* + dative.

- In preference to *jenseits* you would nowadays normally use *hinter* + dative.

Finally, a number of the prepositions listed above can be run together with the definite article. For example:

an dem → am
an das → ans
auf das → aufs
bei dem → beim
in dem → im
in das → ins
um das → ums
von dem → vom
zu dem → zum
zu der → zur

Other examples, usually to be found only in spoken German, include: *durchs, fürs, gegens, hinters, nebens, übers, unters* and *vors*.

 ## ÜBUNG MACHT DEN MEISTER!

1 *Wie sagt man das richtig?*

Jürgen Voss, ein Student aus Düsseldorf, studiert im 1. Semester an der Universität in Tübingen. Er hat sich noch nicht gut eingelebt und schreibt an eine alte Freundin, die in der Nähe arbeitet. Setzen Sie die Wörter in den Klammern in den passenden Kasus.

Tübingen, den 20. Oktober

Liebe Anni,

durch (ein Zufall) habe ich von (meine Mutter) erfahren, dass du hier in (die Nähe) bei (eine große Firma) als Personalchefin angestellt bist. Ich habe mich riesig über (diese Nachricht) gefreut, weil ich selbst erst seit (ein Monat) hier in (diese Gegend) wohne.

Entgegen (meine Wünsche) habe ich nämlich keinen Studienplatz an (die Universität Köln) bekommen, sondern ich musste wider (mein Wille) Norddeutschland verlassen, weil die zentrale Vergabestelle mich an (die Universität Tübingen) verwiesen hat. Innerhalb (ein Monat) musste ich eine Entscheidung treffen, ob ich das Angebot hier in (der Süden) annehmen wollte.

So bin ich also jetzt seit (vier Wochen) hier. In (die Umgebung) kenne ich mich noch nicht gut aus, aber ich habe schon viele Spaziergänge durch (die Stadt) gemacht. Leider bin ich ohne (mein Wagen) hier, er musste kurz vor Semesterbeginn verschrottet werden, weil ich gegen (ein Baum) gefahren war und die Kosten für (die Reparatur) zu hoch waren. Kurz gesagt, ich habe noch wenig Kontakt unter (die Studenten), da ich seit (die Ankunft) sehr beschäftigt war.

Deshalb würde ich dich also gern nach (die Arbeit) einmal abends in (die Stadt) treffen. Wir könnten in (das Kino) gehen oder bei (gutes Wetter) zu (ein netter Biergarten) außerhalb (die Stadt) fahren. Wie wär's mit (ein Abend) in (die nächste Woche)? Treffen wir uns vielleicht an (die Bushaltestelle) vor (das Rathaus), oder wäre es besser für (du) an (die Bushaltestelle) bei (die Sparkasse) zu kommen?

Bitte hinterlasse für (ich) eine Nachricht auf (der Anrufbeantworter) oder schicke mir eine E-Mail, falls du mich telefonisch nicht erreichen kannst. Ich freue mich auf (die nächste Woche) und (der Ausflug) in (die Stadt oder der Biergarten).

Beste Grüße

dein Jürgen.

2   Wohin kommen die Sachen?

a   Als Jürgen in seine leere Studentenbude in einer WG (Wohngemeinschaft) einzieht, helfen ihm einige Mitbewohner beim Einräumen. Er sagt ihnen, wohin sie die Sachen stellen, legen, hängen sollen.

Schreiben Sie zwölf Sätze.

zum Beispiel:
Die Bücher werden in das Bücherregal gelegt.

Die Bücher	wird	in	die Ecke	gelegt.
Das Geschirr	werden	hinter	der Boden	
Der Teppich		auf	die Tür	
Das Bett		neben	das Fenster	gestellt.
Der Schrank		an	der Kleiderschrank	
Das Bücherregal		unter	der Schreibtisch	
Der Schreibtisch			die Decke	
Die Tischlampe			der Küchenschrank	
Die Stereoanlage			das Bücherregal	
Die Deckenlampe			die Wand	gehängt.
Der Spiegel			der Boden	
Die Kleider			der Computer	

3 Wo befinden sich die Sachen?

Jürgen gibt eine Beschreibung seines Zimmers. Wo liegen/stehen/hängen nun die Sachen? Schreiben Sie zwölf Sätze.

zum Beispiel:
Der Teppich liegt auf dem Boden.

Die Bücher	liegt	hinter	die Ecke.
Das Geschirr	liegen	auf	der Boden.
Der Teppich	steht	neben	die Tür.
Das Bett	stehen	an	das Fenster.
Der Schrank	hängt	unter	der Kleiderschrank.
Das Bücherregal	hängen		der Schreibtisch.
Der Schreibtisch			die Decke.
Die Tischlampe			der Küchenschrank.
Die Stereoanlage			das Bücherregal.
Die Deckenlampe			die Wand.
Der Spiegel			der Boden.
Die Kleider			der Computer.

4 Das unberechenbare Wetter

Das Wetter macht oft den Touristen/Bergsteigern/Seglern/Autofahrern große Schwierigkeiten. Schreiben Sie die untenstehenden Sätze im Genitiv auf:

zum Beispiel:
Wegen des Regens machten wir keinen Spaziergang.

Wegen	der Regen	machten wir keinen Spaziergang.
	die Hitze	blieben wir meistens im Schatten.
	das schlechte Wetter	fand der Ausflug nicht statt.
	der Sturm	konnten wir nicht segeln.
	das Gewitter	hatten wir Verspätung.
	die Kälte	blieben wir lieber zu Hause.
	der Hagel	wurde die Ernte zerstört.
	das Unwetter	gab es allerorts Überschwemmungen.
	das Glatteis	hatten wir auf der Heimfahrt einen Unfall.
	der Nebel	mussten wir ganz langsam fahren.

 FREIE FAHRT!

5 Wer macht was?

Arbeiten Sie in Gruppen. Machen Sie neue Sätze, indem Sie das Akkusativobjekt und die Person jeweils verändern. Jede(r) sagt einen neuen Satz. Wer keinen weiß, muss ausscheiden.

zum Beispiel:
durch   *Ich gehe durch **einen Park**.*
             *Du gehst durch **ein Kaufhaus**.*
             Er . . .

für   Ich kaufe ein Geschenk für **den Onkel**.
ohne   Ich gehe nie ohne **den Hund** spazieren.
gegen   Ich bin mit dem Auto gegen **eine Ampel** gefahren.
bis   Ich warte bis **nächsten Monat**.
um   Ich fahre um **den Park**.

6 Wenig Platz für die Gäste

Ein Student gibt eine Party und es kommen mehr Leute als erwartet. Deshalb sitzen/stehen die Gäste überall in der Wohnung. Schreiben Sie auf, wo sich noch 15 andere Gäste befinden.

zum Beispiel:
*Ein Gast sitzt unter **dem Tisch**.*
*Ein Gast steht hinter **der Tür**.*

a   Die Speisekarte war nicht ausgedruckt   1   sie schenkte den Wein ein.

b   Die junge Dame hatte es offenbar eilig   2   sie war in Kreide an der Wand zu lesen.

c   Die beiden Gäste am runden Tisch bestellten kein Essen   3   die Bedienung und Mehrwertsteuer waren inbegriffen.

d   Das Ehepaar am Fenster beschwerte sich über die laute Musik   4   sie bestellte ein Schnellgericht.

e   Der alte Herr rauchte eine Zigarre   5   es gäbe auch ofenfrische Pizza.

f   Der Kellner sagte, er könnte heute Fisch empfehlen   6   er trank einen Weinbrand dazu.

g   Meine Rechnung war hoch   7   sie wollten nur etwas trinken.

h   Die Bedienung brachte das Essen   8   die Musikbox spielte weiter.

4   Schlagzeilen aus der Presse

a   Setzen Sie die passenden Verben in die folgenden Schlagzeilen aus deutschen Zeitungen ein:

i   Erdbeben . . . . . Superhotel in Japan.
ii   Blitz . . . . . Gärtner im Stadtpark.
iii   Wirbelsturm . . . . . Millionenschaden in der Karibik . . . . . .
iv   Fluten . . . . . Damm in den Schweizer Alpen . . . . . .
v   Orkan . . . . . Waldgebiet in Florida.
vi   Dauerregen . . . . . zu Überschwemmungen in der Rheinebene.
vii   Explosion . . . . . 110 Arbeiter in der Türkei.
viii   Gewitter . . . . . schwere Ernteschäden in Südengland.

tötete	rissen . . . ein	zerstörte
richtete . . . an führte tötete	verwüstete	verursachte

b   Schreiben Sie nun vollständige Sätze mit den Ortsbestimmungen (*in Japan, in der Karibik, usw.*) am Anfang des Satzes. Vergessen Sie nicht: das Verb ist immer die zweite Idee! Fügen Sie auch (im Singular) den indirekten Artikel (*ein, eine, usw.*) ein:

zum Beispiel:
In Japan *zerstörte* **ein** *Erdbeben ein Hotel.*

5   Vorschriften und Ermahnungen

Bei Flugreisen gibt es viel zu beachten. Die meisten Passagiere kennen sich aus, aber die Stewardessen ermahnen alle immer höflich, was sie zu tun haben. Was sagen sie zu den Fluggästen?

Die Fluggäste	Die Stewardessen
zum Beispiel:	
Sie zeigen die Einsteigekarte.	*Bitte, zeigen Sie die Einsteigekarte.*

a Sie steigen ein.   Bitte, . . .
b Sie setzen sich.
c Sie schnallen sich an.
d Sie löschen ihre Zigarette.
e Sie stellen ihren Sitz aufrecht.
f Sie lesen die Sicherheitsvorschriften.
g Sie hören der Sicherheitsanweisung zu.
h Sie genießen den Flug.

6 *Gute Reise!*

Ein Austauschschüler fährt nach einem Österreichaufenthalt nach England zurück. Die Gasteltern geben ihm gute Ratschläge für die Reise. Schreiben Sie die Ermahnungen auf:

zum Beispiel:
Bitte die Eltern grüßen.
→ *Grüße bitte die Eltern!*

a Bald einen Brief schreiben.
b Beim Umsteigen vorsichtig sein.
c Den Pass nicht verlieren.
d Den Anschlusszug nicht verpassen.
e Die Butterbrote unterwegs essen.
f Das Handgepäck nicht im Zug vergessen.
g Den Eltern ein Geschenk von uns geben.

7 *Die Eltern machen sich Sorgen*

Im folgenden Jahr verbringt der österreichische Schüler zwei Wochen in England. Seine Eltern erwarten ihn nach der Englandreise am Wiener Hauptbahnhof. Der Zug hat aber Verspätung. Wie alle besorgten Eltern, stellen sie ihm sofort Fragen über die Reise. Schreiben Sie bitte diese Fragen auf:

zum Beispiel:
der Zug Verspätung (warum?)
→ *Warum hatte der Zug Verspätung?*

a abgefahren (wann?)
b umgestiegen (wo?)
c die Reise (wie?)

AKTION GRAMMATIK!

d unterwegs gemacht (was?)
e zum Bahnhof gebracht (wer?)
f in England gefahren (wohin?)
g nicht über Harwich gefahren (warum?)
h den Kanal überquert (womit?)?
i unterwegs kennengelernt (wen?)
j die Zeit verbracht (womit?)

 FREIE FAHRT!

8 Unfälle und Verbrechen

a Schreiben Sie zehn sensationelle Schlagzeilen für die Presse.

zum Beispiel:
Autofahrer tötet Schülerin!
Verbrecher überfielen Geldtransport!

b Erweitern Sie diese Sätze mit Zeit- und Ortsadverbien.

zum Beispiel:
*Autofahrer tötet Schülerin **auf dem Zebrastreifen vor der Schule**.*
*Autofahrer tötet Schülerin **in der Mittagspause**.*

c Sie können die Adverbien auch zur ersten Idee im Satz machen.

zum Beispiel:
***Am Spätnachmittag** überfielen Verbrecher einen Geldtransport.*
ODER: ***In der Stadtmitte** überfielen Verbrecher einen Geldtransport.*

Beachten Sie: Das Verb ist immer die zweite Idee im Satz!

9 Was fällt Ihnen dazu ein?

Wir verbinden einen gegebenen Satz mit Hilfe einer der Konjunktionen (*aber, denn, oder, sondern, und*) mit einem anderen Satz. Arbeiten Sie zu viert! Wie viele passende Sätze können Sie finden?

zum Beispiel:
Eine Frau geht auf den Markt,

und sie kauft dort Gemüse.
ODER: *aber sie hat ihren Geldbeutel vergessen.*
ODER: *denn sie möchte Obst kaufen.*

Wenn niemand mehr einen Satz findet, sagt der (die) Nächste einen neuen Satz, der ergänzt wird.

zum Beispiel:
Ich fahre in den Ferien vielleicht nach Spanien,

aber ich muss noch viel Geld sparen.

ODER:
denn ich war noch nie da.

Machen Sie weiter!

10 *Das hört man im Restaurant*

Schreiben Sie Fragen, die in einem Restaurant gestellt werden, und ordnen Sie sie in zwei Gruppen ein.

a Direkte Fragen:

zum Beispiel:
Gibt es heute eine Spezialität?
Haben Sie einen guten Rotwein?

b Fragen, die mit einem Fragewort beginnen:

zum Beispiel:
Was möchten Sie trinken?
Wie teuer ist ein Eiscafé?

11 *Befehle!*

Finden Sie 10–15 Befehle, die eine strenge Mutter einem kleinen Kind gibt.

zum Beispiel:
Wasche deine Hände vor dem Essen!
Sprich nicht mit vollem Mund!

17 WORD ORDER: SUBORDINATE CLAUSES

 SO WIRD'S GEMACHT

Main and subordinate clauses

a Besides main clauses, German also has subordinate clauses. Unlike a main clause, a subordinate clause cannot stand on its own:

*Wir sind nicht gekommen, **weil wir keine Lust hatten**.*
We didn't come **because we didn't want to**.

English is similar to German here: in order to make sense, the subordinate clause *weil wir keine Lust hatten* needs the main clause *Wir sind nicht gekommen*.

The key points to remember about subordinate clauses are:

• Main and subordinate clauses are linked by a conjunction such as *dass* or *weil*.
• You must put the finite verb (that is, the one verb in a clause which changes to agree with the subject) in final position, **after** any infinitive or past participle.
• Main and subordinate clauses are separated by a comma:

*Es war ja ganz klar, **dass** er die Arbeit nicht gern **machte**.*
It was quite clear that he did not like doing the work.

*Er ist erst später gekommen, **weil** er den Bus verpasst **hat**.*
He didn't come until later because he missed the bus.

*Ich weiß nicht, **ob** sie es schaffen **könnte**.*
I don't know if she could manage it.

b You can also place subordinate clauses before a main clause. The subordinate clause is then considered the first idea and the verb in the main clause retains second position overall:

Wenn ich ihn erreiche, sage ich ihm Bescheid.
If I manage to get hold of him, I'll let him know.

Obwohl er schon 70 Jahre alt ist, fährt er noch jeden Tag Rad.
Although he is 70, he still goes cycling every day.

Da sie wenig Freizeit hat, treibt sie keinen Sport.
Since she has little free time, she doesn't play any sport.

c   A common exception to the 'verb final' rule for subordinate clauses is found in sentences expressing a comparison using *als* or *wie*. In this case *als* and *wie* are usually placed after the finite verb:

*Woher weißt du, dass er mehr verdient **als du**?*
How do you know he earns more than you?

*Es scheint, dass ihre Geldprobleme genauso groß sind **wie unsere**.*
It seems that their money problems are just as big as ours.

Subordinating conjunctions

a   There are a number of different conjunctions which send the verb to the end of a subordinate clause. These include:

als	when
als ob	as if
bevor	before
bis	until
da	since, because
damit	so that
dass	that
nachdem	after
ob	whether
obgleich	although
obwohl	although
ohne dass	without
ohne . . . zu	without
sobald	as soon as
so dass	so that as a result
seit/seitdem	since (of time)
solange	as long as
um . . . zu	in order to
während	while
weil	because
wenn	if, whenever
wie	how

*Wir bleiben hier, **bis** Heinrich **zurückkommt**.*
We'll wait here until Heinrich returns.

*Sie war schon gegangen, **als** ich dort **anrief**.*
She had already gone when I phoned there.

*Sie hat das Kleid gekauft, **obwohl** sie es sich eigentlich nicht leisten **konnte**.*
She bought the dress although she couldn't really afford it.

b Note that sometimes you can omit *dass*. When you do this, you do not put the verb at the end of the clause:

Er wusste, es war illegal.
He knew it was illegal.

But contrast: *Er wusste, dass es illegal **war**.*

c You can also omit *wenn* and put the verb in first position. The resulting clause still conveys a condition:

***Wäre** er früher gekommen, hätte er mit uns fahren können.*
If he had come earlier, he could have travelled with us.

(Compare the alternative English translation of this: 'Had he come earlier . . .'.)

Occasionally you will find the two clauses are linked by *so* or *dann*:

*Hätte er uns das gesagt, **so** hätten wir viel Zeit gespart.*
If he had told us that, we would have saved a lot of time.

See also Chapter 35 on conditions.

Modal verbs in subordinate clauses

When you use modal verbs (see Chapter 28) in subordinate clauses in all tenses other than the present and simple past, you must put the auxiliary verb (*haben* or *werden*) before the two infinitives:

*Sie weiß, dass sie die Sache allein **wird** erledigen müssen.*
She knows she will have to deal with the matter on her own.

*Er hätte sie gesehen, wenn er früher **hätte** kommen können.*
He would have seen them if he had been able to come earlier.

*Obwohl sie es nicht **hat** machen sollen, hat sie uns die Akten gezeigt.*
Although she was not supposed to do it, she showed us the files.

Infinitive clauses

a If you use a subordinate clause with an infinitive that depends on the main clause, you usually have to put *zu* before the verb:

*Sie versuchte **ihrem Freund zu helfen**.*
She tried to help her friend.

*Das Kind hat sich geweigert **in die Schule zu gehen**.*
The child refused to go to school.

*Hör doch bitte auf, **diese furchtbaren Lieder im Bad zu singen**.*
Please stop singing those awful songs in the bath.

Er begann zu singen.
He began to sing.

b With separable verbs in short sentences you can either do as above or take up the infinitive phrase into the main clause and put it between the two parts of the separable verb:

EITHER: *Sie hörte auf **zu rauchen**.*
OR: *Sie hörte **zu rauchen** auf.*
She stopped smoking.

See also Chapter 26.

 ÜBUNG MACHT DEN MEISTER!

1 *Die Reisegewohnheiten des Herrn Nimmermüd*

Herr Nimmermüd reist gern und oft. Wir erfahren etwas über seine Reisegewohnheiten aus den untenstehenden Sätzen. Verbinden Sie die Sätze mit den Konjunktionen, so dass Nebensätze entstehen. Trennen Sie die Sätze durch ein Komma. Eine Konjunktion schickt das Verb an das Satzende!

zum Beispiel:
   Er liest gern die Zeitung, bevor (er geht abends ins Bett)
→ *Er liest gern die Zeitung, bevor er abends ins Bett geht.*

a Er bekommt Lust auf eine Reise, wenn (die Ferienzeit beginnt im Sommer).
b Er spart das ganze Jahr lang für die Reise, obgleich (er verdient nicht viel).
c Er könnte sich eine große Reise nicht leisten, ohne dass (er spart Geld).
d Er liest viele Prospekte und Reisebroschüren durch, bevor (er trifft eine Entscheidung über das Reiseziel).
e Er bereitet sich auf die Reise vor, nachdem (er hat das Reiseziel festgelegt).
f Es hängt von seinem Reiseziel ab, ob (er fährt mit der Bahn oder mit dem Flugzeug).
g Er reist immer allein, da (er ist unverheiratet).
h Er bucht meistens eine Gruppenreise, weil (er möchte nicht allein sein).
i Er nimmt immer ein Wörterbuch mit, obwohl (er spricht mehrere Fremdsprachen).
j Er reist nie, ohne dass (er hat eine Reiseapotheke in seinem Gepäck).

k Er hat immer Reiseschecks und eine Kreditkarte dabei, damit (er kann sorglos reisen).

l Er informiert sich über die Ausflugsmöglichkeiten, sobald (er kommt am Reiseziel an).

m Er beklagt sich nie, während (er verbringt seine Ferien).

n Er träumt von der nächsten Reise, sobald (er trifft wieder in seinem Heimatort ein).

2 Die Morgenroutine der Sekretärin Gisela Hoffmann

Gisela ist Sekretärin und hat jeden Morgen die gleiche Routine, bevor sie zur Arbeit geht. Schreiben Sie die Sätze um, indem Sie die passenden Konjunktionen finden. Achtung bei der Wortstellung!

a (when) Der Wecker klingelt um 7.30 Uhr – Gisela Hoffmann wacht auf.

b (although) Sie ist wach – sie bleibt noch fünf Minuten liegen.

c (before) Sie geht ins Badezimmer – sie macht ihre Morgengymnastik.

d (after) Sie hat die Übungen gemacht – sie beginnt mit der Morgentoilette.

e (so that) Ihre Zähne bleiben gesund – sie putzt sie sehr sorgfältig.

f (in order to) Sie will im Büro gut aussehen – sie schminkt sich sorgfältig vor dem Spiegel.

g (as soon as) Sie ist im Badezimmer fertig – sie geht in die Küche.

h (while) Sie frühstückt – sie liest die Zeitung.

i (after) Sie hat gefrühstückt – sie macht Butterbrote für die Mittagspause im Büro.

j (when) Sie verlässt das Haus – die Kirchturmuhr schlägt meistens 8.30 Uhr.

k (when) Sie verließ heute das Haus – es war leider schon neun Uhr.

3 Tolle Ferien in der Schweiz

Ein englischer Boy Scout war mit einer Gruppe von Pfadfindern aus aller Welt in einem Ferienlager in den Alpen. Er erzählt vom Leben in dieser Gruppe. Schreiben Sie die Sätze ins Perfekt um:

zum Beispiel:

> *Es war interessant, weil (man viele Pfadfinder aus anderen Ländern kennenlernen können).*

→*Es war interessant, weil man viele Pfadfinder aus anderen Ländern **hat kennen lernen können.***

a Es war ganz toll, dass wir (jeden Abend ein Lagerfeuer anzünden dürfen).

b Es gefiel mir sehr gut, obwohl (ich immer Deutsch sprechen müssen).

c Es machte viel Spaß, als (wir beim Zeltaufbau mithelfen müssen).

d Wir waren enttäuscht, dass (wir wegen des schlechten Wetters die lange Bergtour nicht machen können).

e Die Ferien waren prima, so dass (wir nicht nach Hause zurückkehren wollen).

f Wir hatten viel Freizeit, obwohl (wir bei allen Arbeiten mithelfen sollen).

 **FREIE FAHRT!**

4 *Wie könnten diese Sätze weitergehen?*

Ergänzen Sie die folgenden Sätze mit passenden Nebensätzen. Verwenden Sie jedes Mal eine andere Konjunktion.

zum Beispiel:
Wir gehen am Samstagabend nicht ins Kino, (weil, da, obgleich, obwohl, wenn, nachdem . . .)
Er wartete im Hotel, (als, bis, damit, ohne dass, während, so dass, weil . . .)
ODER:
(Weil, da, als, wenn, obgleich, obwohl . . .), gehen wir am Samstagabend ins Kino.

Sie können daraus ein Spiel machen. In Gruppen von 3–4 Personen sagt eine(r) einen Satz. Wer die meisten Möglichkeiten in einer bestimmten Zeit (etwa drei Minuten) findet, ist Sieger.

5 *Man darf ja träumen*

Schreiben Sie, was ein Lotteriegewinner mit seinem Geld plant/vorhat/ beabsichtigt/zu tun hofft/versucht. Vorsicht! Sie brauchen eine Infinitivkonstruktion mit 'zu'.

zum Beispiel:
Er plant, eine Weltreise zu machen.
Er hat vor, nach Australien zu fahren.

6 *Leider kann ich das nicht*

a Anhand des untenstehenden Kastens finden Sie Sätze.

zum Beispiel:
*Weil ich **keinen Führerschein** habe, kann ich nicht/kein **Auto fahren**.*
Weil ich . . .

b The relative pronoun is identical to the definite article (see Chapter 3), with the exception of the highlighted forms in the table below:

Singular

	Masculine	Neuter	Feminine
Nominative	*der*	*das*	*die*
Accusative	*den*	*das*	*die*
Dative	*dem*	*dem*	*der*
Genitive	**dessen**	**dessen**	**deren**

Plural (all genders)

Nominative	*die*
Accusative	*die*
Dative	**denen**
Genitive	**deren**

*der Lehrer, **dessen** Schüler immer spät zum Unterricht kommen*
the teacher whose pupils always arrive late for lessons

*Kinder, **deren** Eltern nie zu Hause sind*
children whose parents are never at home

*die Firma, **deren** Arbeiter streiken*
the firm whose workers are on strike

c If you place a preposition before a relative pronoun, the case of the pronoun is decided by the preposition:

*Haben Sie den Mann gesehen, **von dem** sie das Paket bekommen hat?*
Did you see the man she got the parcel from?

*Wo ist denn die Wohnung, **in der** du aufgewachsen bist?*
Where is the flat in which you grew up?

*Das ist der Tunnel, **durch den** die IC-Züge fahren müssen.*
That's the tunnel the InterCity trains have to go through.

d You use the relative pronoun *was* when 'which' refers back to one of the following:

• The demonstrative *das* (that):

***Das, was** du mir gezeigt hast, finde ich schrecklich.*
I find what you have shown me terrible.

*Von **dem, was** er uns gesagt hat, habe ich schon fast die Hälfte vergessen.*
I have already forgotten almost half of what he told us.

• The indefinite neuter expressions:

alles	everything
einiges	some things
etwas	something
folgendes	the following
manches	many things
nichts	nothing
vieles	lots
weniges	few things

*Ich habe noch **manches**, **was** ich dich fragen will.*
I have several other things I want to ask you.

*Alles**, **was** sie sagt, ist lauter Unsinn.*
Everything she says is sheer nonsense.

Note that after *etwas* you can also use *das*:

*Zeig uns **etwas**, **das** du selbst gemacht hast.*
Show us something you have made yourself.

• A neuter adjective such as *das Erste* ('the first thing'), *das Nächste* ('the next thing'):

*das Beste**, **was** ich machen kann*   the best I can do

• A whole clause:

*Sie kamen erst um zwei Uhr nach Hause, **was** mich sehr geärgert hat.*
They didn't come home until two o'clock which really annoyed me.

Indirect questions

You introduce another type of subordinate clause, an indirect question, with the following question words:

wann	when
warum	why
was	what
was für ein	what sort of
welcher	which
wer	who
wessen	whose
wie	how
wo	where

These tend to occur after verbs such as *wissen*, *fragen*, *sagen*, etc. Examples of typical indirect questions are:

*Er will wissen, **warum** wir die Arbeit nicht gemacht haben.*
He wants to know why we haven't done the work.

*Sie fragte, **wer** mitkommen möchte.*
She asked who would like to go with her.

*Sag mir, **welche** Bücher du brauchst.*
Tell me which books you need.

Note that once again the verb is in final position.

 ÜBUNG MACHT DEN MEISTER!

1 *Wo verbringen sie ihre Traumferien?*

Suchen Sie die passenden Relativpronomen aus der untenstehenden Auswahl aus.

a Herr Bauer:
Ich reise an einen Ort, *der* weder zu groß noch zu klein ist.
. . . . . man mit dem Flugzeug erreichen kann.
. . . . . in Europa liegt.
. . . . . Kathedrale berühmt ist.
. . . . . noch Straßenbahnen fahren.
. . . . . ein Fluss fließt.
. . . . . es viele interessante Sehenswürdigkeiten gibt.

b Frau Wend:
Ich fliege in ein Land, *das* sich außerhalb Europas befindet.
. . . . . ein tropisches Klima hat.
. . . . . Sprache Spanisch ist.
. . . . . Einwohner mehrere Sprachen sprechen.
. . . . . es viele hohe Berge gibt.
. . . . . ein langer Kanal führt.
. . . . . viele Seen hat.

c Fräulein Brühl:
Ich reise auf eine Insel, *die* man nur mit dem Schiff erreichen kann.
. . . . . weder Bahnhof noch Flughafen hat.
. . . . . von klarem Wasser umgeben ist.
. . . . . es viele seltene Pflanzen und Tiere gibt.
. . . . . Einwohner sehr touristenfreundlich sind.

. . . . . es aber keine Touristenhotels gibt.

. . . . . der Himmel meistens blau ist.

. . . . . die Sonne fast immer scheint.

d Das Ehepaar Zähner:

Wir möchten Bergdörfer besuchen, *die* nicht auf der Landkarte zu finden sind.

. . . . . nicht mit öffentlichen Transportmitteln erreichbar sind.

. . . . . noch ganz unberührt von Touristen sind.

. . . . . man keine anderen Deutschen trifft.

. . . . . man ohne Gefahr allein wandern kann.

. . . . . man sich sicher fühlt.

. . . . . man eine herrliche Aussicht über das umliegende Land hat.

der	in dem	den	über der	durch die	die	dessen
durch den	auf der	in dem	in denen	das	dessen	das
dessen	deren	auf der	von denen	die	durch das	auf der
in denen	die	in dem	die			

2 *Wer ist wer?*

Nach einem Wanderaufenthalt in den Alpen erklärt ein Reiseteilnehmer ein Gruppenbild von der Wandergruppe. Verwandeln Sie die Sätze in Klammern in Relativsätze und setzen Sie die Kommas ein.

zum Beispiel:

Das hier ist der Hotelbesitzer. (Er kommt aus Frankreich.)

→ *Das hier ist der Hotelbesitzer, der aus Frankreich kommt.*

a Das hier ist der Bergführer. (Er hat die Gruppe geführt.)

b Neben ihm steht seine Frau. (Sie hat sich immer um das Essen gekümmert.)

c Vor ihnen sitzt ein junges Ehepaar. (Es war die ganzen zwei Wochen über unzertrennlich.)

d Dahinter stehen drei Studenten aus Japan. (Sie haben viele Fotos gemacht.)

e Neben ihnen sieht man die junge Dame aus der Schweiz. (Sie hat die Berggipfel immer als erste erreicht.)

f Neben ihr steht ein junger Spanier. (Seine Frau sitzt hier neben dem Bergführer.)

g Das hier war die älteste Teilnehmerin. (Ihr kleiner Hund war auch dabei.)

h Ihr Bruder (sein Rucksack fiel am letzten Tag in eine Bergschlucht) steht links neben ihr.

i Die beiden jungen Bergsteiger im Hintergrund (ihre Gesichter sind so braun gebrannt) haben unsere Gruppe begleitet.
j Das Haus im Vordergrund (das Dach ist hier auf der linken Seite zu sehen) war die letzte Berghütte auf unserer Wandertour.

3 Eine genauere Beschreibung dieser Ferien

Der Teilnehmer der Wanderreise erzählt weiter. Setzen Sie die passenden Präpositionen und Relativpronomen aus dem untenstehenden Kasten ein.

a Die Hütten, ... wir übernachtet haben, waren recht einfach. Sie standen an Orten, ... man nur über steile Felsen gelangen konnte.
b Die Gruppe, ... ich gewandert bin, war bunt gemischt.
c Der Wanderweg, ... wir am letzten Tag gewandert sind, war der steilste.
d Mein Rucksack, ... ich meinen Reiseproviant trug, war viel zu groß.
e Die Teilnehmer, ... ich zwei Wochen lang gewandert bin, kamen aus verschiedenen Ländern.
f Der Gipfel, ... wir am ersten Tag gestiegen sind, war der höchste.
g Die Täler, ... wir gewandert sind, waren beeindruckend.
h Meine Bergstiefel, ... ich im Sportgeschäft viel Geld bezahlt hatte, waren leider sehr unbequem.

mit der	zu denen	mit denen	auf den
		auf dem	
durch die	in denen	für die	in dem

4 Der ideale Bergführer

Jetzt beschreibt er den Bergführer, der die Gruppe begleitet hat. Setzen Sie bitte die richtigen Fragewörter aus dem untenstehenden Kasten ein:

Jeden Morgen beschrieb er beim Frühstück, (a) . . . . . Tour wir machen würden. Er fragte dann immer, (b) . . . . . mitkommen möchte und erklärte, (c) . . . . . Route wir einschlagen würden. Er nannte uns den Treffpunkt, (d) . . . . . wir gegen acht Uhr starten würden und informierte uns, (e) . . . . . wir etwa wiederkehren würden. Dann empfahl er uns, (f) . . . . . wir mitnehmen sollten und gab Ratschläge, (g) . . . . . wir unsere Haut vor der Bergsonne schützen könnten. Vor jeder Wanderung prüfte er, (h) . . . . . Ausrüstung Mängel hatte und nannte Gründe, (i) . . . . . Vorsicht in den Bergen angebracht sei.

welche		wer		wann
was			wie	warum
	was für eine		wo	wessen

FREIE FAHRT!

5 Personen oder Sehenswürdigkeiten raten!

Denken Sie an eine berühmte Person (Sportler(in), Star, Politiker(in), Sänger(in)) oder an ein Gebäude oder Sehenswürdigkeit und stellen Sie dann Fragen, die ein Relativpronomen enthalten.

zum Beispiel:
Wie heißt der Politiker, der in England die Regierung führt?
Wie heißt das Museum, das an der Themse in London liegt?
Wie heißt die Brücke ... ?

6 Pech gehabt!

Der Reisebus einer englischen Reisegruppe wurde auf einem deutschen Parkplatz aufgebrochen und ausgeraubt. Fast jeder der Reisegruppe hat etwas verloren. Leider sprechen die Leute kein Deutsch. So muss der Reiseleiter auf der Polizeiwache erklären, was gestohlen wurde bzw. was fehlt.

zum Beispiel:
Das ist die Dame, deren Handtasche gestohlen wurde.
Das ist das Kind, dessen Walkman fehlt.

Geben Sie noch zehn weitere Erklärungen ab!

7 Auf der Polizeiwache

Der Reiseleiter berichtet später, dass die Polizisten, die den Diebstahl untersuchten, viele Fragen stellten.

zum Beispiel:
Können Sie mir sagen, warum ... ?
Haben Sie eine Idee, was für eine ... ?
Uns interessiert, wessen/wo/welche(r) ...

Erfinden Sie noch weitere Fragen, die die Polizisten gestellt haben könnten.

19 WORD ORDER: PRONOUNS AND NOUNS

 SO WIRD'S GEMACHT

Reflexive pronouns

For a summary of the various forms of the reflexive pronouns, see Chapter 29.

a In a main clause you place reflexive pronouns immediately after the finite verb (that is, the one verb in the clause that changes its endings to agree with the subject):

*Der Junge kaufte **sich** ein neues Hemd.*
The boy bought himself a new shirt.

*Sie hat **sich** schwer verletzt.*
She has injured herself badly.

b If some element other than the subject is in first position in a main clause, you place the reflexive pronoun **after a pronoun subject**:

*Dann kaufte **er sich** ein neues Hemd.*
Then he bought himself a new shirt.

You can, however, place the reflexive pronoun either **before** or **after a noun subject**:

*Dann kaufte **sich der Junge** ein neues Hemd.*
OR: *Dann kaufte **der Junge sich** ein neues Hemd.*

c You use these same rules in a subordinate clause too (see Chapter 17 for subordinate clauses):

*Ich weiß nicht, wo **wir uns** treffen können.*
I don't know where we can meet.

*Ich weiß nicht, wo **sich meine Kollegen und ich** treffen können.*
I don't know where my colleagues and I can meet.

d In infinitive phrases you place the reflexive pronoun at the start of the subordinate clause:

*Es wäre schön, **sich** mit dem Arzt unterhalten zu können.*
It would be nice to be able to talk to the doctor.

Noun and pronoun objects

a If both the direct object and the indirect object are nouns, you must put the dative (= indirect object) before the accusative (= direct object):

*Wir zeigten **dem Lehrer das Heft**.*
We showed the teacher the exercise book.

b If both objects are personal pronouns (for example, 'she', 'him', 'it', etc.), you put the accusative before the dative:

*Wir zeigten **es ihm**.*
We showed him it.

c If one object is a noun and the other a personal pronoun, the pronoun comes first, regardless of its case:

*Wir zeigten **ihm** das Heft.*
We showed him the exercise book.

*Wir zeigten **es** dem Lehrer.*
We showed it to the teacher.

d If you wish to emphasise a direct object, you can put it in first position. If you do this the word order rule is: **accusative before dative**:

***Das Heft** zeigten wir dem Lehrer nicht.*
We didn't show the teacher the exercise book.

And if you emphasise a dative pronoun, the **dative comes before the accusative**:

***Ihm** zeigten wir es nicht.*
We didn't show it to him.

e If you use a pronoun as the (direct or indirect) object of the verb, it normally comes **before a noun subject**:

*Wie hat **dir das Essen** geschmeckt?*
How did you like the food?

*Wann hat **es der Vorstand** beschlossen?*
When did the board of directors make the decision?

- Note that you also place personal pronouns before demonstrative pronouns (i.e. 'this', 'that'):

*Erst vor ein paar Stunden ist **ihm das** eingefallen.*
That only occurred to him a few hours ago.

ÜBUNG MACHT DEN MEISTER!

1 Eine vielseitige Familie

Diese Familie hat die verschiedensten Hobbys. Ein Bekannter beschreibt sie seinen Freunden. Setzen Sie in den Text das Reflexivpronomen *sich* an den richtigen Stellen ein:

Alle Familienmitglieder interessieren für Musik und körperliche Betätigung und strengen an, etwas für ihre Gesundheit zu tun. Sie erholen vom Alltagsstress bei Spiel und Sport und achten besonders darauf, gesund zu ernähren.

Der Ehemann interessiert für Fußball. Als er noch jung war, hat er in einem Fußballverein angemeldet. Jeden Montagabend trifft er mit Kollegen im Sportverein zum Training. Über die Jahre hat er verbessert, aber er war nie gut genug, einem großen Fußballklub anzuschließen. Aber das viele Training hat bezahlt gemacht: er erfreut ausgezeichneter Gesundheit.

Die Ehefrau dagegen befasst mit Yoga und kümmert um eine gute Haut und Figur. Sie wäscht und pflegt mit Naturkosmetika. Sie bemüht auch, täglich an der frischen Luft spazieren zu gehen. Um fit zu halten, hat sie bei einem Yogakurs in der Abendschule angemeldet.

Die Kinder des Ehepaars beschäftigen mit Popmusik und halten durch Discotanzen fit. Daneben befasst der Sohn mit Schwimmen und die Tochter bemüht, eine gute Tennisspielerin zu werden. Sie alle sind einig, dass Sport und viel Bewegung wichtig für eine gute Gesundheit sind.

2 Weihnachtsgeschenke: Was schenken sie wem?

In dieser Familie diskutiert man über die Weihnachtsgeschenke. Jeder hat andere Pläne.

a Finden Sie die richtige Wortstellung und schreiben Sie die Sätze auf.

zum Beispiel:
   sie – einen Computer – kaufen – dem Sohn
→*Sie kaufen dem Sohn einen Computer.*

i   ich – dem Vater – schenke – einen Atlas.
ii ich – eine Flasche Parfüm – der Mutter – gebe.

iii die Eltern – dem Sohn – kaufen – ein Fahrrad.
iv die Eltern – der Tochter – einen Kassettenrekorder – schenken.
v der Bruder – eine CD – gibt – der Schwester.
vi die Schwester – eine Taschenlampe – schenkt – dem Bruder.
vii die Kinder – den Eltern – geben – Pralinen.

b Ersetzen Sie die Geschenke in Übung (a) mit den passenden Akkusativpronomen. Schreiben Sie diese Sätze auf.

zum Beispiel:
   Sie kaufen dem Sohn einen Computer.
→*Sie kaufen **ihn** dem Sohn.*

c Ersetzen Sie nun die Personen, die Geschenke bekommen, mit den passenden Dativpronomen. Schreiben Sie diese Sätze auf.

zum Beispiel:
*Sie kaufen **ihm** einen Computer.*

d Ersetzen Sie nun sowohl den Akkusativ wie in Übung (b) als auch den Dativ wie in Übung (c). Schreiben Sie auch diese Sätze auf.

zum Beispiel:
*Sie kaufen **ihn ihm**.*

FREIE FAHRT!

3 *Das Klassentreffen*

a 'Erinnert ihr euch?'
Bei einem Klassentreffen werden alte Erinnerungen aufgefrischt. Woran erinnern sich die verschiedenen Leute? Fragen Sie Max, Christian, Inge, Gaby und den alten Lehrer woran sie sich erinnern.

zum Beispiel:
   Max, erinnerst du dich an den Sportlehrer?

Bitte bilden Sie Fragen nach diesem Muster.

b 'Interessierst du dich immer noch für . . . ?'
Später wird über die alten Hobbys und Interessen gesprochen.

zum Beispiel:
Früher/damals hast du dich für Musik interessiert. Wofür interessierst du dich heute?

21 FORMS OF THE VERB AND THE PRESENT TENSE

SO WIRD'S GEMACHT

Verb forms

a A verb gives us information about the action performed by the subject of the sentence. It tells us what is done, who or what does it and when it is, was or will be done. The form of the verb depends primarily on the subject, that is, the person(s) or thing(s) performing the action concerned. The subject can be either first person (*ich*, *wir*), second person (*du*, *Sie*, *ihr*) or third person (*er*, *sie* ('she' or 'they'), *es*, *man*). The form of the verb also depends on tense, that is, when the action occurs (see Chapters 22–24).

b The infinitive, which is the form you will find in a dictionary (for example, *haben* to have, *kommen* to come), always ends in *-n*. The infinitive helps you to identify the stem which is the key part of the verb. You find this by removing the final *-n* or *-en* from the infinitive. For example, in the verb *kommen* the stem is *komm*. To this stem you add the following endings to form the present tense:

	Singular	**Plural**
1st person	*ich komme*	*wir kommen*
2nd person	*du kommst*	*ihr kommt*
	Sie kommen	*Sie kommen*
3rd person	*er/sie/es kommt*	*sie kommen*

Note the following exceptions to this pattern:

• A small number of verbs have an infinitive in *-eln* or *-ern*. You form the stem here simply by removing the *-n*:

| *lächeln* | to smile | *ich lächele* | *du lächelst* | *er/sie/es lächelt*, etc. |
| *flüstern* | to whisper | *ich flüstere* | *du flüsterst* | *er/sie/es flüstert*, etc. |

• Where a verb's stem ends in *-chn*, *-d*, *-dn* or *-t*, an *e* is inserted in the *du* and *er/sie/es* forms to ease pronunciation:

| *rechnen* | to calculate | *ich rechne* | *du rechnest* | *er/sie/es rechnet*, etc. |
| *finden* | to find | *ich finde* | *du findest* | *er/sie/es findet*, etc. |

- Verbs with a stem ending in *-s*, *-ß*, *-ss* or *-z* do not add another *s* in the *du* form:

reisen	to travel	*ich reise*	*du reist*	*er/sie/es reist*
beißen	to bite	*ich beiße*	*du beißt*	*er/sie/es beißt*

Weak and strong verbs

a The majority of German verbs are classed as 'weak'. Weak verbs are completely regular and the verb stem remains the same throughout all forms and tenses. In the present tense the endings are those given above:

machen to make *ich mache* *du machst* *er/sie/es macht*, etc.

b Although 'strong' verbs are in the minority in German, they are a very important feature of the language since many of the most common verbs are strong. In strong verbs the form of the verb stem changes in the simple past tense (see Chapter 22) and usually in the past participle too (see Chapter 23). In the present tense many of these verbs have the regular endings you find in weak verbs but a significant number modify or change the stem vowel in the *du* and the *er/sie/es* forms:

- Stem vowel *e* can change to *i* or *ie*:

helfen	to help	*ich helfe*	*du hilfst*	*er/sie/es hilft*
		wir helfen	*Sie helfen*	*sie helfen*
sehen	to see	*ich sehe*	*du siehst*	*er/sie/es sieht*
		wir sehen	*Sie sehen*	*sie sehen*
vergessen	to forget	*ich vergesse*	*du vergisst*	*er/sie/es vergisst*
		wir vergessen	*Sie vergessen*	*sie vergessen*

- Stem vowels *a* or *au* can change to *ä* and *äu* respectively:

fallen	to fall	*ich falle*	*du fällst*	*er/sie/es fällt*
		wir fallen	*Sie fallen*	*sie fallen*
lassen	to let	*ich lasse*	*du lässt*	*er/sie/es lässt*
		wir lassen	*Sie lassen*	*sie lassen*
laufen	to run	*ich laufe*	*du läufst*	*er/sie/es läuft*
		wir laufen	*Sie laufen*	*sie laufen*

Irregular verbs

A small number of verbs are irregular in the singular present tense forms. These include *haben*, *sein* and *wissen*:

haben to have		**sein** to be		**wissen** to know	
ich habe	*wir haben*	*ich bin*	*wir sind*	*ich weiß*	*wir wissen*
du hast	*ihr habt*	*du bist*	*ihr seid*	*du weißt*	*ihr wisst*
Sie haben	*Sie haben*	*Sie sind*	*Sie sind*	*Sie wissen*	*Sie wissen*
er/sie/es hat	*sie haben*	*er/sie/es ist*	*sie sind*	*er/sie/es weiß*	*sie wissen*

unsere besten Kleider. Am Sonntagnachmittag (sitzen) wir gewöhnlich bei Kaffee und Kuchen in der guten Stube. Der Samstag (sein) auch ein wichtiger Tag für uns alle. Da (dürfen) wir baden. Denn nur einmal in der Woche (erwärmen) meine Mutter einen großen Kessel Wasser und die ganze Familie (baden) in einer großen Metallwanne in der Küche. Fließendes Wasser (kennen) man damals noch nicht in unserem Haus. Man (heizen) mit Holz und Kohle und bei einbrechender Dunkelheit (gehen) man zu Bett, weil es noch keine elektrische Beleuchtung (geben). Trotz allem (sein) das Leben viel einfacher als heute.

FREIE FAHRT!

4 Kettenerzählung

Arbeiten Sie in einer Gruppe! Eine(r) in der Gruppe erfindet den ersten Satz einer kleinen Geschichte. Jede(r) muss einen neuen Satz hinzufügen. Die Geschichte wird ausschließlich im Präteritum erzählt. Mal sehen, was für interessante Ereignisse Sie sich einfallen lassen!

zum Beispiel:
Am Montag fuhr Hermann zum ersten Mal nach Berlin.
→*Er kam um 11.30 Uhr im Hauptbahnhof an.*
→*Neben dem Ausgang sah er einen Mann . . .*

5 Herr Fleißig und Frau Faul

Arbeiten Sie in einer Gruppe! Sie erfinden eine Geschichte über die beiden ungleichen Partner, Herrn Fleißig und Frau Faul, die sich scheiden ließen, weil sie nicht zusammenpassten. Jeder versucht einen *während*-Satz zu bilden.

zum Beispiel:
Während er im Garten arbeitete, lag sie im Bett und schlief.
Während er das Auto reparierte, . . .

6 Der Kommissar

Sie sind ein berühmter Autor von Krimis. Schreiben Sie den ersten Abschnitt eines neuen Romans über den Kommissar Schmitz. In diesem Abschnitt beschreiben Sie (im Präteritum), wie er durch einen Stadtpark geht, auf dem Weg in sein Büro. Beschreiben Sie das Wetter, die Leute im Park, was dort passierte, was der Kommissar auf der Straße sah, woran er dachte, usw. Fassen Sie sich kurz! Der erste Abschnitt Ihres Werkes soll höchstens 150 Wörter enthalten.

7 Der Lebenslauf

Ein Lebenslauf kann in Deutschland entweder als Tabelle oder als Text geschrieben werden. Sie bewerben sich um einen Job in einem Hotel in Südbayern für die Ferien und möchten Ihren Lebenslauf als Text schreiben (auf Deutsch versteht sich!).

Beginnen Sie, wie folgt:

Geboren wurde ich am . . . . . in . . . . . . Im Alter von . . . . . besuchte ich den Kindergarten in . . . . ., usw.

8 Wer war der Täter?

Arbeiten Sie in einer Gruppe von 4–5 Personen! Stellen Sie sich vor, Sie stehen unter dem Verdacht, irgendein Verbrechen begangen zu haben. Die Polizei will Sie alle verhören. Jede(r) von Ihnen muss ein Alibi finden, um zu erklären, warum er (sie) am Verbrechen nicht schuld sein kann.

zum Beispiel:
Ich war es nicht, denn zu dieser Zeit las ich ein Buch in der Bibliothek.

Welche Gruppe kann die meisten, bzw. die interessantesten Alibis erfinden?

9 Vor fünf Jahren

a Arbeiten Sie zu zweit! Stellen Sie einander Fragen über Ihr Leben vor fünf Jahren. Sprechen Sie über Ihre Familien, Ihre Freunde, Ihre Freizeitinteressen, die Schule, die Sie damals besuchten, usw.

zum Beispiel:
Ich spielte damals noch viel Hockey.
Wir wohnten außerhalb der Stadt.

b Beschreiben Sie dann schriftlich in ca. 150–200 Wörtern Ihr Leben vor fünf Jahren.

bringen	to bring	*ich habe gebracht*	I brought
denken	to think	*wir haben gedacht*	we thought
wissen	to know	*er hat gewusst*	he knew

'haben' *or* 'sein'?

Many common German verbs form their perfect tense with *sein* rather than *haben*. You use *sein* in the following instances:

a With verbs of motion to a place:

fahren	*Sie **ist** nach Mainz **gefahren**.*	She has gone to Mainz.
fliegen	*Wir **sind** letztes Jahr nach Amerika **geflogen**.*	We flew to America last year.
laufen	*Er **ist** ins Haus **gelaufen**.*	He ran into the house.

b With the verbs *bleiben*, *sein* and *werden*:

*Sie **sind** nicht lange **geblieben**.*
They didn't stay long.

*Es **ist** furchtbar kalt **gewesen**.*
It has been terribly cold.

*Sie **ist** Ingenieurin **geworden**.*
She became an engineer.

c To denote a change of state, usually something beyond the control of the subject, as opposed to something he, she or it has done consciously or deliberately:

einschlafen	*Sie **ist** im Sessel **eingeschlafen**.*	She has gone to sleep in the chair.
gebären	*Ich **bin** in London **geboren**.*	I was born in London.
geschehen	*Wann **ist** das **geschehen**?*	When did that happen?
passieren	*Es **ist** gestern **passiert**.*	It happened yesterday.
sterben	*Er **ist** plötzlich **gestorben**.*	He died suddenly.
wachsen	*Die Pflanzen **sind** schnell **gewachsen**.*	The plants have grown quickly.

Note the following uses of *haben*:

• You can use some verbs of motion with a direct object. In such cases they take *haben*:

***Hast** du schon mal seinen Mercedes **gefahren**?*
Have you ever driven his Mercedes?

*Die Polizei **hat** ihn nach Hause **geflogen**.*
The police flew him home.

- You also use *haben* if you are focusing on the activity of a motion verb in general (that is, motion **at** a place) rather than the idea of motion **to** a place:

*Die Kinder **haben** heute im Fluss **geschwommen**.*
The children had a swim in the river today.

Perfect or simple past?

a The German perfect tense *ich bin gefahren* corresponds to all of the following English past tenses: 'I drove/did drive/have driven/have been driving'. You use it much more often than the simple past in speech, letters, e-mails and all types of informal writing. In particular, you should use it to express:

- Individual actions in the past which are isolated and complete:

*Petra **hat** die Prüfung **abgelegt**.*
Petra took the exam.

*Ich **habe** ihn zur Party **eingeladen**.*
I have invited him to the party.

- Past actions which are still relevant to the present (corresponding to the English perfect tense):

*Die Wiedervereinigung **hat** die Deutschen viel **gekostet**.*
Unification has cost the Germans dearly.

*Es **hat** heute **geregnet**.*
It's been raining today.

b The simple past tends to be used a lot more in formal writing (for example, newspapers, books) but you will frequently find it in spoken German in the following circumstances:

- With modal verbs (see Chapter 28) such as *dürfen* (simple past *durfte*), *können* (*konnte*), *müssen* (*musste*), *sollen* (*sollte*), *wollen* (*wollte*):

*Willi **konnte** sie nicht anrufen.*
Willi couldn't phone them.

*Sie **durfte** nicht länger bleiben.*
She wasn't allowed to stay any longer.

- With *sein* (*war*) and *haben* (*hatte*) and a number of other common forms such as *ging, kam, sah, stand, es gab*:

*In der Stadt **war** überhaupt nichts los.*
There was absolutely nothing to do in town.

*Die Kinder **hatten** viel zu tun.*
The children had a lot to do.

3 So war unser Leben früher gewesen

Ein Schüler, der vor einigen Wochen in die Großstadt umgezogen ist, erzählt, wie er früher auf dem Land gelebt hatte. Schreiben Sie die Sätze im Plusquamperfekt. Beginnen Sie:
Bevor wir in diese Stadt kamen, . . .

zum Beispiel:
   wir – schon zweimal den Wohnort wechseln
→*Bevor wir in diese Stadt kamen, hatten wir schon zweimal den Wohnort gewechselt.*

a wir – in einem kleinen Dorf auf dem Land leben
b ich – viele Haustiere haben
c mein Bruder – sogar ein eigenes Pony besitzen
d meine Eltern – durch die ganze Welt reisen
e meine Eltern – ein eigenes Geschäft haben
f wir – nie in einem Hochhaus wohnen
g ich – nie in diese Stadt kommen
h wir – immer zu Fuß zum Einkaufen gehen
i mein Bruder – mit dem Schulbus zur Schule fahren

FREIE FAHRT!

4 Wie war der Tag?

Arbeiten Sie zu zweit! Sie sind Mitbewohner. Abends fragt Ihr(e) Partner(in) über Ihren Tag.

zum Beispiel:
   Was hast du denn heute gemacht?
→*Ich bin in die Stadt gegangen.*
   Hast du schon wieder was gekauft?

Versuchen Sie den Dialog fortzusetzen, indem Sie mindestens zehn Fragen stellen bzw. beantworten.

5 Das stimmt doch nicht!

Zu Hause gibt es Ärger, weil Sie anscheinend etwas nicht gemacht haben.

zum Beispiel:
Du hast den Tisch doch nicht gedeckt!
Doch, ich habe den Tisch gedeckt, nachdem ich den Abwasch gemacht habe.

Machen Sie zu zweit weiter. Sie könnten folgende Ausdrücke benutzen:

das Fenster zumachen	die Wäsche waschen
das Wohnzimmer streichen	den Staubsauger reparieren
den Teppich reinigen	den Teppichboden staubsaugen
die Kleider bügeln	den Rasen mähen
die Dusche in Ordnung bringen	die Hausaufgaben machen
die Haustür abschließen	im Schlafzimmer aufräumen
das Badezimmer reinigen	Brot kaufen
die Küche tapezieren	den Abfalleimer leeren

6 *Ein ereignisreiches Wochenende*

Schreiben Sie Ihrem (Ihrer) deutschen Brieffreund(in) und erzählen Sie, was für ein hektisches Wochenende Sie gerade verbracht haben. Beginnen Sie:

Angefangen hat es schon am Freitagabend. Um sieben Uhr hat meine Schwester angerufen …

Erzählen Sie weiter, was geschehen ist (in ca. 200 Wörtern). Benutzen Sie ausschließlich das Perfekt.

7 *Mein Leben*

Erzählen Sie mündlich die wichtigsten Ereignisse Ihres Lebens. (Wenn Sie Übung 7, Kapitel 22, schon gemacht haben, können Sie nun Ihren schriftlichen Lebenslauf im Perfekt vortragen!) Für jedes Jahr sollten Sie nur das wichtigste Ereignis auswählen.

zum Beispiel:
Ich bin im Jahre 19 . . . . . geboren. Im Alter von eins habe/bin ich … Als ich zwei war, habe/bin ich … Mit drei Jahren habe/bin ich …

8 *Was hatten Sie vorher gemacht?*

Sie sind Angestellte(r) einer deutschen Tochterfirma in England (Willis & Co.) und möchten nun eine Zeitlang in Deutschland arbeiten. Sie sind beim Vorstellungsgespräch in der Muttergesellschaft in Düsseldorf. Man will wissen, was Sie gemacht hatten, bevor Sie bei Willis & Co. angefangen haben. Erklären Sie, welche Schulen Sie besucht hatten, welche Qualifikationen Sie bekommen hatten, welche anderen Jobs Sie gemacht hatten, wo Sie im Ausland gewesen waren, was Sie dort gemacht hatten, usw.

zum Beispiel:

Vor meiner Zeit bei der Firma Willis & Co. hatte ich 13 Jahre lang die Schule besucht. Dort hatte ich ... Ich hatte/war ...

9 Lauter Ausreden!

Sie arbeiten in der Exportabteilung einer deutschen Firma. In letzter Zeit ist leider viel schief gelaufen und am Ende des Monats will Ihr(e) Chef(in) wissen, warum. Er (sie) stellt Fragen und Sie müssen ihm (ihr) erklären, dass nicht Sie daran schuld waren.

zum Beispiel:

Warum ist Herr Schulz am 2. Juni nicht zum Empfang gekommen?
→*Meine Sekretärin hatte vergessen, ihn einzuladen.*

Wieso holte niemand am 4. Juni Frau Diepgen vom Flughafen ab?
→*Sie war nach Frankfurt nicht nach Stuttgart geflogen.*

Was für Ausreden fallen Ihnen zu den folgenden Fragen ein? Benutzen Sie das Plusquamperfekt:

Warum waren Sie am 7. nicht auf der Konferenz in Zürich?
Warum haben Sie am 10. den Zug nach Hamburg verpasst?
Warum sind Sie am 13. nicht nach London gefahren?
Wieso hat Ihr Kollege, Herr Gratian, im Juni so oft gefehlt?
Warum war der französische Vertrag erst am 20. fertig?
Wieso hatte Frau Malz am Dienstag keine Arbeit?
Warum gab es so viele Fehler im amerikanischen Vertrag?
Warum wurden die Dokumente erst am 30. abgeschickt?

24 FUTURE TENSES

SO WIRD'S GEMACHT

The future tense

a In German, as in English, you often use the present tense to express future ideas:

*Ich **komme** in den nächsten paar Tagen vorbei.*
I'll call round in the next few days.

*Sie **fährt** nächste Woche nach Paris.*
She's going to Paris next week.

*Wenn ich Zeit habe, **schreibe** ich ihm morgen.*
If I have time I'll write to him tomorrow.

b You use the future tense:

* in contexts where the present tense does not make the future idea clear
* in referring to actions or events in the distant future
* in formal German style.

c You form the future tense of all verbs (both weak and strong) by using the present tense of the verb *werden* with the infinitive of the relevant verb. This infinitive goes at the end of the clause or sentence:

*Sie **wird** eine neue Arbeit **suchen**.*
She will look for a new job.

*Wir **werden** nächstes Jahr nach Ägypten **fahren**.*
Next year we will go to Egypt.

*Man **wird** Ihnen Bescheid **sagen**, wenn die Dokumente fertig sind.*
You will be informed when the documents are ready.

The present tense of *werden* is as follows:

ich werde	*wir werden*
du wirst	*ihr werdet*
Sie werden	*Sie werden*
er/sie/es wird	*sie werden*

(On its own *werden* means 'to become'.)

Einzugsfest. Sie sind überrascht, wie gut alles jetzt aussieht. Sie raten, wer welche Arbeit gemacht haben wird.

zum Beispiel:
Sven und Eva werden wohl die Zimmer tapeziert haben.

Schreiben Sie weitere Sätze und benutzen Sie das Futur II.

FREIE FAHRT!

3 Die Wahrsagerei

Arbeiten Sie zu dritt oder zu viert! Jede(r) muss versuchen, die Zukunft der anderen in der Gruppe vorauszusagen. Seien Sie so phantasievoll wie nur möglich!

zum Beispiel:
Peter wird eine berühmte Schauspielerin heiraten. Anna wird in drei Jahren Astronautin sein.

Wer kann die lustigsten Voraussagen machen?

4 Die Zukunft steht schon fest

Stellen Sie sich vor, Sie wissen ganz genau, wie Ihre Zukunft aussieht. Schreiben Sie einen kurzen Bericht über Ihre Pläne für die nächsten zehn Jahre. Für jedes Jahr sollten Sie mindestens einen Plan erwähnen.

zum Beispiel:
Nächstes Jahr werde ich nach Australien auswandern. Im Jahre . . . . . werde ich dann . . .

5 In drei Jahren

Sie sind am Anfang Ihres Studiums an der Universität und möchten einen Sponsor finden, da Sie Geldprobleme haben. Sie bewerben sich bei einer deutschen Firma und werden zum Vorstellungsgespräch eingeladen, wo man sich dafür interessiert, was Sie im Laufe des Studiums machen werden. Erzählen Sie (im Futur II), was Sie bis Ende des Studiums gemacht haben werden.

zum Beispiel:
Bis Ende des Studiums werde ich drei Jahre lang an einer der besten britischen Universitäten studiert haben.

Versuchen Sie die Firma zu beeindrucken, indem Sie folgende Fakten über Ihren Kurs erwähnen:

viel lesen	eine lange Dissertation schreiben
ein Projekt machen	ein bisschen Mathematik studieren
Diplomingenieur werden	verschiedene Computersysteme benutzen
zwei Fremdsprachen lernen	sechs Monate in Frankreich studieren
dort ein bisschen Englisch unterrichten	während der Ferien in der Industrie arbeiten
im Schwimmverein aktiv sein	nach China fahren

6 *Eine Drohung, die wirkt*

Ein Mädchen droht ihrem Freund, dass sie aus der gemeinsamen Wohnung ausziehen wird, wenn er nicht bald sein Leben in Ordnung bringt. Daraufhin ist sie also zu ihren Eltern gezogen, und er schreibt ihr und verspricht, was er bis zu ihrer Rückkehr alles gemacht haben wird.

zum Beispiel:
Ich werde das Rauchen aufgegeben haben. Ich werde beim Friseur gewesen sein.

Übernehmen Sie die Rolle des jungen Mannes und schreiben Sie ca. 120 Wörter.

25 IMPERATIVES

SO WIRD'S GEMACHT

The imperative forms of the verb are used to give orders or instructions to someone. (For a more polite way of asking someone to do something, see Chapter 34 and the use of Subjunctive II.) There are three main imperative forms, all based on the present tense, which correspond to the three main ways of addressing someone, that is, *du*, *Sie* and *ihr*. The following rules apply to both weak and strong verbs. Note that in German you usually put an exclamation mark after imperatives.

'du' *form*

Take the *-(e)st* ending off the *du* form of the present tense. If there is an umlaut, remove it. Add an exclamation mark.

sprechen	*du sprichst*	→	***Sprich** leise!*	Talk quietly.
kommen	*du kommst*	→	***Komm** her!*	Come here.
schlafen	*du schläfst*	→	***Schlaf** gut!*	Sleep well.

After forms ending in *-b*, *-d*, *-g*, *-h* or *-t*, the letter *e* is sometimes added:

finden	*du findest*	→	***Find(e)** es sofort!*	Find it at once.
leben	*du lebst*	→	***Leb(e)** wohl!*	Farewell.
ruhen	*du ruhst*	→	***Ruhe** sanft!*	Rest in Peace.

'Sie' *form*

Simply use the *Sie* form of the verb in the present tense but place the *Sie* after the verb. Add an exclamation mark.

Sie kommen	→	*Kommen Sie bitte herein!*	Please come in.
Sie gehen	→	*Gehen Sie weg!*	Go away.
Sie stehen	→	*Stehen Sie doch auf!*	Stand up.

- Note that any separable prefixes (see Chapter 27) go to the end of the clause, as usual. This applies to all three forms of the imperative.

'ihr' *form*

Simply use the present tense *ihr* form without *ihr*. Add an exclamation mark.

ihr singt	→	*Singt doch mit!*	Join in (singing).
ihr gebt	→	*Gebt uns doch Zeit!*	Give us some time.
ihr wartet	→	*Wartet nicht auf uns!*	Don't wait for us.

Imperative forms of 'sein'

Note the following irregular forms:

du form:	*Sei ruhig!*	Be quiet.
Sie form:	*Seien Sie geduldig!*	Be patient.
ihr form:	*Seid nicht so geizig!*	Don't be so mean.

Infinitives

Infinitives are also commonly used in commands, especially in recipes and instructions:

*Nicht **rauchen**!*	No smoking.
*Alle **aussteigen**!*	Everyone out.
*Eine Minute lang gut **rühren**.*	Stir well for one minute.

'*Let's ...*'

English 'let's go' is a type of imperative. The equivalent German expression consists of the *wir* form of the present tense with the *wir* placed after the verb:

tanzen	→	*Tanzen wir!*	Let's dance.
trinken	→	*Trinken wir noch eins!*	Let's have another (drink).

 ## ÜBUNG MACHT DEN MEISTER!

1 *Im Kinderzimmer*

Folgende Befehle hört man oft im Kinderzimmer. Setzen Sie die Verben in die *du*-Form.

zum Beispiel:
   (Spielen) doch etwas leiser!
→ *Spiel doch etwas leiser!*

a (Schreien) nicht so laut!

b (Geben) mir das Spielzeug!

c (Sein) nicht so frech!

d (Kommen) nicht in meine Nähe!

e (Sitzen) nicht so viel vor dem Bildschirm!

f (Singen) doch nicht immer dieses alte Lied!

g (Stellen) den Radioapparat etwas leiser ein!

h (Aufräumen) endlich das Zimmer!

i (Aufstehen). Es ist schon acht Uhr!

j (Anziehen) deine Schuluniform!

2 Neue Schule – Neue Regeln

Am ersten Schultag in der neuen Schule werden den Schülern die Regeln mitgeteilt. Man spricht sie in der *ihr*-Form an. Schreiben Sie die Befehle.

zum Beispiel:

(Laufen) nicht im Schulgebäude!

→*Lauft nicht im Schulgebäude!*

a (Rauchen) nicht auf dem Schulgelände!

b (Hinterlassen) die Klassenräume in ordentlichem Zustand!

c (Werfen) keine Flaschen und Dosen auf den Schulhof!

d (Betreten) die Turnhalle nur mit Trainingsschuhen!

e (Tragen) keinen Schmuck während der Schulzeit!

f (Kauen) keinen Kaugummi im Unterricht!

g (Schreiben) alle Arbeiten nur in Tinte!

h (Abgeben) die Hausarbeiten rechtzeitig!

i (Essen) nicht in den Klassenzimmern!

j (Sein) höflich und hilfsbereit zueinander!

3 Auf dem Campingplatz

Ein Angestellter des Campingplatzes stellt für die Gäste ein Plakat mit den Regeln zusammen. Was passt zusammen?

1 Parken Sie den Wohnwagen	a	beim Kiosk ab!
2 Kochen Sie	b	nur in den Waschräumen!
3 Verbrauchen Sie nicht	c	nach Einbruch der Dunkelheit!
4 Waschen Sie Ihre Wäsche	d	auf dem Sportplatz!
5 Seien Sie leise	e	bitte im voraus!
6 Spielen Sie nur Ballspiele	f	nicht unbeaufsichtigt im Zelt!
7 Lassen Sie Ihre Wertsachen	g	zu viel heißes Wasser!
8 Seien Sie vorsichtig:	h	nur auf den Stellplätzen!
9 Bezahlen Sie Ihre Gebühren	i	geben Sie den Dieben keine Chance!
10 Geben Sie Ihre An-/Abmeldung	j	auf der Feuerstelle!

4 Hausordnung

In Deutschland leben viele Familien in Mietwohnungen. Jedes Haus hat eine Hausordnung, die regelt, was man als Hausbewohner tun muss bzw. nicht tun darf. Schreiben Sie die Sätze in der *Sie*-Form um.

zum Beispiel:
Nachtruhe einhalten (22–7 Uhr)!
→*Halten Sie die Nachtruhe von 22–7 Uhr ein!*

a Mittagsruhe einhalten (13–15 Uhr)!
b Teppiche klopfen nur ab acht Uhr!
c Sonntags kein Auto waschen!
d Fahrräder nicht im Treppenhaus abstellen!
e Einmal pro Monat den Gehweg reinigen!
f Jede Woche das Treppenhaus putzen!
g Keine laute Musik im Garten hören!
h Keine Grillpartys auf dem Balkon veranstalten!
i Haustüre um 22 Uhr abschließen!

5 Kaffee kochen leicht gemacht!

Viele Deutsche lieben eine gute Tasse Filterkaffee. Hier ist ein sicheres Rezept in einfachen Schritten. Bitte setzen Sie die Infinitive ein:

a Kaffeekanne . . . . .!
b Filter auf Kaffeekanne . . . . .!
c Filterpapier . . . . .!
d Einen Kaffeelöffel filterfeinen Bohnenkaffee pro Tasse . . . . .!
e In der Zwischenzeit Wasser . . . . .!
f Ein wenig kochendes Wasser kurz . . . . .!
g $\frac{1}{2}$ Minute . . . . . lassen!
h Anschließend die gewünschte Menge Wasser . . . . .!
i Kaffee . . . . .!

einlegen	stellen	hineingeben	quellen
vorwärmen			
übergießen	nachgießen	kochen	servieren

6 Befehle und Warnungen

Folgende Infinitivsätze kann man oft im Alltag hören oder lesen. Was passt zusammen?

1 Ausfahrt	a nicht baden!
2 Rasen	b freihalten!
3 Vorfahrt	c Nicht anfassen!
4 Im Fluss	d nicht betreten!
5 Während der Fahrt	e bis der Zug hält!
6 Türen nicht öffnen,	f beachten!
7 Gefährlicher Zaun:	g nicht hinauslehnen!

 FREIE FAHRT!

7 Der Besserwisser

Arbeiten Sie zu zweit! Sie raten einem Freund, was er machen soll, aber Ihr (Ihre) Partner(in) weiß alles besser und macht jedesmal einen Gegenvorschlag.

zum Beispiel:
  Kauf einen VW!
→ *Was sagst du! Kauf doch lieber einen Ford!*

  Iss weniger Fleisch!
→ *Ach Quatsch! Iss doch lieber weniger Butter!*

Tauschen Sie die Rollen nach jedem zweiten Beispiel. Machen Sie jeweils zehn Vorschläge.

8 Wie kommt man dorthin?

Ein deutscher Freund kommt zu Besuch. Er war noch nie in England und wird mit der Fähre in Dover ankommen. Schicken Sie ihm eine E-Mail, in der Sie ihm erklären, wie er mit dem Zug nach Ihrer Stadt/Ihrem Dorf kommt. Geben Sie ihm auch genaue Anweisungen vom Bahnhof zu Ihrem Haus.

zum Beispiel:
Fahr mit dem Zug nach London. Geh(e) in die U-Bahnstation. Kauf eine Fahrkarte nach . . .
Komm aus dem Bahnhof heraus. Geh(e) geradeaus und biege nach links ab . . .

Sie könnten folgende Ausdrücke benutzen:

in . . . aussteigen	in . . . umsteigen
rechts einbiegen	die Straße überqueren
eine Bushaltestelle finden	Fahrkarte beim Fahrer lösen
fünf Minuten weiterfahren	um Hilfe bitten
über die Brücke gehen	nach dem Weg fragen
mich anrufen	zehn Minuten warten

9 *Was haben Sie da gesagt?*

Sie haben einen Ferienjob in einer deutschen Firma, wo Sie Frau Helm, der Sekretärin des Personalleiters, helfen. Frau Helm bittet Sie, verschiedene Aufgaben zu machen, aber sie spricht sehr schnell und am Anfang fällt es Ihnen schwer, alles zu verstehen. Sie bitten öfters um Wiederholung und jedes Mal wiederholt Frau Helm ihre Bitte etwas eindringlicher.

zum Beispiel:
Könnten Sie bitte diesen Brief tippen?
→ *Wie bitte?*
Tippen Sie bitte diesen Brief!

Arbeiten Sie zu zweit! Tauschen Sie die Rollen nach jedem kurzen Dialog. Weitere Aufgaben, die Sie zu erledigen haben, sind:

Telefon beantworten	Umschläge sortieren	Briefmarken kaufen
Kaffee machen	Formulare zählen	Papier holen
eine Notiz schreiben	Computer ausschalten	das Büro aufräumen

10 *Mal Lehrer werden!*

Stellen Sie sich vor, Sie sind Lehrer(in) der Klasse 5. Was sagen Sie den Kindern im Laufe eines typischen Tages?

zum Beispiel:
Setzt euch!
Hebt die Hände!
Nehmt eure Bücher!

Finden Sie noch zehn solche Befehle. Lesen Sie dann Ihre Beispiele der Gruppe vor. Hat jemand alle zehn ohne Fehler formuliert?

11 *Mein Lieblingsrezept*

Was essen Sie zu Hause am liebsten? Was würden Sie einem Gast zum Abendessen servieren? Beschreiben Sie in ca. 130–150 Wörtern, wie man Ihr Lieblingsessen vorbereitet. Mit Hilfe eines Wörterbuches nennen Sie die nötigen Zutaten und geben Sie die verschiedenen Kochanweisungen. Benutzen Sie dabei entweder den Infinitiv oder den Imperativ mit *Sie*.

zum Beispiel:
Nehmen Sie 300 Gramm Butter. Ein paar Minuten in der Pfanne braten lassen.

c After the verbs *fahren*, *gehen* and *kommen*:

*Wir gehen gleich Wein **holen**.*
We're just going to get some wine.

*Wann fahren wir Katja **abholen**?*
When are we going to go to pick up Katja?

*Wir kommen euch **besuchen**.*
We're coming to visit you.

d After the verbs *helfen*, *lehren* and *lernen* you can use the infinitive with or without *zu*, but in longer clauses you should use the form with *zu*:

*Sie hilft mir **aufräumen**.*
She helps me to tidy up.

*Ich lerne **schwimmen**.*
I'm learning to swim.

*Sie lehrten uns, besser Ski **zu fahren**.*
They taught us to ski better.

e To express instructions and directions (see Chapter 25).

Infinitives with 'zu'

If you use *zu*, you put it immediately before the infinitive at the end of the clause. This applies in the following circumstances:

a After expressions with *sein* + the adjectives *einfach*, *gesund*, *interessant*, *langweilig*, *leicht*, *möglich*, *schwer*, *teuer*, *schwierig* and *ungesund*:

*Es war interessant, die alte Schule **zu besuchen**.*
It was interesting visiting the old school.

*Es ist schwierig, alles auf einmal **zu lernen**.*
It's difficult learning everything at once.

b After several verbs, the most common of which are:

anbieten	to offer
anfangen	to begin
aufhören	to stop
beabsichtigen	to intend
bekommen	to get
beginnen	to begin
bitten	to ask (a favour)
bleiben	to stay/remain
brauchen	to need
einladen	to invite
empfehlen	to recommend

erlauben	to allow
erwarten	to expect
fürchten	to fear
glauben	to believe
hoffen	to hope
planen	to plan
raten	to advise
scheinen	to seem
verbieten	to forbid
vergessen	to forget
versprechen	to promise
vorhaben	to intend
vorschlagen	to suggest
wagen	to dare
wissen	to know
wünschen	to wish

*Sie schien ihn nicht **zu erkennen**.*
She didn't seem to recognise him.

*Ich rate Ihnen, nicht **zu rauchen**.*
I advise you not to smoke.

*Er begann, sein Geld **zu sparen**.*
He began to save his money.

*Wir hoffen, den Bericht nächste Woche **zu haben**.*
We hope to have the report next week.

*Er hat wieder angefangen, diese furchtbaren Zigarren **zu rauchen**.*
He has started smoking those awful cigars again.

With shorter infinitive clauses the infinitive and *zu* can be taken up in the main clause:

*Er fing wieder **zu rauchen** an.*
He started smoking again.

c   With the expression *gerade dabei sein, etwas zu tun*, meaning 'to be in the process of doing something':

*Ich war gerade dabei, nach Hause **zu gehen**, als er kam.*
I was just going home when he came.

•   Note that with separable verbs (Chapter 27) you insert the *zu* between prefix and verb:

*Ich bitte dich, morgen früh **vorbeizukommen**.*
I would ask you to stop by tomorrow morning.

*Er empfiehlt uns, an der nächsten Haltestelle **auszusteigen**.*
He recommends we get off at the next stop.

Schreiben Sie ca. 100 Wörter und benutzen Sie folgende Verben mit Infinitivsätzen:

anbieten	bitten	einladen	empfehlen
erlauben	raten	versprechen	vorschlagen

27 SEPARABLE AND INSEPARABLE VERBS

SO WIRD'S GEMACHT

Separable prefixes

a A separable verb has a prefix, often a preposition, which in the imperative and in the present and simple past tenses you separate from the main part of the verb and place at the end of the clause. For example, *aufgeben* 'to give up' or *mitkommen* 'to come (along) with':

Stehen Sie auf!
Stand up.

Sie gab das Rauchen auf.
She gave up smoking.

Kommst du morgen mit?
Are you coming with us tomorrow?

b The most common separable prefixes are:
ab-, an-, auf-, aus-, ein-, fern-, fort-, her-, hin-, mit-, nach-, vor-, vorbei-, weg-, weiter-, zu-, zurück-, zusammen-.

c You place the past participle in its usual position at the end of the clause but separate the two parts of the verb by *-ge-*:

Wann hat er angerufen?
When did he ring?

Man hat seinen Vorschlag abgelehnt.
His proposal was rejected.

d If the separable verb is used in the infinitive form, with or without *zu*, you write prefix and verb as one word:

Nach der Party müssen wir ihm die Teller zurückbringen.
We must take the plates back to him after the party.

Wir werden erst im Dezember hinfahren.
We'll not go (there) until December.

AKTION GRAMMATIK!

*Sie hat das Buch ins Italienische **übersetzt**.*
She translated the book into Italian.

ÜBUNG MACHT DEN MEISTER!

1 Der Unterschied liegt in der Betonung! – Hier betont man die Vorsilbe

Unten sind Beispiele von trennbaren Verben mit den Vorsilben *an* bzw. *mit*. Bilden Sie die neuen Verben, prüfen Sie die Bedeutung und schreiben Sie die Formen auf:

zum Beispiel:
anstreichen – man streicht an – man hat angestrichen

Einige der Verben werden im Perfekt mit *sein* konjugiert. Aufpassen!

zum Beispiel:
*mitlaufen – man läuft mit – man **ist** mitgelaufen*

a
```
              sagen
    stellen  │   bringen
  fangen ╲   │  ╱ kommen
  reden ─── an ─── lachen
 streichen ╱ │ ╲ schauen
   weisen  │  geben
          ziehen
```

b
```
               bringen
   reisen  │   nehmen
 fühlen ╲  │  ╱ singen
 machen ─── mit ─── gehen
  teilen ╱ │ ╲ kommen
  laufen  │  reden
         fahren
```

c   Bilden Sie noch andere Beispiele mit *ein, weg* und *zu*.

2 Und hier wird das Verb betont

Es folgen Beispiele von nicht trennbaren Verben. Suchen Sie die Bedeutung und konjugieren Sie wie oben.

zum Beispiel:
beweisen – man beweist – man hat bewiesen

a
```
     sorgen   legen
  weisen ╲  │  ╱ kommen
  rufen ─── be ─── stehen
 setzen ╱  │  ╲ ziehen
  reiten   │   gegnen
         liefern
```

b
```
     sagen  kaufen  geben
 schwinden ╲ │ ╱ lieren
 wöhnen ─── ver ─── sehen
  weisen ╱  │  ╲ kommen
  lassen    │   fahren
          gessen
```

3 *Die Wortfamilien*

Welche Verben kommen von diesen Nomen?

a

Nomen	Verb	Partizip
Übersetzung	übersetzen	übersetzt
Überblick		
Überweisung		
Übergabe		
Überfall		
Unterbrechung		
Unterstellung		
Unterdrückung		

b

Untergang	untergehen	untergegangen
Umtausch		
Umkehr		
Durchfall		
Durchführung		
Unterbringung		
Umzug		

4 *Trennen oder nicht trennen? Ich drehe durch!*

Hier sind einige Verben, die teilweise trennbar, teilweise nicht trennbar sind. Setzen Sie das richtige Verb in der richtigen Zeit (Präsens, Präteritum, Perfekt) ein:

a Wenn er nicht mehr lernt, ... in der Prüfung. (durchfallen)
b Die Polizei . . . . . das ganze Haus, konnte aber nichts finden. (durchsuchen)
c Ich . . . . . meine Situation nochmals, bevor ich eine Entscheidung treffe. (durchdenken)
d Der Dieb hat alle meine Sachen . . . . ., bevor er auf einem Moped entkam. (durchsuchen)
e Der Abteilungsleiter . . . . . den Bericht bis zur Konferenz. (durchlesen)
f Mein Freund hat seinen Plan, die Wüste Sahara zu erkunden, ... (durchführen) Er hat sie in einem englischen Landrover . . . . . (durchqueren) Obwohl es in einigen Randstaaten Grenzstreitigkeiten gab, ist er gut . . . . . . (durchkommen)
g Wegen des Todesfalles hat die alte Dame viel . . . . . . (durchmachen)
h Auf der Suche nach einem billigen Hotel . . . . . ich die ganze Stadt. (durchfahren)

i Er . . . . . die griechische Inselwelt mit seinem Segelboot. (durchkreuzen)

j Der 100 m Läufer . . . . . bis zum Ende des Rennens. (durchhalten)

k Bei der Demonstration . . . . . die Polizei mit Tränengas und Wasserwerfern. (durchgreifen)

l Der Lehrer . . . . . die falsche Mathematikaufgabe einfach. (durchstreichen)

5 *So viel Arbeit!*

Ein Verb kann viele verschiedene Vorsilben haben. Bilden Sie neue Wörter aus dem Wort *arbeiten*, finden Sie die Bedeutungen im Wörterbuch und setzen Sie die passenden Wörter in den Lückentext ein. (Vorsicht: manche sind trennbar, manche lassen sich nicht trennen!)

Die Designerin Helga Fleißig (a) . . . . . seit drei Jahren bei einer kleinen Spielzeugfirma. Die Firma (b) . . . . . hauptsächlich Stahl und Eisen für die Spielzeugindustrie, die jedes Jahr in der zweiten Jahreshälfte vor Weihnachten Hochsaison hat. Helga berichtet:

Alle Angestellten des Betriebs (c) . . . . . sehr gut (d) . . . . . . Das Produktionsteam (e) . . . . . am Anfang des Jahres die Pläne für die nächste Produktionsperiode. Dann legen wir diese Pläne dem Firmenchef vor, der sie je nach Bedarf (f) . . . . . und falls nötig ein bisschen ändert. Manchmal (g) . . . . . er sie total (h) . . . . . .

Unser Verkäufer (i) . . . . . die Bestellungen, die sich in der zweiten. Jahreshälfte häufen. Dann läuft die Produktion auf Hochtouren und alle in der Firma (j) . . . . . nach besten Kräften (k) . . . . . . Oft haben wir während einer solchen Periode kaum Zeit für eine Mittagspause, wir (l) . . . ., weil unsere Arbeitskraft gebraucht wird. Auf diese Weise machen wir Überstunden und so können wir Extra-Urlaubstage, die wir während des Jahres gebraucht haben, (m) . . . . . . Wir stellen natürlich auch Aushilfskräfte ein, die aber von den Fachleuten (n) . . . . . werden müssen. Das kostet etwas Zeit und so bleibt oft die Routinearbeit liegen. Diese wird dann nach der Hochsaison (o) . . . . . .

6 *So lief es bei mir mit dem Geld*

Eine Studentin, die von einem Auslandsjob zurückkehrt, erzählt ihren Kommilitonen (Kommilitoninnen), wie sie in Österreich ihre finanziellen Angelegenheiten geregelt hat. Setzen Sie im Text das jeweilige Partizip Perfekt der Verben in den Klammern ein. (Vorsicht: es gibt trennbare und nicht trennbare Verben!)

Ich habe eine Bank in der Nähe der Universität (aussuchen). Ich habe dort ein Konto (eröffnen). Gleichzeitig habe ich ein Scheckbuch (beantragen) und eine Kreditkarte (bestellen). Danach habe ich einige Formulare (ausfüllen) und den Antrag (unterschreiben). Nach einigen Tagen habe ich mein neues Scheckbuch (abholen) und gleichzeitig habe ich einen ersten Scheck (einlösen) und Geld (abheben), das meine Eltern von England aus auf mein Konto (überweisen) hatten. Die Sache war also sehr unkompliziert, wie ihr seht.

 **FREIE FAHRT!**

7 Hier geht es um Geld

Im Zusammenhang mit Geldtransaktionen begegnet man verschiedenen zusammengesetzten Verben. Zum Beispiel:

verdienen	einzahlen	verbrauchen	umtauschen	auszahlen
abheben	verleihen	ausgeben	einnehmen	überweisen

Entscheiden Sie, welche dieser Verben trennbar bzw. nicht trennbar sind. Schreiben Sie jetzt eine kurze Geschichte über:

a einen reichen Bankdirektor, Herrn Reich (im Präsens)
b die arme Studentin, Fräulein Habenichts (im Perfekt)

8 Wir suchen im Wörterbuch

a Mit Hilfe eines Wörterbuches finden Sie jeweils zwei Verben mit folgenden Vorsilben: *ab-, an-, auf-, aus-, ein-, fern-, fort-, her-, hin-, mit-, nach-, vor-, vorbei-, weg-, weiter-, zu-, zurück-, zusammen-*.

b Schreiben Sie kurze Sätze, in denen Sie alle Ihre Verben sowohl im Präsens als auch im Perfekt benutzen.

zum Beispiel:
abfahren
→*Der Zug fährt vom Gleis 5 ab.*
 Die Kinder sind um neun Uhr abgefahren.

c Wiederholen Sie nun diese Übung mit den folgenden Vorsilben: *be-, emp-, ent-, er-, ge-, miss-, ver-*:

zum Beispiel:
bestellen
→*Ich bestelle das Zigeunersteak, und du?*
Wir haben gestern den neuen Videofilm bestellt.

9 *Hier wird geschenkt*

a Eine reiche Chefin beschenkt zu Weihnachten ihre Angestellten. Vor der Weihnachtsfeier gibt es viel zu tun. Man muss die Geschenke einkaufen, bestellen, aussuchen, auswählen, bezahlen, einpacken, verpacken, abschicken, versenden, mitbringen, verteilen, auspacken . . . Beschreiben Sie in 8–10 Sätzen im Präsens, was die Chefin alles zu tun hat.

b Vergleichen Sie dieses Jahr mit dem letzten Jahr, und beschreiben Sie im Perfekt, was letztes Jahr passiert ist.

28 MODAL VERBS

What are modal verbs?

There is a small group of verbs known as modals. They include:

dürfen	may (indicating permission), to be allowed (to)
können	to be able (to)
mögen	to like (to)
müssen	to have to
sollen	to be supposed to
wollen	to want (to)

You normally use modal verbs in combination with another verb in the infinitive form.

The verb *lassen* also behaves like a modal verb when it has the meaning 'to have something done' (that is, by someone else). The form *möchte* is strictly speaking a subjunctive form of the verb *mögen* (see Chapters 33 and 34), but since it is used much more frequently than the present tense, its forms are listed separately here.

Forms of the modal verbs

Note that in the plural these verbs are all quite regular and that in the present tense the first- and third-person forms are identical:

dürfen   **may, to be allowed (to)**

Present		**Simple Past**	
ich darf	*wir dürfen*	*ich durfte*	*wir durften*
du darfst	*ihr dürft*	*du durftest*	*ihr durftet*
Sie dürfen	*Sie dürfen*	*Sie durften*	*Sie durften*
er/sie/es darf	*sie dürfen*	*er/sie/es durfte*	*sie durften*

können   to be able (to)

Present		Simple Past	
ich kann	wir können	ich konnte	wir konnten
du kannst	ihr könnt	du konntest	ihr konntet
Sie können	Sie können	Sie konnten	Sie konnten
er/sie/es kann	sie können	er/sie/es konnte	sie konnten

mögen   to like (to)

Present		Simple Past	
ich mag	wir mögen	ich mochte	wir mochten
du magst	ihr mögt	du mochtest	ihr mochtet
Sie mögen	Sie mögen	Sie mochten	Sie mochten
er/sie/es mag	sie mögen	er/sie/es mochte	sie mochten

möchten   would like to

Present		No past tense
ich möchte	wir möchten	
du möchtest	ihr möchtet	
Sie möchten	Sie möchten	
er/sie/es möchte	sie möchten	

müssen   to have to

Present		Simple Past	
ich muss	wir müssen	ich musste	wir mussten
du musst	ihr müsst	du musstest	ihr musstet
Sie müssen	Sie müssen	Sie mussten	Sie mussten
er/sie/es muss	sie müssen	er/sie/es musste	sie mussten

sollen   to be supposed to

Present		Simple Past	
ich soll	wir sollen	ich sollte	wir sollten
du sollst	ihr sollt	du solltest	ihr solltet
Sie sollen	Sie sollen	Sie sollten	Sie sollten
er/sie/es soll	sie sollen	er/sie/es sollte	sie sollten

wollen   to want (to)

Present		Simple Past	
ich will	wir wollen	ich wollte	wir wollten
du willst	ihr wollt	du wolltest	ihr wolltet
Sie wollen	Sie wollen	Sie wollten	Sie wollten
er/sie/es will	sie wollen	er/sie/es wollte	sie wollten

lassen   to have something done

Present		Simple Past	
ich lasse	wir lassen	ich ließ	wir ließen
du lässt	ihr lasst	du ließt	ihr ließt
Sie lassen	Sie lassen	Sie ließen	Sie ließen
er/sie/es lässt	sie lassen	er/sie/es ließ	sie ließen

Word order with modals

You place the infinitive which depends on the modal verb (known as the 'dependent infinitive') at the end of the clause:

*Sie **muss** im Juli nach China **fahren**.*
She has to travel to China in July.

In a subordinate clause you put the modal after the infinitive at the end of the clause:

*Ich weiß nicht, warum er es kaufen **wollte**.*
I don't know why he wanted to buy it.

*Sie kamen erst um zehn, da sie zuerst einkaufen **mussten**.*
They didn't come until ten as they had to do some shopping first.

Missing out the infinitive

You can omit the infinitive after a modal verb if the context makes the meaning clear. This is often the case with verbs of motion:

Morgen will ich ins Kino.
I want to go to the cinema tomorrow.

Willst du mit?
Do you want to come with us?

Das darf man hier nicht.
You can't do that here.

Modal verbs in the perfect tense

a   The past participles of the modal verbs are:

dürfen – gedurft	*mögen – gemocht*	*wollen – gewollt*
können – gekonnt	*müssen – gemusst*	
lassen – gelassen	*sollen – gesollt*	

However, you only use these forms if the modal verb has an accusative object rather than a dependent infinitive:

*Wir **haben** die Stadt **gemocht**.*
We liked the town.

*Manfred **hat** es nicht **gekonnt**.*
Manfred was not able to do it.

b   When you use a modal verb with a dependent infinitive, the past participle is the same as the infinitive form, and the auxiliary verb is always *haben*:

*Susanne **hat** den Film nicht sehen **wollen.***
Suzanne did not want to see the film.

*Wir **haben** es uns nicht leisten **können.***
We weren't able to afford it.

In conversation, in particular, Germans tend to prefer the simple past tense of modal verbs, as they find these perfect tense forms a little awkward:

*Susanne **wollte** den Film nicht sehen.*
*Wir **konnten** es uns nicht leisten.*

c As shown in Chapter 17, when you use modal verbs in subordinate clauses in the future, perfect or pluperfect tenses, you must put the auxiliary verb (some form of *werden* or *haben*) before the final two infinitive forms:

*Gestern konnte er nichts machen, da er zu Hause **hat** bleiben müssen.*
He could not do anything yesterday as he had to stay at home.

*Ich glaube nicht, dass sie es **wird** machen können.*
I don't think she will be able to do it.

d The present tense or subjunctive II forms of modal verbs are occasionally used in a perfect tense construction with the past participle of the dependent verb plus *haben* or *sein* (see Chapter 23 for rules concerning the choice of *haben* or *sein*):

*Sie **muss** es schon **gemacht haben.***
She must have done it already.

*Er **soll** die Karten **gekauft haben.***
He is supposed to have bought the tickets.

*Der Zug **müsste** schon **eingetroffen sein.***
The train ought to have arrived by now.

See also pp. 230–231 for *wollen*.

Note that in a subordinate clause the modal verb is placed in final position:

*Sie zeigten uns den Mann, der es gemacht haben **muss.***
They showed us the man who must have done it.

*Sie wusste, dass er das Geschenk nicht gekauft haben **könnte.***
She knew that he could not have bought the present.

Use of the modal verbs

In addition to the basic meanings listed above, the modals can have a number of special meanings.

1 *dürfen*

After *nicht* it means 'not allowed to/must not':

Du darfst ihm das doch nicht sagen.
You mustn't say that to him.

2 *können*

You can frequently use *können* instead of *dürfen*, especially in spoken German:

Kann ich heute Abend mit Max Fußball spielen?
Can I play football with Max this evening?

• It often denotes knowing how to do something:

Wir können ein bisschen Französisch.
We can speak a little French.

• It may suggest possibility:

Es kann heute oder morgen passieren.
It may happen today or tomorrow.

3 *lassen*

Its basic meaning is getting someone else to perform an action for you:

Ich lasse die Wohnung streichen.
I am having the flat painted.

• You often also use it with reflexive verbs:

Die Waschmaschine lässt sich nicht mehr reparieren.
The washing machine is beyond repair.

4 *mögen*

As well as meaning 'to like', it can suggest possibility or likelihood:

Sie mag wohl ins Ausland fahren.
She may well go abroad.

5 *müssen*

With *nicht* it means 'do not have to' or 'need not':

Das Auto müssen wir nicht sofort verkaufen.
We don't have to sell the car straight away.

Remember that English 'must not' is rendered by *nicht dürfen*.

• With the perfect tense *müssen* can denote an assumption:

Es muss gestern passiert sein.
It must have happened yesterday.

6 *sollen*

Its usual meaning is 'ought to', suggesting an obligation imposed from outside:

Du solltest deine Eltern nie belügen.
You should never lie to your parents.

Sie sollten pünktlicher da sein.
You ought to arrive (here) more punctually.

Du sollst nicht stehlen.
Thou shalt not steal.

• It can denote 'supposed to', implying some sort of intention:

Was soll aus dem Jungen bloß werden?
What on earth is to become of the boy?

Wo sollen wir uns morgen treffen?
Where shall we/are we to meet tomorrow?

Was soll denn das sein?!
What is that supposed to be?

• It can also denote 'supposed to' in the sense of 'it is said that':

Im Herbst soll es dort ganz schön sein.
It is supposed to be really nice there in the autumn.

7 *wollen*

It can be used to indicate willingness or to make a suggestion:

Wollen Sie nicht lieber ins Theater gehen?
Wouldn't you rather go to the theatre?

Wollen wir Karten spielen?
Shall we have a game of cards?

• It can denote intention (often with *gerade*):

Sie wollte gerade ins Bett, als das Telefon geklingelt hat.
She was just about to go to bed when the phone rang.

• It can be used to report someone's claim to have done something:

Er will das ganze Buch schon gelesen haben.
He claims to have read the whole book.

ÜBUNG MACHT DEN MEISTER!

1 *Wichtige Gebote für Fernreisende*

Wollen Sie einen guten Urlaub verbringen, dann sollten Sie folgende Regeln beachten! Schreiben Sie bitte die Ratschläge aus. Manchmal gibt es mehrere Möglichkeiten:

a	Sie dürfen	1	kein ungekochtes Wasser trinken!
		2	sich vor der Reise impfen lassen.
		3	am Zielort mit Kreditkarte bezahlen.
b	Sie müssen	4	nur gekochte Speisen essen.
		5	sich gegen die Sonne schützen.
		6	ein Visum beantragen.
c	Sie können	7	nicht ohne Reiseapotheke reisen.
		8	nicht ohne Visum einreisen.
		9	eine Reiseversicherung abschließen.
d	Sie sollten	10	die Landesgesetze achten.
		11	keine Haustiere mitnehmen.

2 *Emigrieren kann man nicht von heute auf morgen!*

a Zwei Deutsche wollen auswandern. Setzen Sie passende Modalverben aus dem untenstehenden Kasten ein.

Hans und seine junge Frau Anni (i) . . . . . nach Neuseeland auswandern. Sie (ii) . . . . . dort in der Wildnis eine Farm bewirtschaften. Leider (iii) . . . . . sie nur ein bisschen Englisch sprechen. Sie (iv) . . . . . erst einwandern, wenn sie ein gültiges Visum haben. Sie (v) . . . . . sich deshalb auf der neuseeländischen Botschaft vorstellen. Sie (vi) . . . . . viele Formulare ausfüllen und Fragen beantworten. Sie (vii) . . . . . mit einer Wartezeit von etwa vier Monaten rechnen. Dann (viii) . . . . . sie auswandern.

können	möchten	müssen	sollen
wollen	müssen	können	dürfen

b Jetzt schreiben Sie die kurze Geschichte, indem Sie die Modalverben mit den folgenden Verben ersetzen (die neuen Verben erfordern ein *zu* – siehe Kapitel 26):

i vorhaben
ii planen
iii fähig sein
iv die Erlaubnis bekommen
v es wird ihnen geraten
vi haben
vii sie sind vorbereitet
viii sie haben die Erlaubnis

3 Im Flughafen

Auf dem Flughafen herrschen strenge Sicherheitsvorschriften. Setzen Sie die passenden Formen von *müssen* und *dürfen* ein.

a Taxis . . . . . nicht vor dem Eingang parken.
b Man . . . . . das Gepäck am Schalter einchecken.
c Die Fluggäste . . . . . sowohl ihren Flugschein als auch ihren Pass vorzeigen.
d Man . . . . . kein Gepäck unbeaufsichtigt stehen lassen.
e Nur die Fluggäste . . . . . durch die Abflugsperren gehen.
f Alle Fluggäste . . . . . ihr Handgepäck kontrollieren lassen.
g Man . . . . . keine explosiven Stoffe im Handgepäck mitführen.
h Vor dem Einsteigen . . . . . man die Bordkarte zeigen.
i Im Flugzeug . . . . . man während des Starts und der Landung nicht rauchen.
j Bei Reisen außerhalb der EU . . . . . jeder Fluggast einen Liter Alkohol und eine Stange Zigaretten zollfrei ein/ausführen.

4 Das hört man auf der Straße

Unten finden Sie eine typische kurze Unterhaltung in der Umgangssprache. Schreiben Sie die Unterhaltung, indem Sie die Verben *können, wollen, sollen, möchten, müssen, dürfen* in einer passenden Form einsetzen.

A: Tag.
B: Tag.
A: Wohin . . . . . du?
B: Ich . . . . . ins Kino.
A: Da . . . . . ich gern mit.
B: . . . . . du nicht?
A: Nein. Geht leider nicht. Keine Zeit. . . . . . noch ins Reisebüro. Ich . . . . . nächste Woche in die Ferien.
B: Wohin?
A: Noch nicht geklärt. Ich . . . . . nach Spanien, aber meine Freunde . . . . . lieber nach Italien. Auf jeden Fall . . . . . wir in die Sonne.

B: (bietet ihr eine Zigarette an) . . . . . du eine?
A: Nein danke. Man . . . . . hier nicht.
B: Also, ich . . . . . auch nicht. Ich . . . . . jetzt zum Kino.
A: Tschüss!
B: Bis bald!

5 *Aufgeschoben ist nicht aufgehoben!*

Ersetzen Sie bitte in den folgenden Sätzen die unterstrichenen Ausdrücke mit dem Modalverb in Klammern. (Vorsicht: Modalverben brauchen kein *zu* für den Infinitiv!)

Herr Vergesslich <u>hat</u> fremde Länder gern (mögen). In den Sommerferien <u>wünscht</u> er weit wegzureisen (wollen). Dieses Jahr <u>ist er in der Lage</u>, drei Wochen Urlaub <u>zu</u> bekommen (können).

    Er <u>hat Lust</u>, eine Safari in Afrika mit<u>zu</u>machen (möchten). Er <u>hat die Absicht</u>, eine teure Pauschalreise <u>zu</u> buchen (wollen), denn er <u>hat den Wunsch</u> (möchten), die Reise <u>zu</u> genießen.

    Als er aufs Reisebüro kommt, hört er, dass <u>es ihm</u> ohne Visum <u>nicht erlaubt ist</u>, ein<u>zu</u>reisen (dürfen), und dass <u>es nötig ist</u>, sich impfen <u>zu</u> lassen (müssen). <u>Es wird ihm empfohlen</u>, das Visum sofort <u>zu</u> beantragen (sollen). Als er <u>vorhat</u>, seinen Pass <u>zu</u> zeigen (wollen), merkt er, dass dieser nicht mehr gültig ist. <u>Es ist nötig, dass</u> er verlängert bzw. erneuert wird (müssen). So <u>ist</u> er <u>gezwungen</u>, seine Reise auf<u>zu</u>schieben (müssen), weil er ohne gültigen Pass nicht <u>in der Lage ist</u>, das Land <u>zu</u> verlassen (können).

6 *Diese reisefreudigen Politiker!*

Folgende Sätze sind Schlagzeilen aus den Nachrichten. Leider sind sie durcheinander geraten. Finden Sie die richtige Wortstellung und schreiben Sie die Sätze auf.

a Will im Juli nach Südafrika der Bundespräsident reisen zu einem Staatsbesuch.
b Möchte der Innenminister in Paris besuchen seinen französischen Kollegen noch diesen Monat.
c In Mailand halten muss der Wirtschaftsminister eine Rede auf einer Konferenz.
d Soll sich der Außenminister befinden in Berlin zur Zeit auf einer Tagung.
e Teilnehmen nicht kann leider der Bundeskanzler in Japan an den Feierlichkeiten geplanten.
f In Berlin nicht einigen sich können die Kultusminister bei ihrem Treffen der Länder.
g Die Verteidigungsminister sich diese Woche der EU müssen einigen in Salzburg über die neuen Maßnahmen.

7 Die Wende kam mit dem Fall der Berliner Mauer

Nach dem Fall der Berliner Mauer und der deutschen Wiedervereinigung wurde manches auf beiden Seiten anders. Unten lesen Sie, wie es früher war. Schreiben Sie die Sätze im Perfekt.

zum Beispiel:

Man musste ein Visum beantragen.
→*Man hat ein Visum beantragen müssen.*

a Man musste einen bestimmten Geldbetrag umtauschen.
b Man durfte nicht auf den Transitstraßen anhalten.
c Man musste sich von Grenzpolizisten kontrollieren lassen.
d Man konnte Verwandte nicht ohne Erlaubnis besuchen.
e Man konnte nicht im anderen Teil der Stadt einkaufen.
f Die DDR-Bürger durften nicht ohne Genehmigung ausreisen.

 **FREIE FAHRT!**

8 Ihr seid zu einer Party eingeladen!

Die Kinder von Familie Weber organisieren eine Überraschungsparty zum 40. Hochzeitstag von Herrn und Frau Weber. Es muss alles ganz genau geplant werden. Stellen Sie sich vor, Sie sind der älteste Sohn/die älteste Tochter der Familie und Sie müssen entscheiden, was die verschiedenen Familienmitglieder machen sollen.

zum Beispiel:
Hans, du musst den Wein kaufen.
Werner, möchtest du die Blumen bestellen?

Schreiben Sie eine Liste der verschiedenen Aufgaben. Verwenden Sie dabei möglichst viele verschiedene Modalverben:

Jemand sollte/könnte/müsste . . .
Wir sollten . . . lassen
Wir müssen auch . . .
Könntet ihr . . . ?
Darf/Soll ich . . . ? usw.

9 *Aber wen wollen wir denn einladen?*

Man muss auch besprechen, wen man einladen will/sollte. Arbeiten Sie zu zweit! Eine(r) macht Vorschläge, aber der (die) andere ist immer dagegen. In der jeweiligen Antwort muss man ein anderes Modalverb als in der Antwort verwenden.

zum Beispiel:
Wollen/sollen/könnten wir Fritz Weill einladen?
→*Ach, nein, den können wir/darfst du/sollte man auf keinen Fall einladen.*

Wie viele verschiedene Fragen und Antworten können Sie erfinden?

10 *Nach der Party*

Später unterhält man sich. Es ist alles ziemlich gut gelaufen, aber einiges hätte besser sein können. Was hätte man nicht tun sollen bzw. was hätte man besser machen können?

zum Beispiel:
Das Bier hätte kühler sein können.
Wir hätten mehr Suppe machen sollen.

Schreiben Sie zehn ähnliche Sätze.

11 *Worum geht's eigentlich?*

a Bilden Sie zwei Mannschaften von jeweils zwei Personen. Die erste Mannschaft bildet einen Satz mit einem einfachen Modalverb im Perfekt.

zum Beispiel:
Wir haben es nicht gekonnt.
Peter hat es gemusst.

Die andere Mannschaft muss dann versuchen, diesen Satz etwas vollständiger auszudrücken bzw. zu erklären.

zum Beispiel:
Wir haben das Fahrrad nicht kaufen können.
Peter hat sein Zimmer aufräumen müssen.

Finden Sie jeweils zwei Beispiele für die Verben *müssen, können, dürfen, wollen* und *sollen*.

b Schreiben Sie nun Ihre Sätze um:

zum Beispiel:
Ich verstehe nicht, warum wir das Fahrrad nicht haben kaufen können.
Ich verstehe nicht, warum Peter sein Zimmer hat aufräumen müssen.

Achten Sie ganz genau auf die Wortstellung!

29 REFLEXIVE VERBS

 SO WIRD'S GEMACHT

A reflexive verb is one in which the subject does something to himself/
herself/itself. For example:

Ich wasche mich.
I wash/have a wash (lit.: 'I wash myself').

Er fragt sich.
He wonders (lit.: 'He asks himself').

Reflexive pronouns

Reflexive verbs are always accompanied by a pronoun which may be in the
accusative or dative (see below for the difference). The forms of these reflexive
pronouns are:

Singular   **Plural**

Nominative	Accusative	Dative	Nominative	Accusative	Dative
ich	*mich*	*mir*	*wir*	*uns*	*uns*
du	*dich*	*dir*	*ihr*	*euch*	*euch*
Sie	*sich*	*sich*	*Sie*	*sich*	*sich*
er/sie/es	*sich*	*sich*	*sie*	*sich*	*sich*

Types of reflexive verb

Reflexive verbs can be divided into two main categories.

a Verbs which you can only use reflexively and which take an accusative
pronoun. Some of the most common are:

sich bedanken	to thank
sich beeilen	to hurry
sich befinden	to be situated
sich beschweren über + acc.	to complain about

sich bewerben um + acc.	to apply for
sich erkälten	to catch cold
sich freuen auf + acc.	to look forward to
sich freuen über + acc.	to be pleased about
sich verabschieden	to say goodbye
sich verlieben	to fall in love

Examples of usage are:

*Ich habe **mich erkältet**.*
I have caught (a) cold.

*Wir **verabschiedeten uns**.*
We took our leave.

***Beeilen Sie sich** doch!*
Hurry up!

*Hast du **dich** bei deinem Lehrer **bedankt**?*
Have you thanked your teacher?

*Das Haus **befindet sich** am Rande der Stadt.*
The house is situated on the edge of town.

*Ihr **freut euch** doch auf den Urlaub, oder?*
You are looking forward to the holiday, aren't you?

b Verbs which you can only use reflexively and which take a dative pronoun (along with a second object in the accusative).

These are less common and include:

sich etwas einbilden	to imagine something (mistakenly)
sich etwas überlegen	to reflect on something
sich etwas vornehmen	to resolve to do something
sich etwas vorstellen	to imagine something

For example:

***Überleg dir** mal die Situation.*
Just think about the situation for a moment.

*So etwas kann ich **mir** einfach nicht **vorstellen**.*
I simply cannot imagine anything like that.

*Sie hat **sich vorgenommen**, das Jahr zu wiederholen.*
She has resolved to repeat the year.

Note that only the *ich* and *du* forms of the reflexive pronoun have different accusative and dative forms; thus in the last example above, the *sich* could be either accusative or dative. When you learn a new reflexive verb from a vocabulary list or a dictionary, you must therefore learn the case of the reflexive pronoun too. For example, *sich* (= acc.) *unterhalten*. A useful rule to remember is that if a reflexive verb has an accusative object, then the reflexive pronoun **must** be dative.

Other reflexive verbs

a Apart from the above verbs, which can only ever be reflexive, you can use a large number of normal transitive verbs (that is, verbs which take a direct object) reflexively. Like the 'dedicated' reflexive verbs, these may take an accusative reflexive pronoun on its own or a dative reflexive pronoun with an accusative object. For example:

sich (= acc.) *ändern*	to change
sich (= acc.) *entschuldigen* (*bei* + dat. *für* + acc.)	to apologise (to someone for something)
sich (= acc.) *fühlen*	to feel (for example, ill, well, etc.)
sich (= acc.) *interessieren* (*für* + acc.)	to be interested in
sich (= dat.) *etwas* (= acc.) *kaufen*	to buy oneself something
sich (= acc.) *rasieren*	to shave
sich (= acc.) *setzen*	to sit down

*Die Zeiten ändern **sich**.*
Times are changing.

*Ich habe **mir** ein neues Rad gekauft.*
I've bought myself a new bike.

*Setz **dich** doch!*
Do sit down.

b If you use a reflexive verb such as *sich waschen* with a part of the body, you must put the reflexive pronoun in the dative:

*Wasch **dir** doch das Gesicht!*
Wash your face.

*Ich muß **mir** noch die Zähne putzen.*
I've got to brush my teeth.

*Er hat **sich** die Nase geputzt.*
He blew his nose.

c You can use the plural of the reflexive pronouns to convey the English 'each other':

*Wir sehen **uns** noch ziemlich oft.*
We still see each other quite frequently.

*Sie treffen **sich** immer freitags in der Stadt.*
They always meet (each other) in town on Fridays.

- For the position of the reflexive pronoun in a clause, see Chapter 19.

ÜBUNG MACHT DEN MEISTER!

1 *Liebe auf den ersten Blick!*

Setzen Sie in der folgenden Geschichte die Reflexivpronomen ein.

Sie treffen . . . . . auf einer Party. Er stellt . . . . . vor, sie freut . . . . ., denn er gefällt ihr. Sie unterhalten . . . . . . Sie fühlt . . . . . wohl in seiner Gesellschaft. Sie verlieben . . . . . . Er bedankt . . . . . für den schönen Abend. Sie verabschieden . . . . . an diesem Abend mit einem Kuss.

   Schon am folgenden Tag treffen sie . . . . . wieder. Sie verabreden . . . . . jetzt jeden Tag. Wenn sie . . . . . nicht sehen, sehnen sie . . . . . nacheinander. Er interessiert . . . . . nur noch für sie, sie freut . . . . . täglich auf ihn. Sie kennen . . . . . erst vier Wochen, da verloben sie . . . . . und entschließen . . . . . zur Heirat.

2 *Kurzes Glück!*

Sechs Monate später erzählt sie einer Freundin, was passiert ist. Setzen Sie noch einmal die Reflexivpronomen ein. Vorsicht! Es gibt einige Dativformen:

Ich hatte . . . . . Hals über Kopf in ihn verliebt. Ich befand . . . . . im 7. Himmel! Ich interessierte . . . . . nur noch für ihn. Ich sehnte . . . . . nach Glück und Geborgenheit. Ich habe . . . . . eingebildet, dass er . . . . . genau so fühlte. Doch schon bald änderte . . . . . die Situation. Er beschäftigte . . . . . nur mit Sport. Er interessierte . . . . . nicht für mich und meine Probleme. Ich nahm . . . . . vor, ihn zu verwöhnen. Doch er freute . . . . . nicht auf die gemeinsamen Mahlzeiten. Er bedankte . . . . . nie. Er bildete . . . . . ein, ich sei seine Bedienung. Ich überlegte . . . . ., wie ich die Situation ändern könnte. Aber ich ärgerte . . . . . oft über ihn, und seine Eltern beklagten . . . . . auch häufig über mich. Sie nahmen . . . . . vor, mich ständig zu kritisieren. Wir stritten . . . . . jetzt oft. Wir verstanden . . . . . nicht mehr. Ich konnte . . . . . nicht vorstellen, wie das weitergehen sollte. Wir hatten . . . . . geirrt. Jetzt lasse ich . . . . . scheiden!

3 *Beim Studienberater*

Nach bestandenem Abitur gehen die Schüler der Abschlussklasse zu einem Lehrer, der sie über das Studium beraten soll. Man hört folgende Fragen und Antworten:

a Wozu hast du . . . . . entschlossen, Jürgen?
   Ich habe . . . . . entschlossen, in Bayern zu studieren.

b Wofür hat Susanne . . . . . entschieden?

Sie hat vor, ... in Wien zu bewerben.

c Robert und Karl, was habt ihr . . . . . überlegt?

Wir haben . . . . . für ein Wirtschaftsstudium entschieden.

d Was für ein Studium hast du . . . . . ausgesucht?

Ich will nicht studieren. Ich möchte . . . . . um einen Ausbildungsplatz bei der Commerzbank bewerben.

e Habt ihr . . . . . schon um einen Studienplatz beworben?

Ja, wir freuen . . . . . schon auf das Studium in Tübingen. Wir stellen . . . . . das Studentenleben ganz toll vor!

 FREIE FAHRT!

4 Wie am Schnürchen

Herr Jürgens hat schon seit Jahren die gleiche Morgenroutine. Beschreiben Sie, was er jeden Tag macht. Verwenden Sie möglichst viele der folgenden Verben mit Reflexivpronomen:

sich duschen	sich waschen	sich die Haare waschen	sich die Zähne putzen
sich rasieren	sich anziehen	sich die Haare kämmen	sich die Nase putzen
sich beeilen	sich setzen	sich fühlen	sich etwas kaufen
sich bedanken	sich treffen	sich unterhalten	sich verabschieden

zum Beispiel:

Er steht jeden Tag um sieben Uhr auf. Zuerst wäscht er sich . . .

5 Immer das Gleiche

Stellen Sie sich nun vor, Sie sind Herr Jürgens. Gestern war Feiertag, aber Sie haben Ihre Routine kaum geändert. Am folgenden Tag erzählen Sie einem Kollegen, wie Sie den freien Tag verbracht haben. (Benutzen Sie das Perfekt. Schreiben Sie ca. 150 Wörter.)

zum Beispiel:

Ich bin wie immer um sieben Uhr aufgestanden. Ich habe mich zunächst einmal gewaschen . . .

6 Wer ist der Einfallsreichste?

Mit Hilfe eines Wörterbuches versuchen Sie jedes der folgenden Verben in einem originellen Satz zu verwenden. Schreiben Sie jeweils drei Sätze in der *ich-*, der *er/sie/es-* und der *Sie-*Form.

sich freuen	sich verabreden	sich einbilden
sich umziehen	sich bedanken	sich überlegen
sich erkälten	sich entschließen	sich bewerben
sich entscheiden	sich wandeln	sich entschuldigen
sich verbreiten	sich vorstellen	

zum Beispiel:
Ich bedanke mich für den warmen Empfang.
Er hat sich für ihre Hilfe noch nicht bedankt.
Sie sollten sich bei dem Manager bedanken.

AKTION GRAMMATIK!

30 IMPERSONAL VERBS

 SO WIRD'S GEMACHT

Verbs which are used with *es* as their subject are known as impersonal verbs. There are a number of different categories here.

'es' + 'sein', 'werden' *and* 'scheinen'

The English construction with 'it' + adjective/noun/clause after the verbs 'to be', 'to become' and 'to seem' is also found in German, sometimes with a dative before the adjective:

Es ist einfach unverschämt.
It is simply shameful.

Es war furchtbar kalt.
It was terribly cold.

Es ist dein Bruder.
It's your brother.

Es scheint, dass wir zu spät kommen.
It seems we are too late.

Es wird langsam dunkel.
It is gradually getting dark.

Es ist mir unmöglich, alles auf einmal zu bezahlen.
It is impossible for me to pay it all in one go.

Es ist mir zu warm.
I am too warm.

* Note that in the final example you can omit the *es* if the dative object appears in first position:

Mir ist (es) zu warm.
I am too warm.

Weather and natural phenomena

German expressions for weather always involve impersonal constructions. You can also use other natural phenomena, such as smells, impersonally when no object is mentioned (that is, when you are saying 'someone smells **of** something' rather than 'someone smells **something**'):

Es hat in der Nacht geregnet.
It rained in the night.

Bei uns donnert und blitzt es.
We've got thunder and lightning.

Hier stinkt es nach faulen Eiern.
There's a smell of rotten eggs here.

Es riecht nach frischen Blumen.
There's a smell of fresh flowers.

Mach die Tür zu. Es zieht so.
Shut the door. There's a terrible draught.

Noises

If you do not know or want to state the cause of the noise, use the impersonal *es*:

Es hat geklingelt.
The bell rang/There was a ring at the door.

Da knallte es plötzlich.
There was a sudden bang.

Es hat geklopft.
There was a knock (at the door).

Impersonal constructions

a There are a number of verbs and verbal constructions which you only ever use impersonally. These include:

es geht + dat.	to be (for example, well)
es geht um + acc.	it is about
es gibt	there is/are
es handelt sich um + acc.	it concerns
es kommt auf + acc. *an*	it depends on
es ist/sind	there is/are
es tut jemandem (= dat.) *Leid*	to be sorry

5 Ein furchtbarer Urlaub!

Sie sind deutscher (deutsche) Tourist(in) in England und schicken einem Freund eine Postkarte. Leider hat bis jetzt wenig geklappt: Sie haben Probleme mit dem Wetter, dem Essen und dem Hotel. Erzählen Sie in ca. 120–150 Wörtern, was passiert ist.

zum Beispiel:
Es hat hier die ganze Zeit geregnet. Vorgestern hat es . . . Gestern hat es . . . und heute . . . Im Restaurant . . . Im Hotel . . . Auf unserem Zimmer . . .

Versuchen Sie möglichst viele der folgenden Ausdrücke zu verwenden:

es geht	schneien	donnern	blitzen	hageln
windig/wolkig/trüb sein	frieren	schmecken	gefallen	stinken
es zieht	fehlen	es gibt	gelingen	Leid tun

6 Geht es oder geht es nicht?

Bilden Sie Sätze mit *es* + Adjektiv.

zum Beispiel:
→ *Es ist im Moment schwierig, Geld zu sparen.*
→ *Es wird nicht leicht sein, sie zu finden.*

Verwenden Sie zum Beispiel folgende Adjektive:

(nicht) möglich	unmöglich	(nicht) schwer	(nicht) schwierig
(nicht) leicht	(nicht) einfach	nützlich	(nicht) wichtig
(nicht) nötig	(nicht) erforderlich	(nicht) ratsam	

7 Im Krankenhaus

Übernehmen Sie die Rolle (a) eines zufriedenen Patienten und (b) eines nicht zufriedenen Patienten. Sagen Sie der Krankenschwester, wie Sie sich fühlen, was Sie zu loben, bzw. zu kritisieren haben.

zum Beispiel:
Es geht mir . . ., es fehlt . . ., es ist zu heiß . . ., usw.

31 | PREPOSITIONAL VERBS

 SO WIRD'S GEMACHT

Verbs and prepositions

Many German verbs are followed by a preposition. Sometimes the preposition is the same as in the English expression (for example, *vergleichen mit* 'to compare **with**', *bestehen auf* 'to insist **on**') but more often than not there is no direct link to the English preposition – for example, *sich interessieren für* ('to be interested **in**'), *warnen vor* ('to warn **of**'). For this reason it is important that when you learn a verb you also learn the preposition it takes. The following list gives the most common prepositional verbs but it is by no means exhaustive. The verbs are grouped according to prepositions and the case they take:

an + accusative

glauben an	to believe in
denken an	to think of/about
erinnern an	to remind of/about
sich erinnern an	to remember
(sich) gewöhnen an	to get used to

an + dative

fehlen an	to be lacking
teilnehmen an	to take part in

auf + accusative

antworten auf	reply to
sich freuen auf	to look forward to
sich konzentrieren auf	to concentrate on
reagieren auf	to react to
warten auf	to wait for

auf + dative

bestehen auf	to insist on

aus + dative

bestehen aus	to consist of

*Sie haben **darauf** bestanden, **dass auch ich mitfahre.***
They insisted that I should go with them too.

*Ich freue mich **darauf**, **deine Eltern kennenzulernen**.*
I am looking forward to meeting your parents.

*Das hängt **davon** ab, **wieviel Geld ich habe**.*
It depends on how much money I have.

*Wir haben uns **darüber** gewundert, **dass niemand da war**.*
We were surprised that no one was there.

Occasionally the clause completing the prepositional verb may come before it. This is especially the case when you want to emphasise the content of the clause:

*Dass sie überhaupt nicht erscheinen würde, **damit** hatten wir ja nicht gerechnet.*
Her not turning up at all was something we simply hadn't reckoned with.

ÜBUNG MACHT DEN MEISTER!

1 *Das Auslandsjahr*

Helen Barrett, eine Ingenieurstudentin aus Bristol, verbringt ihr Auslandsjahr als Praktikantin bei einer deutschen Firma in München. Sie spricht über ihre Erfahrungen. Setzen Sie die fehlenden Präpositionen ein.

Weil ich mich schon immer . . . . . Fremdsprachen interessiert habe, habe ich einen Studiengang gewählt, der . . . . . drei Jahren Studium in England und einem Auslandsjahr besteht. Zufällig hörte ich . . . . . einer Mitstudentin . . . . . diesem Praktikantenplatz. Sofort habe ich von England aus . . . . . dem Personalchef der Firma telefoniert und mich . . . . . den Bedingungen erkundigt.
   Als ich die Bewerbungsunterlagen bekam, habe ich mich . . . . . den Praktikantenplatz beworben. Ich wurde von der Firma . . . . . einem Vorstellungsgespräch nach London eingeladen, ... dem ich natürlich große Angst hatte. Danach musste ich vier Wochen . . . . . eine Antwort warten, aber verglichen . . . . . anderen Mitstudenten war das nur eine kurze Zeit. Ich rechnete schon . . . . . einer Absage und freute mich deshalb riesig . . . . . den positiven Bescheid, als der Brief endlich kam.
   Als ich in München ankam, habe ich mich sofort . . . . . die Stadt verliebt. Ich konzentrierte mich zunächst . . . . . die Zimmersuche. Ich antwortete . . . . . viele Zeitungsinserate und fand schließlich eine kleine Wohnung, die . . . . . zwei Zimmern, Küche und Bad besteht. Ich teile sie . . . . . einer jungen Übersetzerin, die sich . . . . . die englische Sprache interessiert und sich . . . . .

meine gelegentliche Hilfe freut. Wir beide gehören . . . . . einem Kreis von jungen Leuten, die neu in der Firma sind, also fehlt es mir nicht . . . . . Freunden.

. . . . . das Leben hier habe ich mich schnell gewöhnt. Verglichen . . . . . dem Studentenleben in England ist es natürlich etwas schwer. Ich wundere mich noch immer . . . . . den frühen Arbeitsbeginn hier in Deutschland. Ich fange um 7.30 Uhr . . . . . der Arbeit an und habe erst um 17.30 Uhr Feierabend.

In der Firma besteht meine Arbeit nicht . . . . . einer Aufgabe, es handelt sich nämlich . . . . . eine sehr flexible Stelle: Ich spreche . . . . . Kunden, ich telefoniere . . . . . Auslandskunden, ich beschäftige mich . . . . . Exportproblemen, ich suche . . . . . wichtigen Dokumenten, ich trage manchmal sogar etwas . . . . . Produktplanung bei. Ich werde . . . . . allen internen Besprechungen eingeladen und gehöre schon ganz . . . . . Belegschaft.

Natürlich denke ich oft . . . . . meine Eltern und Freunde in England, ich warte . . . . . die Ferien und freue mich . . . . . ein baldiges Wiedersehen.

2 *Einige Einzelheiten aus Helens Leben*

Verkürzen Sie die Sätze in Klammern, indem Sie zusammengesetzte Präpositionen mit 'da' verwenden.

zum Beispiel:
*Anfangs war sie ein bisschen einsam. (Sie litt **unter dieser Tatsache**.)*
→*Sie litt **darunter**.*

a Sie hat zu Beginn viele Fehler gemacht. (Sie hat **aus** den Fehlern gelernt.)
b Sie musste früh aufstehen. (Sie war nicht **auf** den frühen Arbeitstag vorbereitet.)
c Bald fiel ihr das Aufstehen nicht mehr schwer. (Sie gewöhnte sich **an** die frühen Zeiten.)
d Der Chef lobte sie oft. (Sie freute sich **über** das Lob.)
e Sie bekam ein gutes Gehalt. (Sie war dankbar **für** das Geld.)
f Sie musste mehr und mehr mit Kunden verhandeln. (Sie gewöhnte sich bald **an** diese Situation.)
g Sie wurde zu Lehrgängen geschickt. (Sie nahm gern **an** den Lehrgängen teil.)
h Manchmal musste sie einen Vortrag halten. (Sie hatte Angst **vor** diesen Vorträgen.)

AKTION GRAMMATIK!

 **FREIE FAHRT!**

3 *Kennen Sie die Präpositionen?*

a Wählen Sie zehn Verben von der Liste auf Seiten 000–000 und testen Sie einen (eine) Partner(in). Weiß er (sie), welche Präpositionen zu welchem Verb passen? Selbstverständlich muss er (sie) auch den dazugehörigen Kasus nennen!

zum Beispiel:
überzeugen?
→*von* + dative

retten?
→*vor* + dative

b Jetzt wird's schwieriger! Machen Sie eine Liste von drei Präpositionen plus Kasus und bitten Sie den (die) Partner(in) möglichst viele Verben zu schreiben, die mit dieser Präposition und diesem Kasus verwendet werden.

zum Beispiel:
an + accusative
sich erinnern an, denken an, . . .

c Nachdem Sie die Verben in (b) korrigiert haben, erfinden Sie für jedes Verb einen Satz.

zum Beispiel:
Sie erinnerte sich kaum noch an ihre Kindheit im Ausland.
Er dachte schon an die nächsten Ferien.

4 *Wie geht's weiter?*

Arbeiten Sie zu zweit! Eine(r) erfindet einen unvollständigen Satz mit Verb und *da* + Präposition.

zum Beispiel:
Sie freute sich darauf, . . .
Er hat mich daran erinnert, . . .

Der (die) andere muss dann versuchen, den Satz zu vervollständigen:

zum Beispiel:
*Sie freute sich darauf, **ihre Eltern zu besuchen.***

*Er hat mich daran erinnert, **dass ich meinen Sohn abholen muss.***

Bilden Sie weitere Sätze mit den folgenden Verben:

überzeugen von	abhängen von	sich interessieren für	bestehen auf
rechnen mit	sich bedanken für	sich erkundigen nach	sich ärgern über

32 THE PASSIVE

 SO WIRD'S GEMACHT

Active and passive

Verbs in English and German can be either 'active' or 'passive'. An active verb is one whose subject performs the action of the verb. For example:

Heidi schrieb den Brief.
Heidi wrote the letter.

Here the subject, *Heidi*, is the person writing the letter and so we have an active sentence.

In a passive sentence the subject of the verb is not the 'doer' but rather the person or thing that has the action of the verb done to it. For example:

Der Brief wurde von Heidi geschrieben.
The letter was written by Heidi.

Here the subject, *Brief*, had the action (of writing) done to it. The sentence is therefore passive.

Since the passive is used more often in German than it is in English, it is important that you have a good understanding of how it works.

Note that in German you can only form this passive construction from transitive verbs, that is verbs which take a direct or accusative object (for example, *machen* or *sehen* but not *gehen* or *sitzen*).

Passive with 'werden'

a Forming the passive

The key to the German passive is the verb *werden*. When used in a passive sentence it corresponds to the English 'to be'. The forms of *werden* in the present and simple past tenses are:

Present		Simple Past	
ich werde	*wir werden*	*ich wurde*	*wir wurden*
du wirst	*ihr werdet*	*du wurdest*	*ihr wurdet*
Sie werden	*Sie werden*	*Sie wurden*	*Sie wurden*
er/sie/es wird	*sie werden*	*er/sie/es wurde*	*sie wurden*

- Be careful not to confuse *wurde*, etc. with the conditional form *würde*, etc. ('would') (see Chapter 35).

You form the passive by using a form of *werden* with the past participle of the relevant verb. You must place the past participle at the end of the clause:

*Die Arbeit **wird** nur langsam **gemacht**.*
The work is being done slowly.

*Sie **wurde** in der Stadt **gesehen**.*
She was seen in town.

b Perfect and pluperfect passive

To form the perfect passive use the present tense of *sein* with the past participle + *worden*:

Es ist schon gemacht worden.
It has already been done.

Wir sind gesehen worden.
We have been seen.

To form the pluperfect passive use the simple past of *sein* along with the past participle + *worden*:

Es war schon gemacht worden.
It had already been done.

Wir waren gesehen worden.
We had been seen.

- Note that you always put *worden* after the other past participle.

c Future and future perfect passive

You form the future passive by putting *werden* into the future tense:

*Die Arbeit **wird** gemacht **werden**.*
The work will be done.

*Wir **werden** gesehen **werden**.*
We will be seen.

However, the present tense is often used to convey the future passive, especially where there is no possible ambiguity:

Sie wird nächste Woche untersucht.
She will be examined next week.

e Man sammelt Altpapier und Pappe.

f Man benutzt fast nie Plastiktüten.

g Man kauft keine Plastikgefäße.

h Man trennt den Müll in verschiedene Mülltonnen.

i So schont man die Umwelt.

2 So war es früher

Leider waren die Leute nicht immer so umweltbewusst und viele Umweltsünden wurden begangen. Schreiben Sie Passivsätze über die Vergangenheit.

zum Beispiel:
Wasserverbrauch (nicht messen)
→ *Der Wasserverbrauch wurde nicht gemessen.*
→ *Der Wasserverbrauch ist nicht gemessen worden.*

a Joghurtbecher (wegwerfen)

b Papier (verschwenden)

c Energie (verbrauchen)

d Einwegflaschen (kaufen)

e Plastiktüten (kostenlos abgeben)

f Verbleites Benzin (tanken)

g Müll (nicht trennen)

h Altmaterial (nicht sammeln)

3 Umweltmaßnahmen für die Zukunft

Folgende Maßnahmen werden hoffentlich bald eingeführt werden. Schreiben Sie Passivsätze im Futur.

zum Beispiel:
alle Autos mit Katalysator ausstatten
→ *Alle Autos werden mit Katalysator ausgestattet werden.*

a Häuser mit Doppel- oder Dreifachverglasung bauen

b Sonnen- und Windenergie mehr nutzen

c Energiesparende Haushaltsgeräte einführen

d Höchstgeschwindigkeit senken

e Energieverbrauch besteuern

f Umweltverschmutzung bestrafen

4 Leere Wahlversprechen

Vor den Wahlen machen die Politiker den Wählern oft Versprechen. Nach den Wahlen ist aber die Wirklichkeit oft anders, wenn man untersucht, was wirklich gemacht wird.

zum Beispiel:

Versprechen	**Wirklichkeit** (Passiv)

Unsere Partei wird:

mehr Geld für Erziehung ausgeben *weniger Geld ausgeben*
→ *Weniger Geld wurde für Erziehung*
   ausgegeben.

a die Steuern senken Steuern erhöhen
b mehr Mittel für die soziale
   Sicherung bereitstellen keine neuen Finanzmittel bereitstellen
c den sozialen Wohnungsbau fördern keine Sozialwohnungen bauen
d die Renten stark erhöhen Renten nur um 1% erhöhen
e weniger Geld für die Rüstung
   ausgeben mehr Geld für die Rüstung ausgeben
f eine neue Umweltpolitik betreiben keine neue Umweltpolitik betreiben
g mehr Geld in den Straßenbau kein Geld in den Straßenbau
   investieren investieren

5 *Auf der Polizeiwache*

Auf der Polizeiwache ereigneten sich am Wochenende einige Zwischenfälle.
Leider sind die Sätze durcheinander geraten. Finden Sie die richtige
Wortstellung:

a Tourist – ein – ist – von – amerikanischer – einem – bestohlen – worden –
Taschendieb
b der Einbrecher – ertappt – wurde – von – einem Polizisten – auf frischer Tat
c durch – ein Banküberfall – verhindert worden – das schnelle Eingreifen – ist
– der Polizei
d Randalierer – zwei – festgenommen – sind – worden – Hauptbahnhof – am
– einem Polizisten – von
e der Kreuzung – auf – ein Betrunkener – überfahren – Lastwagen – von
einem – ist – worden
f von – zwei – der Polizei – gefasst – Taschendiebe – im Fußballstadion –
wurden
g wurde – einen Blitzschlag – ein Haus – durch – in Brand – gesetzt
h Hund – gefunden – von einem – streunender – Streifenwagen – ein – ist –
worden

6 *Eine Liste der Vorkommnisse*

Sie schreiben jetzt eine Liste der acht Vorfälle, ohne sich an genaue Details zu
erinnern. Sie umgehen das Passiv durch den Gebrauch von 'man hat . . .'

zum Beispiel:

Man hat einen Touristen bestohlen.

(Vorsicht bei 'g'! Hier wird 'man' nicht benutzt.)

FREIE FAHRT!

7 *Es hat sich aber viel geändert!*

Arbeiten Sie zu zweit! Ein Onkel kommt zu Besuch. Er ist in Ihrer Stadt aufgewachsen, hat sie aber seit Jahren nicht mehr gesehen. In der Zwischenzeit hat sich viel geändert. Auf einem Stadtbummel will er wissen, wann das alles passiert ist.

zum Beispiel:

Wann ist das Rathaus umgebaut worden?
→*Das wurde schon 1990 umgebaut.*

Wann ist die neue Schule eröffnet worden?
→*Die wurde erst letztes Jahr/schon vor drei Jahren eröffnet.*

Machen Sie weiter. Sie könnten folgende Gebäude erwähnen:

Supermarkt	Theater	Stadion	Museum	
Hauptstraße	Kaufhaus	Bäckerei	Volkshochschule	Uhrenfabrik

Folgende Verben könnten auch nützlich sein:

renovieren	sanieren	bauen	gründen	stilllegen
vergrößern	sperren	schließen	verbreitern	

8 *Deutsche Geschichte*

a Was wissen Sie über Deutschland nach dem Krieg? Lesen Sie folgende kurze Zeittafel der wichtigsten Ereignisse der deutschen Nachkriegsgeschichte.

zum Beispiel:

1949 Gründung der BRD, DDR
1949 Wahl des ersten Bundeskanzlers (Adenauer)
1952 Unterzeichnung des Deutschlandvertrags
1961 Errichtung der Berliner Mauer
1966 Bildung der Großen Koalition
1969 Wahl der ersten SPD-FDP Regierung

1989 Öffnung der deutsch-deutschen Grenze
1990 Wiedervereinigung Deutschlands
1998 Wahl der ersten SPD-Grünen-Regierung
1999 Einführung des Euro

Arbeiten Sie nun zu zweit! Mit Hilfe der Zeittafel stellen Sie einander Fragen:

zum Beispiel:
Wann ist die erste SPD-FDP Regierung gewählt worden?
→ *1969/im Jahre 1969*

Wann ist der Deutschlandvertrag unterzeichnet worden?
→ *1952/im Jahre 1952*

b Schreiben Sie nun im Präteritum eine kurze Geschichte der Bundesrepublik Deutschland.

zum Beispiel:
1949/im Jahre 1949 wurden die BRD und die DDR gegründet.

9 Was für eine Überraschung!

Während Herr und Frau Schnell im Urlaub waren, haben ihre Kinder (Susanne, Antje, Karl und Heinz) viele Partys in der Wohnung gefeiert. Kurz vor Rückkehr der Eltern haben die Kinder die Wohnung gründlich geputzt. Frau Schnell war erstaunt, wie gut die Wohnung aussah, denn die Fenster waren geputzt, die Teppiche waren gereinigt, der Rasen war gemäht, usw. Nachher erzählt sie ihrer Freundin, wer alles gemacht hat:

zum Beispiel:
Die Fenster wurden von Susanne geputzt.
Der Rasen wurde von dem kleinen Karl gemäht.

Finden Sie zehn weitere Beispiele.

10 Wie kann man das anders sagen?

Schreiben Sie zunächst zehn Sätze im Passiv. Tauschen Sie mit einem (einer) Partner(in) und versuchen Sie dann seine (ihre) Sätze neu zu schreiben, indem Sie das Passiv vermeiden.
zum Beispiel:
Das neue Kino wurde von einem berühmten Schauspieler eröffnet.
→ *Das neue Kino eröffnete ein berühmter Schauspieler.*
ODER: *Ein berühmter Schauspieler eröffnete das neue Kino.*

Die Arbeit kann erst im neuen Jahr gemacht werden.
→ *Die Arbeit lässt sich erst im neuen Jahr machen.*
ODER: *Man kann die Arbeit erst im neuen Jahr machen.*

33 SUBJUNCTIVE I

 SO WIRD'S GEMACHT

Two subjunctives

a The subjunctive is a special form of the verb which you use to convey actions or states which:

i are reported as having happened

ii may happen in the future or might have happened in the past.

There are two distinct forms of the subjunctive. You use Subjunctive I most frequently for (i), while you use Subjunctive II, by far the more common form, to express (ii) and occasionally as an alternative to Subjunctive I in reporting someone's words.

b It is very important to note that although each subjunctive has a 'present' and a 'past' form, **these do not correspond to the normal, or indicative (i.e. non-subjunctive) tenses of the verb.** Thus in each of the subjunctives there is no future tense and no distinction is made between simple past and perfect tenses. For example, the verb *sein* has the following subjunctive forms:

	Present	Past
Subjunctive I	*ich sei*	*ich sei gewesen*
Subjunctive II	*ich wäre*	*ich wäre gewesen*

This chapter will describe the forms and uses of Subjunctive I (hereafter labelled S1), while Chapter 34 will concentrate on Subjunctive II (S2).

Formation of subjunctive I

a You most commonly see S1 in the *er/sie/es* forms. The others (in particular the *ich*, *wir*, *Sie* and plural *sie* forms) are rarely found. The S1 *er/sie/es* form is the same as the normal, or 'indicative', *ich* form, while the *du* and *ihr* forms add *-est* and *-et* respectively to the verb stem (that is, the infinitive minus *-en*):

haben		**gehen**	
ich habe	*wir haben*	*ich gehe*	*wir gehen*
du habest	*ihr habet*	*du gehest*	*ihr gehet*
Sie haben	*Sie haben*	*Sie gehen*	*Sie gehen*
er/sie/es habe	*sie haben*	*er/sie/es gehe*	*sie gehen*

In modern German the *du* and *ihr* forms are considered awkward and you therefore rarely use them, effectively leaving the *er/sie/es* form as the only S1 form distinct from the indicative present tense.

b The S1 forms of *sein* are:

ich sei	*wir seien*
du sei(e)st	*ihr seiet*
Sie seien	*Sie seien*
er/sie/es sei	*sie seien*

c You form S1 in the past by using an appropriate form of the S1 of *sein* or *haben* with the past participle. Again the *er/sie/es* forms tend to be the only ones encountered:

er habe gesagt
sie sei gekommen
es sei passiert

d The same rules apply to the formation of the S1 of modal verbs, with the exception of the *ich* forms which are: *solle, wolle, könne, müsse, dürfe, möge.*

To form the S1 past tense of modal verbs use an appropriate form of *haben* with the infinitive of the verb which depends on it and the infinitive of the modal verb:

ich habe es machen müssen	I had/have had to do it, etc.
du habest es machen müssen	
Sie haben es machen müssen	
er/sie/es habe es machen müssen	
wir haben es machen müssen	
ihr habet es machen müssen	
Sie haben es machen müssen	
sie haben es machen müssen	

*Sie meinten, er **habe** es letzte Woche **machen sollen**.*
They said he should have done it last week.

*Er sagte, sie **habe** es nicht **kaufen können**.*
He said she wasn't able to buy it.

Subjunctive I and reported speech

a You mainly use S1 to report what someone has said:

*Sie hat gesagt, sie **wolle** nicht mitfahren.*
She said she did not want to travel with me/us.

habe das Flugzeug als eine der ersten Passagiere verlassen. Ich beeilte mich, weil ich einen Termin in unserer Partnerfirma einhalten wollte. Als ich durch die Passkontrolle zur Gepäckrückgabe ging, stieß ich auf eine Gruppe junger Leute. Ich habe dann meine Reisetasche genommen und bin zum Ausgang gelaufen. Dort sah ich die Gruppe der jungen Leute wieder. Sie warteten anscheinend auf ein Taxi. Einer der jungen Männer hat mich dann angesprochen und nach der Uhrzeit gefragt. Als ich meine Reisetasche abstellte, um auf meine Armbanduhr zu schauen, näherte sich plötzlich eine junge Dame, die meine Tasche ergriff und in ein wartendes Taxi einstieg. Das Taxi ist daraufhin mit großer Geschwindigkeit abgefahren. Es stellte sich heraus, dass die Gruppe junger Leute die Dame nicht kannten. Sie waren genauso erstaunt wie ich über den Vorfall. Ich habe natürlich meine ganzen Dokumente verloren. Für die Wiederfindung der Unterlagen hat meine Firma eine Belohnung ausgesetzt. Der Finderlohn ist DM 1000, weil es sich um wichtige Dokumente handelt.

2 Ein neuer Patient

Herr Kaufmann ist auf Urlaub und hat starke Magenschmerzen. Er hat seinen ersten Termin beim Arzt im Ferienort. Der Arzt hat ihm einige Fragen gestellt:

a Wie heißen Sie?
b Wo wohnen Sie?
c Wann sind Sie geboren?
d Sind Sie heute zum ersten Mal hier?
e Sind Sie versichert?
f Wie heißt Ihre Krankenkasse?
g Haben Sie eine Krankengeschichte?
h Seit wann haben Sie Schmerzen?
i Wo tut es weh?
j Haben Sie Angst vor einer Spritze?
k Sind Sie allergisch gegen Penicillin?
l Können Sie die Symptome beschreiben?

Nach der Operation berichtet Herr Kaufmann, was sich abgespielt hat.

Er erzählt: *Der Arzt wollte wissen, wie ich hieße (or heiße), wo ich wohnte (or wohne), ob ich versichert sei, usw.*

Dann sagte der Arzt:

m Es tut mir Leid, Sie sind sehr krank.
n Ich muss einen Krankenwagen für Sie bestellen.
o Sie müssen heute noch operiert werden.

Berichten Sie weiter:
Der Arzt sagte, es tue ihm Leid, ich ...

3 Im Krankenhaus

Der neue Patient wacht nach der Operation auf und stellt Fragen an eine junge Schwesternhelferin:

a Wo bin ich?
b Was ist passiert?
c Wie lange muss ich bleiben?
d Wann kann ich aufstehen?
e Wann darf ich etwas essen?
f Darf man hier rauchen?
g Soll ich ruhig liegen?
h Ich will meine Verwandten anrufen – ich habe keine Kinder.
i Wie oft muss ich die Tabletten einnehmen?
j Warum darf ich nichts trinken? Ich habe Durst.

Die junge Schwester berichtet an die Stationsschwester weiter. Schreiben Sie die obigen Sätze in der indirekten Rede (Konjunktiv I).

zum Beispiel:
Er fragte, wo er sei, was passiert sei, ob er essen dürfe, usw.

4 Alles war falsch!

Der Arzt klärt den Patienten über seine falschen Lebensgewohnheiten auf (direkte Rede) und der Patient berichtet weiter, was der Arzt gesagt hat (indirekte Rede).

Arzt	Patient
a Sie haben zu viel gegessen.	Er sagte, ich hätte zu viel gegessen.
b Sie haben zu wenig Bewegung gehabt.	Er sagte, . . .
c Sie sind nicht fit.	
d Sie müssen mehr Sport treiben.	
e Sie dürfen nicht mehr rauchen.	
f Sie können viel Obst essen.	
g Sie sollen nicht so viele Pommes frites essen.	
h Sie müssen mehr auf Ihre Gesundheit achten.	

'würden' + *infinitive*

Germans frequently use *würden* (the S2 form of *werden*) + infinitive instead of the simple S2 forms in conditional sentences without any change in meaning (see also Chapter 35). This happens, in particular, with:

a Verbs that have irregular S2 forms, such as *helfen* ('to help') (*hülfe, hülfest,* etc.), *schwimmen* ('to swim') (*schwömme/schwämme, schwömmest/schwämmest,* etc.), *stehen* ('to stand') (*stünde, stündest,* etc.) or *sterben* ('to die') (*stürbe, stürbest,* etc.).

NOT: *Wenn er uns **hülfe**, kämen wir viel schneller voran.*
If he were to help us, we would get on much more quickly.
BUT: *Wenn er uns **helfen würde**, kämen wir viel schneller voran.*

b Other (regular) strong verbs which in conversation many consider to be awkward. Compare:

*Wenn er mehr übte, **sänge** er noch besser.*
If he practised more he would sing even better.

with:

*Wenn er mehr übte, **würde** er noch besser **singen**.*

* Note, however, that you would very rarely use *würden* + infinitive to replace *wäre,* etc., *hätte,* etc., *es gäbe* ('there would be') or the modal S2 forms.

c Conditional sentences in which S2 would fail to make the condition clear. Here, you should replace at least one of the S2 verbs by *würde* :

NOT: *Wenn er es besser **machte, verdiente** er mehr.*
BUT: *Wenn er es besser **machte, würde** er mehr **verdienen**.*
If he did it better, he would earn more.

ÜBUNG MACHT DEN MEISTER!

1 *Die Wochenendreise*

Helga und Lotte möchten eine Wochenendreise nach Paris machen. Sie telefonieren mit dem Reisebüro und erkundigen sich ganz höflich nach den verschiedenen Reisemöglichkeiten. Setzen Sie die Verben in den Klammern in die entsprechende Konjunktiv II-Form. Hier ist das Telefongespräch:

Guten Tag, wir (haben) eine kleine Bitte. (Können) Sie uns vielleicht Auskunft über eine Wochenendreise nach Paris geben? Wir (mögen) vom 20.11. bis höchstens 24.11. bleiben. Wir (wollen) am liebsten mit der Bahn fahren, da (können) man vielleicht Schlafwagenplätze buchen, um Zeit zu sparen. Oder (sein) es besser zu fliegen? Wir (brauchen) zwei Einzelzimmer, aber falls das nicht möglich (sein), (gehen) auch ein Doppelzimmer mit zwei Betten. Wenn wir ein Hotel im Zentrum (finden), (sein) das für uns am besten. Es (sein) vielleicht teurer, aber wir (sparen) viel Zeit und (können) mehr Sehenswürdigkeiten besichtigen. (Haben) Sie vielleicht auch einen Stadtplan für uns? Vielen Dank, das (sein) alles!

2 Der Herr vom Reisebüro gibt Ratschläge

a Schreiben Sie die folgenden Ratschläge im Konjunktiv II.

zum Beispiel:
Es wäre ratsam, wenn Sie Reiseschecks (mitnehmen).
Es wäre ratsam, wenn Sie Reiseschecks mitnähmen.

i Es wäre möglich, wenn Sie drei Tage Zeit (haben).
ii Es wäre schlecht, wenn Sie keine Reiseversicherung (abschließen).
iii Es wäre besser, wenn Sie das Geld hier (umtauschen).
iv Es wäre ratsam, wenn Sie mit dem Taxi zum Hotel (fahren).
v Es wäre zu empfehlen, wenn Sie Plätze im Zug (reservieren).
vi Es wäre sicherer, wenn Sie ohne Wertsachen (reisen).

b Schreiben Sie nun diese Ratschläge, indem Sie *werden* benutzen.

zum Beispiel:
Es wäre gut, wenn Sie Reiseschecks mitnehmen würden.

3 Die Neureichs haben nie genug

Herr Neureich hat sich vom Tellerwäscher zum Besitzer einer großen Hotelkette emporgearbeitet. Aber sein Erfolgshunger ist nicht zu stillen.

zum Beispiel:
Herr Neureich ist reich (noch reicher).
→*Er wäre gern noch reicher.*

a Er ist jetzt Millionär (Multimillionär).
b Er hat einen Mercedes (einen Rolls Royce).
c Er besitzt einen Hubschrauber (Flugzeug).
d Er wohnt in einer Villa (Schloss).
e Er macht drei Monate Urlaub im Jahr (sechs Monate).
f Er spielt am Wochenende Golf und Tennis (während der Woche auch).
g Er besitzt 15 Hotels (30 Hotels).

If he had had more time, he could have made something better.
(But he didn't have time and therefore he couldn't make anything better.)

Note that in English in this type of conditional sentence we frequently use 'would have/could have/might have', etc. in the main clause and a pluperfect 'had brought/had been', etc. in the 'if-clause'. **In German, however, you must use the past form of S2 in both clauses.**

Variations on conditional sentences

a As in English, you can place the main clause before the *wenn*-clause:

Sie bleibt zu Hause, wenn das Wetter schlecht ist.
She'll stay at home if the weather is bad.

Ich wäre sehr dankbar, wenn Sie mir die Broschüre schicken würden.
I would be very grateful if you would send me the brochure.

b In written German, in particular, you can omit *wenn* at the start of the subordinate clause. In this case you put the verb first. This construction is usually only possible if the subordinate clause comes first (compare the English 'Were it not so cold, we could sit outside'):

Haben *sie noch Plätze frei, können wir heute Abend ins Theater gehen.*
If they still have seats available, we can go to the theatre this evening.

Wäre *es nicht so kalt, könnten wir draußen sitzen.*
If it weren't so cold, we could sit outside.

Hätten *sie es uns früher gesagt, wären wir nicht hingefahren.*
If they had told us sooner, we wouldn't have gone there.

c If the *wenn*-clause comes first, you often link it with the main clause by *so* or *dann*:

Wenn Sie am Dienstag kämen, **so/dann** *hätten wir noch Zeit, auch die Stadt zu besichtigen.*
If you came on Tuesday, we would have time to look round the town as well.

 # ÜBUNG MACHT DEN MEISTER!

1 *Unerfüllte Mutterwünsche*

Eine gestresste Mutter von zwei Teenagern klagt über ihre Kinder. Schreiben Sie ihre Wünsche im Konjunktiv II.

zum Beispiel:
mehr im Haushalt helfen
→ *Wenn er doch mehr im Haushalt helfen würde!*

a höflicher sein
b nettere Freunde haben
c mir die Arbeit abnehmen
d nicht so viel Alkohol trinken
e nicht jeden Abend ins Wirtshaus gehen
f früher nach Hause kommen
g öfter kochen
h Arbeit suchen

Über ihre Tochter klagt sie auch:

zum Beispiel:
die Haare schneiden lassen
→ *Wenn sie doch die Haare schneiden ließe!/schneiden lassen würde!*

i fleißiger sein
j ihr Zimmer aufräumen
k nicht rauchen
l nicht so viel Geld verbrauchen
m nicht so viele Kleider kaufen
n nicht so laute Musik hören
o nicht so oft in Nachtklubs gehen

2 *Schülerwünsche*

Schüler unterhalten sich über die neue Schule. Schreiben Sie die Wünsche:

zum Beispiel:
Die Lehrer sind zu streng.
→ *Ich wünschte, die Lehrer wären nicht so streng.*
→ *Wenn doch die Lehrer nicht so streng wären!*

a Die Hausaufgaben sind zu schwer.
b Der Unterricht beginnt so früh.
c Die Stunden sind so langweilig.
d Man bekommt bessere Noten.
e Man wird leichter versetzt.
f Man bleibt nicht sitzen.
g Die Ferien sind zu kurz.

3 *Wenn das Wörtchen 'wenn' nicht wäre ...*

Zwei Tramper, die zu einem Fußballspiel ihrer Lieblingsmannschaft fahren wollen, stehen am Straßenrand im Regen und haben Wünsche. Setzen Sie die Verben in den Klammern in den Konjunktiv II:

Wenn doch ein Auto (kommen) und das Auto uns (mitnehmen) und wenn es dazu ein schneller Wagen mit einem rasanten Fahrer (sein) und auch der Verkehr unterwegs nicht besonders stark (sein) und wir schnell (vorankommen)! Und wenn wir dann noch Glück (haben) und eine Eintrittskarte zum Endspiel (bekommen)! Das (sein) ganz toll! Und wenn unser Fußballverein dann ein wenig Glück (haben) und die Mannschaft (gewinnen)! Das (sein) zu schön, um wahr zu sein! Diese Reise und das lange Warten am Straßenrand (haben) sich gelohnt!

4 *Ein Pechvogel träumt vergeblich*

Horst hat sich bei einem großen Betrieb um eine neue Stelle mit guten Aufstiegschancen beworben. Er wird zum Vorstellungsgespräch eingeladen, hat aber leider keinen Erfolg. Er träumt noch oft von dieser tollen Stelle:

zum Beispiel:
   jetzt in der neuen Firma arbeiten
→ *Wenn ich die Stelle bekommen hätte, würde ich jetzt in der neuen Firma arbeiten.*

a   nette Kollegen haben
b   nicht so einen weiten Arbeitsweg haben
c   mehr verdienen
d   jetzt nicht diese langweilige Arbeit machen müssen
e   längeren Urlaub haben
f   flexiblere Arbeitszeiten genießen
g   bessere Aufstiegschancen bekommen
h   zufriedener sein

5 *Es war schön, aber es hätte noch schöner sein können!*

Zwei Freunde, die eine Wochenendreise nach Berlin gemacht haben, berichten:

zum Beispiel:
   das Bundestagsgebäude besichtigen
→ *Wenn wir mehr Zeit gehabt hätten, hätten wir das Bundestagsgebäude besichtigt.*

Wenn wir mehr Zeit gehabt hätten, . . .

a   den Kurfürstendamm besuchen
b   die Reste der Mauer besichtigen

c   in die Oper gehen
d   eine Bootsfahrt auf dem Wannsee machen
e   einen Ausflug nach Potsdam machen
f   in die Umgebung reisen

Wenn wir mehr Geld gehabt hätten, . . .

g   im Luxushotel wohnen
h   jeden Abend auf den Kurfürstendamm ausgehen
i   teure Theaterkarten kaufen
j   Einkäufe in den Boutiquen machen
k   immer mit dem Taxi fahren
l   schöne Reiseandenken mitbringen

FREIE FAHRT!

6 *Wer fährt mit?*

Sie planen einen Tagesausflug mit Freunden. Wohin Sie fahren und was Sie genau machen werden, hängt davon ab, wer mitfährt. Besprechen Sie mit einem (einer) Freund(in), was Sie machen, wenn bestimmte Personen mitfahren.

zum Beispiel:
Wenn Paul mitfährt, gehen wir in viele Kneipen.
Ja, aber wenn Sarah dabei ist, müssen wir auch unbedingt ein Museum besuchen.
Ja, und wenn . . .

Besprechen Sie Vorschläge für mindestens zehn weitere Personen.

7 *Das britische Wetter!*

Wenn man in Großbritannien Urlaub macht, muss man mit wechselhaftem Wetter rechnen. Schreiben Sie einem (einer) deutschen Brieffreund(in), was Sie im Urlaub machen, wenn schlechtes bzw. gutes Wetter ist (ca. 80–100 Wörter).

zum Beispiel:
Wenn es regnet, bleiben wir meistens zu Hause.

Und wenn es schneit oder wenn die Sonne scheint? Und wenn es frostig/kalt/schwül/warm/heiß/windig ist?

8 Die Welt verbessern!

Manchmal macht es Spaß, darüber nachzudenken, was man an der Welt ändern würde, wenn man sie beherrschte. Was würden Sie machen?

zum Beispiel:
Wenn ich Diktator bzw. der reichste Mann/ die reichste Frau der Welt wäre, würde ich ...

Machen Sie mindestens fünf Vorschläge zur Weltverbesserung!

9 Wenn ich reich wäre ...

Was würden Sie machen, wenn Sie beim Lotto gewinnen würden? Schreiben Sie in ca. 200 Wörtern, was Sie nicht bzw. nicht mehr machen und auch was Sie neu unternehmen würden. Erzählen Sie auch, was die anderen Mitglieder der Familie machen würden/könnten.

zum Beispiel:
Wenn Geld kein Problem wäre, würde ich nicht mehr arbeiten/studieren. Meine Familie könnte mit mir um die Welt fahren. Wir hätten ... Ich würde ... Mein Bruder müsste nicht mehr ... Meine Schwester könnte ...

10 Ich hätte es ganz anders gemacht

Arbeiten Sie zu zweit! Eine(r) erzählt (im Perfekt), was er (sie) auf einer Deutschlandreise gemacht hat. Der (die) andere glaubt, dass er (sie) alles besser gemacht hätte.

zum Beispiel:
  Ich habe drei Tage in Berlin verbracht.
→ *Was?! Ich hätte doch eine ganze Woche dort verbracht.*

  Ich bin mit dem Zug nach München gefahren.
→ *Was sagst du?! Ich wäre doch nach München geflogen.*

11 Wenn ich Geld gehabt hätte ...

Sie haben gerade ein langweiliges Wochenende zu Hause verbracht, weil Sie kein Geld hatten, um etwas Interessanteres zu machen. Was hätten Sie gemacht, wenn Sie viel Geld gehabt hätten? Lassen Sie Ihrer Phantasie freien Lauf!

zum Beispiel:
Wenn ich viel Geld gehabt hätte, wäre ich mit einem (einer) Freund(in) nach Italien gefahren. Dort hätten wir ...

12 *Es hätte alles anders sein können*

Stellen Sie sich vor, Sie sind erfolgreicher (erfolgreiche) Sportler(in) und Sie geben einer Jugendzeitschrift ein Interview über Ihre Jugend. Sie haben Glück gehabt. Erzählen Sie, was gewesen wäre, wenn Verschiedenes in Ihrem Leben anders gewesen wäre.

zum Beispiel:
Wenn mir meine Mutter/mein Vater nicht geholfen hätte, wäre ich kein(e) Sportler(in) geworden.
Wenn die Schule keinen Sportlehrer gehabt hätte, . . .

Comparisons

Apposition also occurs with *als* ('than') and *wie* ('as') in comparisons:

Der Film ist genauso langweilig wie *das Buch*.
The film is just as boring as the book.

Sie hat es besser gemacht als *du*.
She did it better than you.

Ich liebe ihn mehr als *meinen Vater*.
I love him more than (I do) my father.

See also Chapter 14 on the comparison of adjectives and adverbs.

ÜBUNG MACHT DEN MEISTER!

1 Beim Gebrauchtwagenhändler

Finden Sie für die Automarken die richtigen Fälle (z.B. Akkusativ, Dativ, usw.) und setzen Sie ein Komma ein, wo es angebracht ist.

zum Beispiel:
> *Er will diesen großen Wagen . . . . . (Volvo).*
> → *Er will diesen großen Wagen, den Volvo.*

a Das ist ein toller Wagen . . . . . (Audi).
b Darf ich diesen Wagen . . . . . (Mercedes) Probe fahren?
c Wie teuer ist dieser Wagen . . . . . (BMW)?
d Wie funktionieren die Bremsen dieses Wagens . . . . . (Volkswagen)?
e Gibt es in diesem Wagen . . . . . (Polo) einen Katalysator?
f Die Farbe dieses Wagens . . . . . (Ford) gefällt mir nicht.
g Hat dieser Wagen . . . . . (Golf) einen Katalysator?
h Wo befindet sich das Ersatzrad an diesem Wagen . . . . . (Opel)?

2 Die Firmenfeier

Auf der Firmenfeier treffen sich die neuen Kollegen und Kolleginnen. Setzen Sie die richtigen bestimmten oder unbestimmten Artikel und alle Kommas ein.

Darf ich vorstellen, das ist der neue Kollege (Ingenieur aus England). Er arbeitet seit letzter Woche mit Herrn Maître (Ingenieur aus Frankreich) zusammen. Mit ihrer Arbeit werden die beiden häufig Herrn Müller

(Hauptingenieur der Firma) unterstützen. Dort drüben unterhält sich Herr Pfeifer (Personalchef) mit Herrn Weiß (Abteilungsleiter). Mit Frau Bosch (neue Chefin) kommen die jüngeren Mitarbeiter nicht so gut aus, dafür ist aber Frau Basler (Stellvertreterin) um so freundlicher. Für die Mitarbeiter (Angestellten der Firma Laub) hat sie immer Zeit. Oft berät sie Herrn Weber (Abteilungsleiter) und mit Frau Hübsch (Chefsekretärin) arbeitet sie eng zusammen.

3 Sind Sie informiert?

Finden Sie die passenden Satzteile:

a	Wollen wir heute Abend im Kino	1	beschäftigte sich mit der Mafia.
b	Bilder über das Erdbeben in Japan	2	war ein weltweiter Bestseller.
c	Der Film ‚Der Pate‘	3	wurde in der ehemaligen DDR herausgegeben.
d	In ‚Das verflixte 7. Jahr‘	4	erschienen in ‚Der Stern‘ und ‚Die Bunte‘.
e	Die Zeitung ‚Neues Deutschland‘	5	‚Die Neue Züricher Zeitung‘ veröffentlicht.
f	Der Roman ‚Das Omen‘	6	spielte Marilyn Monroe eine Hauptrolle.
g	Dieser Artikel wurde in	7	‚Der Krieg der Sterne‘ anschauen?

4 Was darf es sein?

a Sie wollen sich stärken und bestellen im Gasthaus. Vorsicht bei den Endungen! Schreiben Sie acht Sätze.

zum Beispiel:
*Ich habe Lust auf **einen** Becher **kühle** Milch.* (= Akkusativ)

eine Tasse	Kaffee (m.) (schwarz)
ein Glas (n.)	Rotwein (m.) (französisch)
eine Portion	Sekt (m.) (prickelnd)
ein Krug (m.)	Erdbeeren (pl.) (süß)
eine Flasche	Brot (n.) (frischgebacken)
ein Teller (m.)	Bier (n.) (kühl)
ein Schluck (m.)	Spaghetti (pl.) (italienisch)
eine Scheibe	Schnaps (m.) (stark)

b Später erzählen Sie, womit Sie sich gestärkt haben. Schreiben Sie acht weitere Sätze.

zum Beispiel:
*Ich habe mich mit **einem** Becher **kühler** Milch gestärkt.* (= Dativ)

AKTION GRAMMATIK!

5 Ein teurer Geburtstag

Sie studieren in der Schweiz und zu Ihrem Geburtstag laden Sie eine große Gruppe Ihrer Kommilitonen (Kommilitoninnen) ins Café ein. Man hat Sie zum Sprecher für die Gruppe gemacht.

Sagen Sie dem Kellner, was die Leute trinken wollen. Leider will jeder etwas anderes haben.

zum Beispiel:
Bringen Sie uns bitte ein Glas französischen Wein, eine Tasse indischen Tee...

Bestellen Sie acht weitere Getränke.

6 Kennen Sie das?

Arbeiten Sie zu zweit! Fragen Sie, ob Ihr(e) Partner(in) ein bestimmtes Buch, ein Theaterstück, einen Spielfilm, eine Fernsehsendung oder eine Gruppe kennt. Wenn der (die) Partner(in) richtig rät, woher die Gruppe kommt oder wo das Buch/der Film/die Sendung geschrieben bzw. gedreht bzw. ausgestrahlt wurde, bekommt er/sie einen Punkt und muss dann selber eine Frage stellen. Wer hat nach fünf Minuten die meisten Punkte?

zum Beispiel:
   Kennen Sie das Buch ‚Krieg und Frieden‘?
→ *Das russische?*

   Kennen Sie den Film ‚Apokalypse Jetzt‘?
→ *Den amerikanischen?*

7 Eine Künstlerfamilie

Jens zeigt einem Freund ein Familienfoto, das man auf dem Jubiläum seiner Großeltern aufgenommen hat. Alle 22 Mitglieder der Familie sind entweder künstlerisch oder musikalisch veranlagt. Auf dem Bild sitzen oder stehen sie in drei Reihen. Übernehmen Sie die Rolle von Jens und erklären Sie dem Freund, wer wo sitzt/steht und was sie von Beruf sind/waren.

zum Beispiel:
Hinten in der letzten Reihe steht mein Bruder, der Rockmusiker.
Meine Mutter sitzt in der ersten Reihe neben meiner Großmutter, der ehemaligen Schauspielerin.

37 NUMERALS

SO WIRD'S GEMACHT

Cardinal numbers

a A cardinal number is a simple number such as 5, 46 or 157. The cardinal numbers in German are:

0	*null*				
1	*eins*	11	*elf*	21	*einundzwanzig*
2	*zwei*	12	*zwölf*	22	*zweiundzwanzig*
3	*drei*	13	*dreizehn*	30	*dreißig*
4	*vier*	14	*vierzehn*	40	*vierzig*
5	*fünf*	15	*fünfzehn*	50	*fünfzig*
6	*sechs*	16	*sechzehn*	60	*sechzig*
7	*sieben*	17	*siebzehn*	70	*siebzig*
8	*acht*	18	*achtzehn*	80	*achtzig*
9	*neun*	19	*neunzehn*	90	*neunzig*
10	*zehn*	20	*zwanzig*	100	*hundert*

Note that there is no *s* in the middle of *sechzehn* and *sechzig*, and that *siebzehn* and *siebzig* do not have the expected *en* in the middle.

Numbers over 100 are usually given as figures, but if written out in full, all numbers below a million appear as one word:

101	*hunderteins*	300	*dreihundert*
102	*hundertzwei*	764	*siebenhundertvierundsechzig*
123	*hundertdreiundzwanzig*	1000	*tausend*
159	*hundertneunundfünfzig*	1005	*tausendfünf*
200	*zweihundert*		

b You usually separate thousands and millions from the rest of the number by a space rather than a comma. Occasionally, however, digits will be separated by a point:

1 100   *tausendeinhundert* OR *eintausendeinhundert* OR *elfhundert*

$$2 \times 5 = 10$$
$$15 : 3 = 5$$

zwei mal fünf ist/macht/gibt zehn
fünfzehn (geteilt) durch drei
ist/macht/gibt fünf

AKTION GRAMMATIK!

ÜBUNG MACHT DEN MEISTER!

1 *Auf der Bank*

In Deutschland, in Österreich und in der Schweiz muss man oft noch Geld per Scheck von der Bank abheben. Wenn man einen Scheck ausstellt, wird der Zahlenbetrag in Wörtern ausgeschrieben. Schreiben Sie folgende Geldbeträge in Wörtern:

a   DM 50,00
b   100,005 Fr.
c   DM 125,00
d   36,00 Sch.
e   € 128,80
f   DM 245,50
g   650,75 Fr.
h   € 846,45
i   1 030 Sch.
j   € 1 217,16

2 *In unserem Verein wird gewählt*

Wahlergebnisse werden ausgezählt. Sie arbeiten als freiwilliger Wahlhelfer beim Auszählen von Stimmen. Ihr Kollege ruft Ihnen die Zahlen zu – Sie schreiben die Zahlen auf:

zum Beispiel:
   Zweitausenddreihundertvierzig.
→*2.340/2 340*

a   Fünfundfünfzigtausendachthundertvierundzwanzig.
b   Eine Million dreihundertvierundzwanzigtausendundfünf.
c   Siebenunddreißigtausendzweihundertfünfzehn.
d   Achthundertneununddreißig.
e   Zwei Millionen vierhundertundzwölf.
f   Sechsundsechzigtausendvierhundertsiebenundachtzig.
g   Eintausenddreihundertfünfundachtzig.

3 *Kennen Sie diese Werke?*

Schreiben Sie die folgenden Film-, Musik- und Buchtitel in Wörtern! Die
jeweiligen Zahlen finden Sie im untenstehenden Kasten.

a Die . . . . . Stufen. (Film und Buch)
b Schneewittchen und die . . . . . Zwerge. (Märchen)
c . . . . . Hochzeiten und ein Todesfall. (Film)
d . . . . . Uhr mittags. (Film mit Gary Cooper)
e Die . . . . . Musketiere. (Film und Buch)
f In . . . . . Tagen um die Welt. (Film und Buch)
g Die . . . . . Jahreszeiten. (Musik von Vivaldi)
h Die . . . . . Dalmatiner. (Film)
i Die . . . . . Gebote. (Film über die Bibel)
j Die glorreichen . . . . . . (Western)

101		39		10		80		3	
	7		4		12		7		4

Und was ist hier gemeint?

k Das . . . . . Reich.
l Der . . . . . und der . . . . . Weltkrieg.
m Die . . . . . Welt.
n Der . . . . . Sinn.
o Heinrich der . . . . . und seine sechs Frauen.
p Wir leben im . . . . . Jahrhundert.
q Der . . . . . Bildungsweg.

4 *Wichtige Jahreszahlen aus der deutschen Nachkriegsgeschichte*

Schreiben Sie Sätze über diese wichtigen Ereignisse. Beginnen Sie die Sätze mit
entweder der Jahreszahl oder 'Im Jahre'.

zum Beispiel:
1939 *Der 2. Weltkrieg hat begonnen*
→ *(Im Jahre) neunzehnhundertneununddreißig hat der Zweite Weltkrieg
    begonnen.*
1945 Der 2. Weltkrieg hat geendet.
1949 Die BRD ist gegründet worden.
1955 Die BRD hat die Souveränität erlangt.
1957 Das Saarland ist das 11. Bundesland geworden.
1961 Die Berliner Mauer ist gebaut worden.

1989   Die Grenze zwischen der BRD und der DDR ist geöffnet worden.
1990   Deutschland ist wiedervereinigt worden.
1998   Die SPD und die Grünen haben eine neue Regierung gebildet.
1999   Die erste Sitzung des Bundestages findet im neuen Bundestagsgebäude in
        Berlin statt.

5 Feiertage in Deutschland

In der Bundesrepublik gibt es sowohl gesetzliche als auch kirchliche Feiertage.
Die gesetzlichen Feiertage sind für das gesamte Bundesgebiet festgelegt, für die
kirchlichen gibt es je nach Bundesland verschiedene Regelungen. Wie heißen
diese Tage? Schreiben Sie Sätze im Nominativ und Akkusativ.

zum Beispiel:
Der 25. Dezember ist der erste Weihnachtsfeiertag.
Am fünfundzwanzigsten Dezember feiert man Weihnachten.

Der	a 1. Januar	ist/heißt	der Tag der Arbeit.
Am	b 1. Mai	feiert man	der heilige Abend.
	c 1. November		Sylvester.
	d 24. Dezember		der Tag der deutschen Einheit.
	e 31. Dezember		Allerheiligen.
	f 3. Oktober		Neujahr.

6 So wohnen die deutschen Studenten

Eine Umfrage des Studentenwerkes hat festgestellt, wie die Studenten wohnen.

Danach sollen etwa

a 30% bei den Eltern wohnen
b 20% in einer Wohngemeinschaft wohnen
c 10% in einem Studentenwohnheim wohnen
d 33% in einer Wohnung allein oder mit Partner(in) wohnen
e 7% zur Untermiete wohnen

Formulieren Sie diese Tatsachen, indem Sie die Ausdrücke aus dem
untenstehenden Kasten benutzen.

zum Beispiel:
  30% bei den Eltern wohnen
→*Fast ein Drittel wohnt bei den Eltern.*

Ein Drittel   Weniger als ein Zehntel   Fast ein Drittel   Ein Zehntel
Weniger als ein Viertel   Ein Fünftel   Mehr als ein Viertel

7 *Zahl oder Nummer?*

Füllen Sie die Lücken in den folgenden Sätzen mit dem Wort *Zahl* oder *Nummer* aus.

a Mein Bankkonto hat die folgende . . . . .
b Eine große . . . . . der Studenten bekommt kein Stipendium.
c Ich habe leider seine Haus. . . . . vergessen.
d Die Arbeitslosen. . . . . ist weiterhin gestiegen.
e Die . . . . . der Verkehrsunfälle nimmt im Winter meistens zu.
f Geben Sie mir bitte Ihre Telefon. . . . . .
g Die . . . . . der Wochenarbeitsstunden ist in den letzten Jahren gesunken.

FREIE FAHRT!

8 *Der Familienstammbaum der Familien Müller und Schmidt*

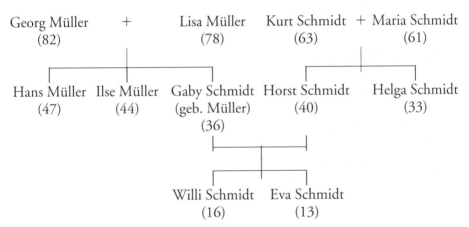

Beschreiben Sie die beiden Familien, indem Sie die Altersangaben aufschreiben. Benutzen Sie Wörter wie Großvater, Großmutter, Sohn, Tochter, Vater, usw.

zum Beispiel:
Der Großvater, Georg Müller, ist zweiundachtzig (Jahre alt).

9 *Wer ist/war das?*

Suchen Sie in einem Lexikon Lebensdaten von berühmten Leuten der Gegenwart oder Vergangenheit. Berichten Sie dann:

zum Beispiel:
Er/sie wurde im Jahre . . . . . geboren.
Er/sie ist im Jahre . . . . . gestorben.
Er/sie hat von . . . . . bis . . . . . gelebt.

Geben Sie noch weitere Informationen mit Jahresangaben aus dem Leben dieser Leute.

zum Beispiel:
Er/sie gewann . . . . . den Oscar.
Er/sie hat . . . . . ein Buch veröffentlicht.
Er/sie wurde . . . . . gekrönt/zum Minister gewählt.

Können Ihre Kommilitonen (Kommilitoninnen) erraten, wer diese Leute sind/waren?

10 *Preise vergleichen*

Ein Spiel für zwei Personen. Finden Sie gemeinsam 8–10 Gegenstände, zum Beispiel, Lebensmittel, Kleidungsstücke, Getränke auf der Speisekarte, Möbelstücke, die in einem Fachgeschäft/Supermarkt oder im Restaurant angeboten werden.

Jede(r) schreibt also dieselben acht Gegenstände auf seinen Zettel und gibt dann diesen Gegenständen einen realistischen Preis in DM bzw. Euro.

Jetzt erfragen Sie die jeweiligen Preise:

Was kostet bei dir ein/eine . . . . .?

11 *Wer ist ein schneller Kopfrechner?*

Testen Sie eine Gruppe von 4–5 Leuten, indem Sie jeweils etwa zehn Aufgaben zu verschiedenen Rechenoperationen stellen. Wer die Antwort zuerst richtig ausruft, bekommt einen Punkt.
zum Beispiel:

Addieren:	*146 plus 175?*
Subtrahieren:	*95 minus 27?*
Multiplizieren:	*5 mal 12?*
Dividieren:	*66 (geteilt) durch 3?*

38 DATES AND TIMES

 SO WIRD'S GEMACHT

Days of the week

Montag	Monday
Dienstag	Tuesday
Mittwoch	Wednesday
Donnerstag	Thursday
Freitag	Friday
Samstag/Sonnabend	Saturday
Sonntag	Sunday

Sonnabend is used mainly in northern Germany and is, in general, less common than *Samstag*.

Note that all the days are masculine nouns and that you express 'on' a particular day by *am*: *am Dienstag, am Freitag*.

Months of the year

Januar	January	*Juli*	July
Februar	February	*August*	August
März	March	*September*	September
April	April	*Oktober*	October
Mai	May	*November*	November
Juni	June	*Dezember*	December

All these months are masculine nouns. You express 'in' a particular month by using *im*: *im März, im September*.

The alternative forms *Juno (= Juni)* and *Julei (= Juli)* are regularly used in spoken German to distinguish the two similar-sounding months.

- To express 'about', use *etwa* or *gegen*:

gegen Mittag	around midday
um etwa vier Uhr	at about four o'clock

- To express 'from/to' use *von/bis*:

von halb zwei bis halb drei	from 1.30 until 2.30

- To specify which part of the day is being referred to when using the 12-hour clock, use one of the following:

vormittags/morgens	a.m.
mittags	around midday (used up to 3.00 p.m.)
nachmittags	p.m./in the afternoon
abends	p.m./in the evening
nachts	a.m./at night

Other time expressions

a   There are a number of important expressions relating to days and parts of the day. In the following selection note the use of small and capital letters:

heute früh/heute Morgen	this morning
heute Mittag	this lunchtime
heute Nachmittag	this afternoon
heute Abend	this evening
heute Nacht	tonight
morgen	tomorrow
übermorgen	the day after tomorrow
morgen früh	tomorrow morning
morgen Abend, usw.	tomorrow evening, etc.
gestern	yesterday
vorgestern	the day before yesterday
gestern Abend, usw.	yesterday evening, etc.

b   The accusative case is used to express a specific time:

nächsten Samstag	next Saturday
letztes Wochenende	last weekend
jeden Monat	every month
dieses Jahr	this year

c   You also use the accusative to say how long an action lasts:

*Wir warteten **eine halbe Stunde**.*
We waited half an hour.

*Er blieb **den ganzen Tag**.*
He stayed the whole day.

d You use the genitive when you are referring to some day/morning/evening, etc. without saying when precisely it was or will be (as compared to the more specific 'last Tuesday', 'next Friday', 'every week', etc.):

eines Tages	one day
eines Morgens	one morning
eines kalten Winterabends	one cold winter's evening
eines Nachts (despite *die Nacht!*)	one night

e As seen on page 302 with times of the day, an old genitive *-s* appears on the end of a number of modern time adverbs, all written with a small initial letter. Other common ones include:

montags, usw., wochentags, werktags   on Mondays, etc., weekdays, working days.

ÜBUNG MACHT DEN MEISTER!

1 *Die Wochenroutine einer jungen Dame*

Der Terminkalender von Jutta Jung ist meistens ausgebucht. Sie hat jeden Tag etwas geplant:

Montag	Englischkurs besuchen
Dienstag	Sport treiben
Mittwoch	Karten spielen
Donnerstag	Sauna besuchen
Freitag	Großeinkauf im Supermarkt machen
Samstag	mit Freunden feiern
Sonntag	in die Kirche gehen

Schreiben Sie Sätze über Juttas Unternehmungen.

zum Beispiel:
Sie besucht am Montag . . . . ./Sie besucht montags . . . . .

2 *Kennen Sie diese Tage?*

Die Tage unten sind keine gewöhnlichen Wochentage. Setzen Sie die passenden Wörter in die untenstehenden Sätze ein.

Aschermittwoch	Karfreitag	Rosenmontag
Ostersonntag	Pfingstsonntag	Pfingstmontag
Palmsonntag	Gründonnerstag	der Totensonntag

Sie ist ganz leicht.
It's quite light.

Der Lkw wiegt über vier Tonnen.
The lorry weighs over four tons.

Die Ziegel wiegen zwei Zentner.
The bricks weigh two hundredweight.

If you want to say someone is overweight, use the expression *Übergewicht haben*. Alternatively, you can use *zunehmen* 'to put on weight' and its opposite *abnehmen* 'to lose weight':

Ich habe in letzter Zeit zugenommen.
I've put on weight recently.

Mir gefällt's nicht, wenn ich Übergewicht habe.
I don't like it when I'm overweight.

Ich mache eine Schlankheitskur. Ich will fünf Kilos abnehmen.
I'm on a diet. I want to lose five kilos.

e The noun *die Stärke* and the adjective *stark* are the most common words for expressing power or strength:

Er ist ein starker Mann.
He is a strong man.

die Stärke des Biers/der Mauern
the strength of the beer/the walls

Die Lautstärke der Musik war fast 100 Dezibel.
The volume of the music was almost 100 decibels.

Was ist die Pferdestärke des Autos?
What is the car's horsepower?

f Percentage in German is *der Prozentsatz* and amounts are expressed as follows (the word *Prozent* would not normally be written):

Nur 70 Prozent/% der Bundesbürger haben gewählt.
Only 70% of Germans voted.

Die Einkommenssteuer wurde um 2 Prozent/% erhöht.
Income tax was increased by 2%.

Dimensions

a To describe a three-dimensional object use some combination of the adjectives *lang* ('long'), *breit* ('wide'), *tief* ('deep') and *hoch* ('high'). The corresponding nouns are: *die Länge, die Breite, die Tiefe* and *die Höhe*:

Der Schrank ist 2 m hoch, 50 cm breit und 40 cm tief.
The cupboard is 2 m tall, 50 cm wide and 40 cm deep.

Die neue Brücke hat eine Länge von 200 m.
The new bridge is 200 m long.

Der Dom hat eine Höhe von 80 m.
The cathedral is 80 m high.

b Volume is measured in *Kubikzentimeter* or *Kubikmeter*:

Das Schwimmbecken enthält 600 Kubikmeter Wasser.
The swimming pool holds 600 m³ of water.

c To give the measurements of a two-dimensional surface, use *mal* or *auf*:

Der Fleck ist etwa 5 cm auf 2 cm.
The patch is about 5 cm by 2 cm.

Die Wand ist drei mal fünf Meter lang.
The wall is 3 m tall by 5 m long.

Area is measured in *Quadratzentimeter, Quadratmeter* or *Quadratkilometer*:

Mein Zimmer ist neun Quadratmeter groß/Mein Zimmer hat neun Quadratmeter.
My room is 9 m².

Sie untersuchten eine Fläche von 300 Quadratkilometern.
They examined an area of 300 km².

Shapes

To describe an object you might use the following:

der Kreis	circle	*kreisförmig, rund*	circular, round
das Quadrat/Viereck	square	*quadratisch/viereckig*	square(-shaped)
das Rechteck	rectangle	*rechteckig*	rectangular
das Dreieck	triangle	*dreieckig*	triangular
das Pentagon/Fünfeck	pentagon	*fünfeckig*	pentagonal
das Polygon/Vieleck	polygon	*polygonal/vieleckig*	polygonal
die Kugel	sphere	*kugelförmig*	spherical
das Oval	oval	*oval*	oval(-shaped)
der Zylinder	cylinder	*zylindrisch*	cylindrical
der Würfel	cube	*würfelförmig*	cubic/cube-shaped

AKTION GRAMMATIK!

5 Persönliche Angaben eines Topmodells und ihrer Kollegin

Cornelia S.
Körpergröße: 1,75 m
Gewicht: 52 kg
Kleidergröße: 36
Schuhgröße: 37
Taillenweite: 58 cm

Nicole B.
Körpergröße: 1,69 m
Gewicht: 49 kg
Kleidergröße: 34
Schuhgröße: 36
Taillenweite: 56 cm

Schreiben Sie Sätze über diese beiden Frauen, indem Sie die Fragen beantworten:
Wie groß ist sie?
Was wiegt sie?
Welche Kleidergröße trägt sie?
Was für eine Schuhgröße trägt sie?
Was für eine Taillenweite hat sie?

6 Wer die Wahl hat, hat die Qual

Ein junger Angestellter besichtigt zwei Wohnungen von verschiedener Größe. Er beschreibt sie seinen Eltern in einem Brief. Schreiben Sie die Maße in Wörtern und vergleichen Sie. Welche sollte er mieten?

	Wohnung A	**Wohnung B**
Gesamtfläche:	60 m^2	75 m^2
Küche:	4 m × 2 m	5 m × 2,40 m
Wohnzimmer:	5 m × 4,50 m	5 m × 6 m
Schlafzimmer:	3 m × 4,50 m	3,50 m × 4 m
Bad:	2,50 m × 2,50 m	3 m × 3,50 m
Flur:	9,75 m^2	8,50 m^2
Preis:	DM 650 pro Monat	DM 720 pro Monat

7 Wer hat das beste Augenmaß?

Wählen Sie ein bestimmtes Objekt im Zimmer (zum Beispiel, Tafel, Schrank, Fenster, Tür) und schätzen Sie. Jeder hat einen Vorschlag für die Dimensionen (Länge, Höhe, Breite). Zum Schluss wird der Gegenstand abgemessen. Wer hat am besten geschätzt?

40 WORD FORMS AND MEANINGS: VERBS

 SO WIRD'S GEMACHT

Word building

One of the more striking features of German is the way it uses combinations of words or parts of words to build up more complex vocabulary items. For example, *die Unregelmäßigkeit* ('irregularity') is made up of the negative prefix *Un-*, the noun *Regel* ('rule'), the adjectival and adverbial ending *-mäßig* and the typical feminine noun ending *-keit*.

This approach to word formation can be very useful in recognising and helping to guess the meanings of German words. Be careful, though, in using this chapter and the following one to help you build words yourself, as there are a fair number of inconsistencies – it is always best to check words in a dictionary rather than to create them independently.

Verb formation

By far the most common way to form new verbs in German is to add a prefix. Prefixes added to verbs can be either separable or inseparable. A brief summary of the main meanings and purpose of these prefixes is given below. (The use of separable and inseparable verbs is dealt with more fully in Chapter 27.) Only the most common prefixes and meanings are included here.

1 *Inseparable prefixes*

• *be-* Is used to form transitive verbs (that is, verbs which can take an accusative object) from nouns and adjectives:

etwas bestellen to order something, *eine Frage beantworten* to answer a question

Sometimes the suffix (a word ending) *-ig-* may be added:

befriedigen to satisfy, *beglaubigen* to witness/authenticate

3 *Variable prefixes*

Variable prefixes may be either separable or inseparable.

- *durch-* through

durchfallen (sep.) to fail (an exam), *durchfahren* (insep.) to travel through

- *hinter-* behind

hintergehen (insep.) to deceive, *hinterziehen* (insep.) to evade, appropriate

- *über-* over; repeating; too much

übersetzen (sep.) to ferry across, *übersetzen* (insep.) to translate, *überprüfen* (insep.) to check, *übertreiben* (insep.) to exaggerate

- *um-* around; changing

umsteigen (sep.) to change (for example, trains), *umgeben* (insep.) to surround

- *unter-* under; less than

unterschreiben (insep.) to sign, *untertauchen* (sep.) to submerge, immerse

- *voll-* full; completing/finishing

vollgießen (sep.) to fill up, *vollbringen* (insep.) to accomplish

- *wider-* against; the equivalent of the English 're-'

widersprechen (insep.) to contradict, *widerspiegeln* (sep.) to reflect

 ÜBUNG MACHT DEN MEISTER!

1 *Wortbildung*

Mit Hilfe der fünf Vorsilben im ersten Kasten bilden Sie mindestens 15 neue nicht trennbare Verben mit den Verben im zweiten Kasten. Schlagen Sie im Wörterbuch die Bedeutungen nach.

zum Beispiel:
behandeln, vertrauen

a

| be- | ent- | miss- | ver- | zer- |

b

stören	schneiden	handeln	gehen	antworten	spannen	laufen
verstehen	suchen		lingen		sichtigen	trauen
brechen	lassen	legen	kommen			

2 Trennbare Wörter

Für jedes Diagramm bilden Sie acht trennbare Verben und schlagen Sie ihre Bedeutungen nach.

a

b

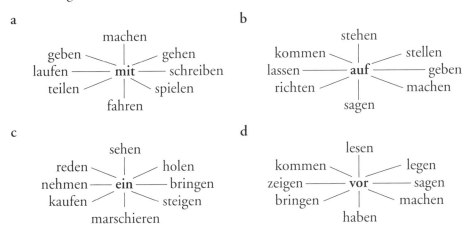

3 Das unvorhergesehene Problem

a Finden Sie die verschiedenen Vorsilben im Kasten, die zu dem Verb *sehen* passen. Suchen Sie die jeweilige Bedeutung im Wörterbuch.

b Setzen Sie nun die passenden Verben in den folgenden Lückentext ein:

Der englische Student Bill sieht seinem Auslandssemester an der Universität Freiburg mit großer Erwartung . . . . . Er freut sich darauf, die Stadt, die er vor vier Jahren auf einem Schüleraustausch besucht hatte . . . . . zusehen.

Als er zu Semesterbeginn anfing, sich nach einem Zimmer . . . . . zusehen, gab

das Wandern walking, *das Singen* singing

c Apart from the verbal prefixes listed in Chapter 40, which also appear in related nouns (for example, *das **Einkommen*** income, *die **Ausgabe*** edition), you commonly find a number of other prefixes with nouns:

• *Fehl-* wrong; mistaken:

die Fehlgeburt miscarriage, *die Fehldeutung* misinterpretation

• *Ge-* Denotes either collective nouns (formed from other nouns) or extended activity (formed from verbs); the latter often have negative overtones:

das Gebälk timberwork, *das Gedränge* crush

• *Grund-* basic:

das Grundstudium basic (university) course, *das Grundgesetz* Basic Law (German Constitution)

• *Haupt-* main:

der Hauptgrund main reason, *der Hauptbahnhof* central station

• *Miss-* wrong; mistaken:

der Missmut sullenness, *das Missverständnis* misunderstanding

• *Neben-* subsidiary/secondary:

der Nebenberuf job on the side, *die Nebengasse* back street

• *Nicht-* non-:

das Nichtmitglied non-member, *der Nichtangriffspakt* non-aggression pact

• *Riesen-* enormous:

die Riesensubvention huge subsidy, *der Riesenhunger* huge appetite

• *Schein-* not real:

der Scheinwiderstand sham resistance, *der Scheinfriede* phoney peace

• *Teil-* part/partial:

das Teilergebnis partial result, *der Teilverlust* partial loss

• *Un-* opposite; bad; abnormal:

der/die Unbekannte stranger, *der Unmut* ill humour, *die Unmenge* huge amount

• *Ur-* original; very old:

der Ursprung origin, *der Urmensch* primeval man

d German also uses a large number of suffixes (typical word endings) to form nouns. Chapter 5 describes the genders with which these suffixes are associated. The information here in brackets gives the gender of the suffix (m. = masculine, f. = feminine, n. = neuter) and the parts of speech with which they combine (i.e. verbs, other nouns or adjectives) to form the new noun:

- *-chen* (n., nouns) and *-lein* (n., nouns)   Both, often with an umlaut on the stressed vowel, indicate diminutives:

das Mäuschen small mouse, *das Mädchen* girl, *das Büchlein* small book, *das Fräulein* young woman

- *-e* (f., verbs or nouns)   Usually denotes an action when the noun derives from a verb, and a quality when it derives from an adjective (in the latter case there will usually be an umlaut on the stressed vowel):

die Bitte request, *die Größe* size

- *-ei* (f., nouns)   Denotes places, often where things are collected:

die Konditorei café, *die Bücherei* library

- *-er/-ler* (m., nouns or verbs)   Denotes a person performing an action:

der Sänger singer, *der Sportler* sportsman

- *-erei* (f., verbs)   Indicates a continuous or frequent and annoying activity:

die Streiterei quarrelling, *die Meckerei* moaning, grumbling

- *-heit* (f., adjectives), *-keit/-igkeit* (f., adjectives) and *-nis* (n. or f., verbs or adjectives)   Used to form abstract nouns:

die Dunkelheit darkness, *die Blindheit* blindness, *die Haltbarkeit* how long something will keep, *die Geschwindigkeit* speed, *das Geheimnis* mystery, *die Erkenntnis* recognition

- *-ik* (f.)   Usually denotes academic disciplines:

die Kybernetik cybernetics, *die Mathematik* mathematics

- *-in* (f., nouns)   Forms the feminine of people and many animals:

die Ausländerin foreigner, *die Löwin* lioness

- *-ling* (m., verbs or adjectives)   Indicates a person:

der Flüchtling refugee, *der Häuptling* chief(tain)

- *-schaft* (f., nouns, adjectives)   Forms collective or abstract nouns:

die Genossenschaft co-operative, *die Schwangerschaft* pregnancy

- *-tum* (n., nouns)   Denotes an abstract noun, sometimes a collective group or an institution:

das Königtum kingdom, *das Bauerntum* farmers, *das Priestertum* priesthood

- *-ung* (f., verbs)   Indicates the process of the original verb:

die Handlung action, *die Siedlung* settlement

- *-wesen* (n., nouns)   Usually denotes some type of system:

das Bildungswesen education, *das Finanzwesen* the financial world

Adjective formation

You can use suffixes and prefixes in a variety of ways to form adjectives.

1 Participles

You can use both the present and past participles of most verbs as adjectives:

bekannt	well known
gebildet	(well) educated
begabt	able, gifted
leitend	leading
verwirrend	confusing
nichtssagend	meaningless, frivolous

2 Suffixes

In the following list, the type of word with which the suffix combines is given in brackets.

- *-arm* (nouns)   poor in, and *-reich* (nouns)   rich in:

kalorienarm low in calories, *nikotinarm* low-nicotine, *vitaminreich* rich in vitamins, *kinderreich* with lots of children

- *-bar* (verbs)   Often equivalent of English '-able' and '-ible':

fahrbar mobile/on castors, *trinkbar* drinkable

- *-en/-ern* (nouns)   Denotes something made of the material of the original noun (*-ern* forms take an umlaut):

bronzen bronze, *stählern* made of steel

- *-feindlich* (nouns)   hostile towards, and *-freundlich* (nouns)   friendly towards:

frauenfeindlich misogynous, *umweltfeindlich* harmful to the environment, *hundefreundlich* welcoming dogs, *kinderfreundlich* welcoming children

- *-frei* (nouns)   free from, and *-los* (nouns)   without, like English '-less':

alkoholfrei non-alcoholic, *autofrei* car-free, *zeitlos* timeless, *endlos* endless

- *-haft* (nouns)   Indicates the person or thing shares the particular attribute:

riesenhaft gigantic, *elefantenhaft* elephantine

- *-ig* (nouns) (often with umlaut)   Suggests that the person or thing shares the characteristics of the original noun or has some similarity to it. This suffix can also denote duration:

windig windy, *zügig* speedy, *fünftägig* five-day

- *-isch* (nouns)   Forms adjectives from foreign words or proper names or indicates a shared attribute with the original noun (sometimes in a negative sense):

niederländisch Dutch, *kindisch* childish

- *-lich* (nouns, adjectives or verbs)   When you use it with nouns it either suggests a similarity with the original noun or denotes frequency. With adjectives it indicates a smaller amount or degree of the quality. With a verb, it denotes ability to do something:

königlich regal, *täglich* daily, *grünlich* greenish, *unerklärlich* inexplicable

- *-mäßig* (nouns)   Is used to refer to, suggest similarity with or indicate accordance with something:

berufsmäßig professional, *schulmäßig* like at school/didactic, *planmäßig* according to plan

3 *Prefixes*

German uses only a small number of prefixes to form adjectives. You always place these on the front of existing adjectives. Most have clear meanings:

- *hoch-*   Denotes a high degree of the attribute:

hochintelligent highly intelligent, *hochindustrialisiert* highly industrialised

- *höchst-*   Is even more emphatic than *hoch*:

höchstwahrscheinlich in all probability, *höchstgefährlich* extremely dangerous

- *un-*   Is used to make an adjective negative:

unversöhnlich irreconcilable, *untreu* unfaithful

- *ur-*   Is used to denote something original or very old. Alternatively, it can be used to intensify the meaning:

urchristlich early Christian, *ureigen* one's very own

Adverb formation

You can use most adjectives as adverbs without any change in their form. There are, however, a number of typical adverbial forms, for example:

vormittags	in the mornings
rückwärts	backwards
vernünftigerweise	sensibly

You can add these to simple adjectives, nouns or verbs. For further examples see Chapter 13.

 ## ÜBUNG MACHT DEN MEISTER!

1 *Woher kommt das Wort?*

Sortieren Sie die Nomen aus dem untenstehenden Kasten in drei Gruppen ein:

a Nomen aus Verbinfinitiven
b Nomen, die aus dem Partizip I (Präsens) gebildet sind
c Nomen, die aus dem Partizip II (Perfekt) gebildet sind

zum Beispiel:

Infinitiv	Partizip I	Partizip II
das Wandern	die Streikenden	der Angestellte

das Kommen   der Angestellte   das Trinken   die Unbekannte

der Reisende   die Geliebte   die Überlebenden   die Sterbenden

die Verlobte   das Rauchen   das Malen   der Angeklagte

das Singen   der Verurteilte   die Streikenden   die Geschiedene

das Entscheidende   der Auszubildende   das Spielen   der Bittende

die Leidenden   der Betrunkene   das Leben   das Wandern

2 *Kennen Sie den Unterschied?*

Bilden Sie zusammengesetzte Wörter und finden Sie deren Bedeutung heraus:

Haupt-	Satz (m.)
Neben-	Straße (f.)
	Eingang (m.)
	Fach (n.)
	Sache (f.)
	Gebäude (n.)
	Beruf (m.)

3 Neue Wörter

Es gibt jeweils zwei Möglichkeiten, die Nomen unten als zusammengesetzte Nomen zu schreiben. Schreiben Sie die neuen Nomen mit ihrem Geschlecht auf und finden Sie deren Bedeutung heraus.

zum Beispiel:
  der Kauf das Haus
→*das Kaufhaus* (department store), *der Hauskauf* (house purchase)

a das Obst   der Garten
b der Wein   die Flasche
c das Bier   das Fass
d der Garten   die Stadt
e das Spiel   die Karte
f die Arbeit   der Tag
g der Wirt   das Haus
h das Fenster   der Laden

4 Hier gibt es nichts Positives

Diese Vorsilben sind alle ein bisschen negativ. Für jede Vorsilbe bilden Sie zusammengesetzte Wörter. Benutzen Sie die Wörter im Kasten unten.

a Fehl-
b Miss-
c Nicht-
d Un-

-erfolg	-geburt	-glück
-ruhe	-meldung	-mensch
-raucher	-handlung	-schwimmer
-schlag	-beachtung	-gunst
-wetter	-mitglied	-fall
-verständnis	-anzeige	-brauch

VERB TABLES

Weak verbs

Weak verbs are quite regular. Once you have learnt the relevant endings, you will be able to conjugate any weak verb. Take the stem of the verb, which you form by removing the *en* from the infinitive (thus the stem of *sagen* is *sag-*), and add the endings highlighted in bold below:

Present tense

ich sage	*wir sagen*
du sagst	*ihr sagt*
Sie sagen	*Sie sagen*
er/sie/es sagt	*sie sagen*

Simple Past

ich sagte	*wir sagten*
du sagtest	*ihr sagtet*
Sie sagten	*Sie sagten*
er/sie/es sagte	*sie sagten*

Past Participle

ich habe gesagt	*wir haben gesagt*
du hast gesagt	*ihr habt gesagt*
Sie haben gesagt	*Sie haben gesagt*
er/sie/es hat gesagt	*sie haben gesagt*

Strong verbs

The personal endings for strong verbs are very similar to those for weak verbs, but several strong verbs have vowel changes in the stem of the present tense, and all of the strong verbs have vowel changes in the simple past tense and the past participle. Note, for example, the vowel changes and endings for the verb *geben*:

Present tense

ich gebe	*wir geben*
du gibst	*ihr gebt*
Sie geben	*Sie geben*
er/sie/es gibt	*sie geben*

Simple Past

ich gab	*wir gaben*
du gabst	*ihr gabt*
Sie gaben	*Sie gaben*
er/sie/es gab	*sie gaben*

Past Participle

*ich habe **gegeben***   *wir haben **gegeben***
*du hast **gegeben***   *ihr habt **gegeben***
*Sie haben **gegeben***   *Sie haben **gegeben***
*er/sie/es hat **gegeben***   *sie haben **gegeben***

In view of these vowel changes, whenever you come across a new strong verb you need to learn four forms:

- the infinitive
- the third-person singular (*er/sie/es* form)
- the 1st person and 3rd person simple past tense (*ich* and *er/sie/es* forms)
- the past participle.

The following table lists these forms for the most common strong and irregular verbs, along with the verbs' meanings, and indicates whether they are used with *haben* or *sein*. All compounds of these verbs follow the same pattern. For example, *aufstehen*, *gestehen* and *verstehen* all have the same vowel changes as the simple verb *stehen*. Similarly, *aushalten*, *behalten* and *sich unterhalten* all behave like *halten*.

See Chapter 23 for rules on when to use *sein* rather than *haben* with the past participle.

Infinitive	Present	Simple Past	Past Participle	Meaning
backen	*bäckt*	*backte*	*hat gebacken*	to bake
befehlen	*befiehlt*	*befahl*	*hat befohlen*	to order, command
beginnen	*beginnt*	*begann*	*hat begonnen*	to begin, start
beißen	*beißt*	*biss*	*hat gebissen*	to bite
bekommen	*bekommt*	*bekam*	*hat bekommen*	to get, receive
bergen	*birgt*	*barg*	*hat geborgen*	to rescue; hide
betrügen	*betrügt*	*betrog*	*hat betrogen*	to deceive
biegen	*biegt*	*bog*	*hat gebogen*	to bend
bieten	*bietet*	*bot*	*hat geboten*	to offer
binden	*bindet*	*band*	*hat gebunden*	to tie
bitten	*bittet*	*bat*	*hat gebeten*	to ask, request
blasen	*bläst*	*blies*	*hat geblasen*	to blow
bleiben	*bleibt*	*blieb*	*ist geblieben*	to stay, remain
braten	*brät*	*briet*	*hat gebraten*	to roast
brechen	*bricht*	*brach*	*hat gebrochen*	to break
brennen	*brennt*	*brannte*	*hat gebrannt*	to burn
bringen	*bringt*	*brachte*	*hat gebracht*	to bring
denken	*denkt*	*dachte*	*hat gedacht*	to think
dringen	*dringt*	*drang*	*ist gedrungen*	to penetrate
dürfen	*darf*	*durfte*	*hat gedurft/dürfen*	to be allowed
empfehlen	*empfiehlt*	*empfahl*	*hat empfohlen*	to recommend

erschrecken	*erschrickt*	*erschrak*	*ist erschrocken*	to be startled (jump)
essen	*isst*	*aß*	*hat gegessen*	to eat
fahren	*fährt*	*fuhr*	*ist gefahren*	to travel, drive
fallen	*fällt*	*fiel*	*ist gefallen*	to fall
fangen	*fängt*	*fing*	*hat gefangen*	to catch
finden	*findet*	*fand*	*hat gefunden*	to find
fliegen	*fliegt*	*flog*	*ist geflogen*	to fly
fliehen	*flieht*	*floh*	*ist geflohen*	to flee
fließen	*fließt*	*floss*	*ist geflossen*	to flow
fressen	*frisst*	*fraß*	*hat gefressen*	to eat (of animals)
frieren	*friert*	*fror*	*hat gefroren*	to freeze
gebären	*gebärt/ gebiert*	*gebar*	*hat geboren*	to give birth
geben	*gibt*	*gab*	*hat gegeben*	to give
gefallen	*gefällt*	*gefiel*	*hat gefallen*	to please
gehen	*geht*	*ging*	*ist gegangen*	to go
gelingen	*gelingt*	*gelang*	*ist gelungen*	to succeed
gelten	*gilt*	*galt*	*hat gegolten*	to be valid (worth)
genießen	*genießt*	*genoss*	*hat genossen*	to enjoy
geschehen	*geschieht*	*geschah*	*ist geschehen*	to happen
gewinnen	*gewinnt*	*gewann*	*hat gewonnen*	to win
gießen	*gießt*	*goss*	*hat gegossen*	to pour
gleichen	*gleicht*	*glich*	*hat geglichen*	to resemble
gleiten	*gleitet*	*glitt*	*ist geglitten*	to slide
graben	*gräbt*	*grub*	*hat gegraben*	to dig
greifen	*greift*	*griff*	*hat gegriffen*	to take hold of
haben	*hat*	*hatte*	*hat gehabt*	to have
halten	*hält*	*hielt*	*hat gehalten*	to stop, hold
hängen	*hängt*	*hing*	*hat gehangen*	to hang, be hanging
heben	*hebt*	*hob*	*hat gehoben*	to lift
heißen	*heißt*	*hieß*	*hat geheißen*	to be called
helfen	*hilft*	*half*	*hat geholfen*	to help
kennen	*kennt*	*kannte*	*hat gekannt*	to know (a person or place)
klingen	*klingt*	*klang*	*hat geklungen*	to sound
kommen	*kommt*	*kam*	*ist gekommen*	to come
können	*kann*	*konnte*	*hat gekonnt/können*	to be able
kriechen	*kriecht*	*kroch*	*ist gekrochen*	to creep, crawl
laden	*lädt*	*lud*	*hat geladen*	to load
lassen	*lässt*	*ließ*	*hat gelassen/lassen*	to let, have done
laufen	*läuft*	*lief*	*ist gelaufen*	to run

leiden	leidet	litt	hat gelitten	to suffer
leihen	leiht	lieh	hat geliehen	to lend
lesen	liest	las	hat gelesen	to read
liegen	liegt	lag	hat gelegen	to lie, be lying down
lügen	lügt	log	hat gelogen	to tell lies
meiden	meidet	mied	hat gemieden	to avoid
messen	misst	maß	hat gemessen	to measure
mögen	mag	mochte	hat gemocht/mögen	to like
müssen	muss	musste	hat gemusst/müssen	to have to
nehmen	nimmt	nahm	hat genommen	to take
nennen	nennt	nannte	hat genannt	to name
pfeifen	pfeift	pfiff	hat gepfiffen	to whistle
raten	rät	riet	hat geraten	to advise
reiben	reibt	rieb	hat gerieben	to rub
reißen	reißt	riss	hat gerissen	to tear
reiten	reitet	ritt	ist geritten	to ride
rennen	rennt	rannte	ist/hat gerannt	to run
riechen	riecht	roch	hat gerochen	to smell
ringen	ringt	rang	hat gerungen	to wrestle
rufen	ruft	rief	hat gerufen	to call
saufen	säuft	soff	hat gesoffen	to drink (booze)
schaffen	schafft	schuf	hat geschaffen	to create
scheiden	scheidet	schied	hat/ist geschieden	to divorce; depart
scheinen	scheint	schien	hat geschienen	to shine, seem
schieben	schiebt	schob	hat geschoben	to push
schießen	schießt	schoss	hat geschossen	to shoot
schlafen	schläft	schlief	hat geschlafen	to sleep
schlagen	schlägt	schlug	hat geschlagen	to hit
schleichen	schleicht	schlich	ist geschlichen	to creep
schließen	schließt	schloss	hat geschlossen	to close
schmelzen	schmilzt	schmolz	ist/hat geschmolzen	to melt
schneiden	schneidet	schnitt	hat geschnitten	to cut
schreiben	schreibt	schrieb	hat geschrieben	to write
schreien	schreit	schrie	hat geschri(e)en	to shout
schreiten	schreitet	schritt	ist geschritten	to stride
schweigen	schweigt	schwieg	hat geschwiegen	to be silent
schwimmen	schwimmt	schwamm	ist/hat geschwommen	to swim
schwören	schwört	schwor	hat geschworen	to swear
sehen	sieht	sah	hat gesehen	to see
sein	ist	war	ist gewesen	to be
senden	sendet	sandte (sendete)	hat gesandt (hat gesendet)	to send (to be broadcast by radio)

singen	*singt*	*sang*	*hat gesungen*	to sing
sinken	*sinkt*	*sank*	*ist gesunken*	to sink
sitzen	*sitzt*	*saß*	*hat gesessen*	to sit, be sitting
sollen	*soll*	*sollte*	*hat gesollt/sollen*	to be supposed to
sprechen	*spricht*	*sprach*	*hat gesprochen*	to speak
springen	*springt*	*sprang*	*ist gesprungen*	to jump
stechen	*sticht*	*stach*	*hat gestochen*	to sting
stehen	*steht*	*stand*	*hat gestanden*	to stand
stehlen	*stiehlt*	*stahl*	*hat gestohlen*	to steal
steigen	*steigt*	*stieg*	*ist gestiegen*	to climb
sterben	*stirbt*	*starb*	*ist gestorben*	to die
stoßen	*stößt*	*stieß*	*hat/ist gestoßen*	to push; bump into
streichen	*streicht*	*strich*	*hat gestrichen*	to stroke; paint
streiten	*streitet*	*stritt*	*hat gestritten*	to argue
tragen	*trägt*	*trug*	*hat getragen*	to carry, wear
treffen	*trifft*	*traf*	*hat getroffen*	to meet
treiben	*treibt*	*trieb*	*hat getrieben*	to drive
treten	*tritt*	*trat*	*ist getreten*	to step
trinken	*trinkt*	*trank*	*hat getrunken*	to drink
tun	*tut*	*tat*	*hat getan*	to do
verderben	*verdirbt*	*verdarb*	*hat verdorben*	to spoil
vergessen	*vergisst*	*vergaß*	*hat vergessen*	to forget
verlassen	*verlässt*	*verließ*	*hat verlassen*	to leave
verlieren	*verliert*	*verlor*	*hat verloren*	to lose
verschwinden	*verschwindet*	*verschwand*	*ist verschwunden*	to disappear
verzeihen	*verzeiht*	*verzieh*	*hat verziehen*	to pardon, forgive
wachsen	*wächst*	*wuchs*	*ist gewachsen*	to grow
waschen	*wäscht*	*wusch*	*hat gewaschen*	to wash
weichen	*weicht*	*wich*	*ist gewichen*	to move, give way to
weisen	*weist*	*wies*	*hat gewiesen*	to show
wenden	*wendet*	*wandte* *wendete*	*hat gewandt* *hat gewendet*	to turn
werben	*wirbt*	*warb*	*hat geworben*	to advertise
werden	*wird*	*wurde*	*ist geworden*	to become
werfen	*wirft*	*warf*	*hat geworfen*	to throw
wiegen	*wiegt*	*wog*	*hat gewogen*	to weigh
winden	*windet*	*wand*	*hat gewunden*	to wind
wissen	*weiß*	*wusste*	*hat gewusst*	to know (something)
wollen	*will*	*wollte*	*hat gewollt/wollen*	to want
ziehen	*zieht*	*zog*	*hat gezogen*	to pull
zwingen	*zwingt*	*zwang*	*hat gezwungen*	to force

KEY TO THE *ÜBUNG MACHT DEN MEISTER!* EXERCISES

Chapter 2

1 **1st paragraph:** Ihnen, Ihrem, Ihnen; **2nd paragraph:** Ihnen, Ihre, Sie, Ihnen, Ihre; **3rd paragraph:** Ihnen, Sie, Ihnen, Ihrer, Sie, Ihrem, Ihrem, Sie, Ihr, Sie; **4th paragraph:** Ihnen; **5th paragraph:** Ihnen, Ihrem, Ihren, Sie, Ihre.

2 Sehr geehrter Herr Boll,
wir danken Ihnen für Ihre Anfrage nach einem Prospekt unseres Hauses. Wir haben Ihnen wunschgemäß ein Doppelzimmer mit Seeblick für die Zeit vom 7.7.–21.7. in unserem Hause reserviert. Der Preis, den wir Ihnen berechnen, hängt von der Ausstattung des Zimmers ab. Falls Sie ein Zimmer mit Balkon wünschen, würde sich der Preis um DM 2,50 pro Tag erhöhen. Dürfen wir Sie auch darauf hinweisen, dass in dem Preis das Frühstück und das Abendessen eingeschlossen sind.
Würden Sie uns bitte mitteilen, ob Sie mit dem Wagen anreisen und somit eine Garage oder einen Stellplatz benötigen.
Wir legen für Sie den Hotelprospekt bei und erwarten Ihre baldige Rückantwort.
Mit freundlichen Grüßen,
Ihr Magnus Reiser (Hotelmanager)

3

Nomen ss	*Nomen ß*	*Verben ss*	*Verben ß*
Schloss	Spaß	küssen	schließen
Schuss	Straße	müssen	schießen
Schluss	Gruß	hassen	heißen
Nuss	Grüße	essen	reißen
Pass	Soße	wissen	stoßen
Riss	Strauß	lassen	grüßen

4 Als wir diesen Sommer in der Landeshauptstadt waren, hatten wir ein unangenehmes Erlebnis, denn wir wurden von Taschendieben am Bahnhof beraubt.
   Wir waren gerade nach langer, ermüdender Fahrt aus dem Zug ausgestiegen, und mein Mann, der die Koffer trug, folgte mir zum Bahnsteigende. Aber weil wir uns am Hauptbahnhof nicht auskannten, stellten wir die Koffer ab, um uns an der Information nach einem Hotel zu erkundigen. Mein Mann setzte sich auf eine Bank und las die Zeitung, während ich mich auf den Weg zum Informationsbüro machte. Danach hatten wir vor, mit einem Taxi zum Hotel zu fahren, denn wir waren sehr müde von der Fahrt.
   Als ich auf der Rolltreppe, die voller Menschen war, ins Untergeschoss des Bahnhofs fuhr, bemerkte ich eine Gruppe junger Männer, die heftig diskutierten und ein bisschen betrunken schienen.

3
der	die	das
Umweltschutz	Umweltverschmutzung	Umweltgesetz
-schaden	-katastrophe	-ministerium
-minister	-partei	-problem
-sünder	-politik	**die**
	-steuer	Umweltmaßnahmen
	-konferenz	-regelungen

Chapter 6

1 zwei Mäntel, zwei Blazer, zwei Jacken, zwei graue Hosen, zwei gestreifte Krawatten, zwei Hemden, zwei Trainingsanzüge, zwei Paar Schuhe, zwei Badehosen, zwei Tennisschläger, zwei Schultaschen, zwei Geldbeutel, zwei Fahrräder.

2 zwei Stühle, zwei Kommoden, zwei Schreibtische, zwei Schreibtischlampen, zwei Spiegel, zwei Bücherregale, zwei Spielcomputer, zwei CD-Spieler, zwei Fußbälle, zwei Eisenbahnen, zwei Paar Rollschuhe, zwei Baukästen, zwei Spielpistolen, zwei Trompeten.

3
Keine Endung	*-n* Endung	Umlaut	*-en* Endung	*-nen* Endung
die Enkel	die Cousinen	die Töchter	die Herren	die Sekretärinnen
die Lehrer	die Tanten	die Mütter	die Studenten	die Freundinnen
die Onkel	die Neffen	die Brüder	die Frauen	die Enkelinnen
die Schüler	die Nichten	die Väter		
die Pfarrer	die Vettern	die Schwäger		
	die Schwestern			
	die Damen			
	die Kollegen			

Chapter 7

1 die Vorzüge des Modells, der Preis des Fahrzeugs, das Topmodell der Reihe, das Grundmodell der Serie, die Farbe des Wagens, der Benzinverbrauch der Maschine, die Leistung des Motors, das Material der Sitze, der Mechanismus des Schiebedachs, die Ausstattung des Innenraums, die Stärke der Batterie, die Zentralverriegelung der Türen, die Automatik der Fensterheber.

2 mit dem Schiebedach, mit dem Steuerrad, mit den Bremsen, mit dem Gaspedal, mit dem Kofferraum, mit den Türschlössern, mit den Sitzen, mit der Antenne, mit der Kupplung, mit dem Stereogerät, mit den Scheibenwischern, mit dem Fernlicht.

3 des Franzosen, dieses Kunden, meines Neffen, des berühmten Dirigenten, des Bauern, meines Nachbarn, des Filmhelden, des Prinzen, des Bayern.

4 (*sample answers only*) a) dem Bauern b) für den berühmten Dirigenten c) meinem Nachbarn d) dem Franzosen e) an diesen Kunden f) für meinen Neffen g) dem Bayern h) dem Filmhelden.

5   die Erkenntnis – der Erkenntnis, das Verhältnis – des Verhältnisses, das Bekenntnis – des Bekenntnisses, das Hindernis – des Hindernisses, die Erlaubnis – der Erlaubnis, das Geständnis – des Geständnisses, die Besorgnis – der Besorgnis, das Begräbnis – des Begräbnisses, die Kenntnis – der Kenntnis, das Geheimnis – des Geheimnisses.

Chapter 8
1   a) ihr b) du c) Sie.

2   a) es b) es c) es d) es
e) sie f) sie g) sie h) er i) sie j) er k) sie l) es
m) sie n) sie o) sie p) sie q) es r) es s) sie.

3   a) sie, er, sie, sie b) sie, ihn, sie, ihn, ihm, er, sie c) sie, ihn, sie, ihm, ihm, ihr, sie d) er, sie, sie, sie, ihn, sie.

4   a) mein, seine b) Ihre c) Ihren d) seinem, meinen e) mein
f) Ihrem g) unsere, eure h) dein, meiner i) seine, seine j) unsere, unsere
k) seinen, meinen l) Ihre.

5   a) Wer b) man c) jemand d) niemand e) niemanden f) Wer
g) Wen h) Welcher i) Welchen j) jemand k) Niemand.

Chapter 9
1   a) die Semesterferien b) die Hörsäle c) die Mensa d) das Wintersemester, das Sommersemester e) das Staatsexamen f) die Aula
g) die Vorlesungen/Übungen/Seminare h) die Klausur i) Professor.

2   a) Studenten b) die Studentenkneipe c) Studentenausweis
d) Studentendorf e) Studentenbude f) Studentencafé
g) Langzeitstudenten h) Sportstudenten i) Studentenpfarrer
j) Studentenzahl k) Auslandsstudenten.

3   in den Hörsaal, in die Kneipe, in die Mensa, in die Bibliothek, in den Betrieb, in das Stadion, in das Laboratorium, auf die Universität, auf das Universitätsfest, auf den Maiball, auf den Tennisplatz, auf das Amt.

4   a) 7 b) 9 c) 5 d) 3 e) 10 f) 2 g) 6 h) 1 i) 4 j) 8

Chapter 10
1   a) Den Eltern – eine Kreuzfahrt b) Der Schwester – einen Pelzmantel
c) Dem Bruder – ein Motorrad d) Der Zwillingsschwester – einen Kleinwagen e) Den Schwiegereltern – eine Kiste Sekt f) Der Schwägerin – eine Seidenbluse g) Dem Schwager – eine Golfausrüstung h) Dem Neffen – einen Spielcomputer i) Der Nichte – eine Stereoanlage.

2 in einer Kleinstadt, in der Firma, unter den Arbeitskollegen, weil ihnen klar ist, dass ihm.

nach der Arbeit, mit einer jungen Sekretärin, zum Autorennen, mit dem Zug, mit dem neuen Sportwagen, der seinem Vater gehörte, mit seiner neuen Freundin, in dem teuersten Restaurant, nach einem vorzüglichen Abendessen.

aus der Stadt, sie folgten der Landstraße, unter der Motorhaube, in der Schweiz, zwischen der Schweizer Grenze und dem Gotthardpass, fiel ihm auf

war dem jungen Mann noch nie passiert, mit dem neuen Modell, blieb ihm nichts anderes übrig, zum nächsten Telefon, aus dem nahegelegenen Dorf, versuchte ihnen zu helfen, fehlten ihm die passenden Ersatzteile.

es wurde Hans und seiner Freundin klar, in dem einzigen Gasthaus, in dem teuren Restaurant, war ihm sehr peinlich, war ihm noch nie passiert.

3 a) 4 b) 5 c) 11 d) 9 e) 7 f) 3 g) 10 h) 2 i) 1 j) 8 k) 6

Chapter 11

1 a) Hamburgs b) Münchens c) Frankfurts d) Kölns e) Leipzigs
f) Dresdens g) Berlins h) Bonns.

2 a) Frankreichs Währungseinheit ist der französische Franken. b) Italiens Währungseinheit ist der Lire. c) Spaniens Währungseinheit ist die Peseta.
d) Österreichs Währungseinheit ist der Schilling. e) Schwedens Währungseinheit ist die Krone. f) Japans Währungseinheit ist der Yen.
g) Hollands Währungseinheit ist der Gulden.

3 einer herrlichen Lage, großer Beliebtheit, der Ufer des Neckars, des Flusses, des Neckars, der Stadt, der Altstadt, dessen willen, eines amerikanischen Filmes, der Sommermonate, des Schlosses, der Schlossruine, des Waldes und der Weinberge, der zahlreichen internationalen Touristen, der günstigen Lage, vieler ausgezeichneter Restaurants, Deutschlands.

Chapter 12

1 a) Welche Jacke findest du besser, die Lange oder die Kurze? b) Welchen Hut findest du besser, den Grünen oder den Roten? c) Welches Hemd findest du besser, das Weiße oder das Gelbe? d) Welche Handschuhe findest du besser, die Schwarzen oder die Blauen? e) Welchen Mantel findest du besser, den Braunen oder den Grünen?

2 a) Die kleine Frau auf diesem Bild ist meine ältere Schwester, Claudia.
b) Sie trägt hier eine schwarze Jacke, ein weißes Hemd, einen roten Hut und modische rote Schuhe. c) Neben ihr steht meine andere Schwester, Birgit. Was meinst du, passt die gelbe Bluse zum grünen Kleid?! Und passen die dunklen Strümpfe zu den grauen Schuhen? d) Und hier ist mein kleiner Bruder, Fritz. Gefallen dir der braune Anzug und die weißen Schuhe?! Weiße Schuhe trägt er immer so gern! e) Kennen Sie diesen alten Mann mit der braunen Mütze, der vor dem teuren blauen Mercedes steht? Das ist mein Vater.

f) Wie du siehst, habe ich die lange Nase von der Mutter, aber meinen kurzen Hals und meine blonden Haare habe ich vom Vater.

3 a) Düsseldorfer, früheren, großen, dicken. b) junge, blauen, weißen, älteren. c) alten, Gute, nette. d) ganz, besseren. e) freundliche, gutes, wunderschöne. f) malerischen, restaurierten, mittelalterlichen, Sehenswertes.

4 (*a variety of answers are possible*)

5 a) stolz auf b) von c) enttäuscht d) von e) überzeugt f) an g) interessiert h) für i) verantwortlich j) dankbar k) fähig.

Chapter 13

1 a) jahrtausendelang b) stundenlang c) jahrelang d) tagelang e) minutenlang f) jahrzehntelang g) sekundenlang h) wochenlang.

2 a) stündlich b) wöchentlich c) täglich d) wissenschaftlich e) jährlich f) monatlich g) staatlich h) wahrscheinlich.

3 a) 7 b) 4 c) 1/2 d) 3/7 e) 3/7/8 f) 9 g) 8 h) 5 i) 6.

4 a) vorhin, dahin, wohin, hierhin, dorthin; hinauf, hinaus, hinein, hinunter, hinüber, hingegen.
b) woher, daher, hierher, vorher, nebenher; heraus, herauf, herum, herein, herüber, herunter.

Chapter 14

1 a) Berlin ist größer als Bonn, Bonn ist nicht so groß wie Berlin.
b) Hamburg liegt nördlicher als Hannover, Hannover liegt nicht so nördlich wie Hamburg. c) München liegt südlicher als Frankfurt, Frankfurt liegt nicht so südlich wie München. d) Die Zugspitze ist höher als der Feldberg, der Feldberg ist nicht so hoch wie die Zugspitze. e) Die bayrischen Alpen sind bergiger als der Schwarzwald, der Schwarzwald ist nicht so bergig wie die bayrischen Alpen. f) Das süddeutsche Klima ist milder als das norddeutsche Klima, das norddeutsche Klima ist nicht so mild wie das süddeutsche Klima. g) Schleswig Holstein ist flacher als Bayern, Bayern ist nicht so flach wie Schleswig Holstein. h) Der Bodensee ist tiefer als der Titisee, der Titisee ist nicht so tief wie der Bodensee. i) Das Ruhrgebiet ist industrieller als die friesischen Inseln, die friesischen Inseln sind nicht so industriell wie das Ruhrgebiet.

2 a) noch luxuriöser, größer, bequemer, weicher und teurer, moderner, neuer, fleißiger und intelligenter, höher, jetzt hat sie mehr Arbeit und weniger Freizeit.
b) eine luxuriösere Einrichtung, einen größeren Schreibtisch, einen bequemeren Chefsessel, einen weicheren und teureren Teppich, einen moderneren Computer, ein neueres Telefon, eine fleißigere und intelligentere Sekretärin, ein höheres Gehalt, mehr Arbeit und weniger Freizeit.
3 im größten Hotel, an der malerischsten Küste, das luxuriöseste Zimmer,

mit der schönsten Aussicht, im elegantesten Restaurant, die feinsten Speisen, die tollste Musik, die heißesten Rhythmen, die besten Tänzer, die einfallsreichsten Cocktails, die teuersten Preise.

4 a) bestens/wärmstens b) strengstens c) höchstens/mindestens
d) bestens e) höchstens/mindestens/wenigstens f) nächstens g) meistens
h) mindestens/höchstens/wenigstens i) schnellstens.

Chapter 15

1 durch einen Zufall, von meiner Mutter, in der Nähe, bei einer großen Firma, über diese Nachricht, seit einem Monat, in dieser Gegend.

Entgegen meinen Wünschen, an der Universität, wider meinen Willen, an die Universität, innerhalb eines Monats, in dem/im Süden.

seit vier Wochen, in der Umgebung, durch die Stadt, ohne meinen Wagen, gegen einen Baum, für die Reparatur, unter den Studenten, seit der Ankunft.

nach der Arbeit, in der Stadt, ins Kino, bei gutem Wetter, zu einem netten Biergarten, außerhalb der Stadt, mit einem Abend, in der nächsten Woche, an der Bushaltestelle, vor dem Rathaus, für dich, an die Bushaltestelle, bei der Sparkasse.

für mich, auf dem Anrufbeantworter, auf die nächste Woche, auf den Ausflug, in die Stadt oder den Biergarten.

2 die Ecke, **den** Boden, die Tür, das Fenster, **den** Kleiderschrank, **den** Schreibtisch, die Decke, **den** Küchenschrank, das Bücherregal, die Wand, **den** Boden, **den** Computer.

3 **der** Ecke, **dem** Boden, **der** Tür, **dem** Fenster, **dem** Kleiderschrank, **dem** Schreibtisch, **der** Decke, **dem** Küchenschrank, **dem** Bücherregal, **der** Wand, **dem** Boden, **dem** Computer.

4 Wegen des Regens, der Hitze, des schlechten Wetters, des Sturms, des Gewitters, der Kälte, des Hagels, des Unwetters, des Glatteises, des Nebels.

Chapter 16

1 a) Vor drei Monaten kaufte der Student Horst einen Reisewecker. Gleichzeitig besorgte er zwei Batterien. Zunächst hat der Wecker gut funktioniert und immer ist Horst pünktlich in der Universität angekommen. Nach einigen Wochen wurde der Wecker unzuverlässig. Schon bald ging er einige Minuten nach. Von dieser Zeit an konnte sich Horst nicht mehr auf das Gerät verlassen. Schließlich brachte er den Wecker in das Geschäft zurück. Auf Grund der einjährigen Garantie verlangte er einen sofortigen Umtausch. Gegen Vorlage der Garantiekarte tauschte die Verkäuferin das fehlerhafte Gerät um. Glücklicherweise hatte er den Wecker in einem guten Fachgeschäft zu Semesterbeginn für nur DM 50 gekauft.
b) Er hatte den Wecker glücklicherweise in einem guten Fachgeschäft zu Semesterbeginn für nur DM 50 gekauft.
Den Wecker hatte er glücklicherweise in einem guten Fachgeschäft zu

Semesterbeginn für nur DM 50 gekauft.
Glücklicherweise hatte er den Wecker in einem guten Fachgeschäft zu
Semesterbeginn für nur DM 50 gekauft.
Zu Semesterbeginn hatte er den Wecker glücklicherweise in einem guten
Fachgeschäft für nur DM 50 gekauft.
In einem guten Fachgeschäft hatte er glücklicherweise den Wecker zu
Semesterbeginn für nur DM 50 gekauft.
Für nur DM 50 hatte er glücklicherweise den Wecker in einem guten
Fachgeschäft zu Semesterbeginn gekauft.

2   An einem Freitag im Frühling ereignete sich ein schreckliches Gewitter in
der Nähe der Stadt Kiel in Schleswig Holstein.
In der Nähe der Stadt Kiel in Schleswig Holstein ereignete sich ein
schreckliches Gewitter an einem Freitag im Frühling.
In Schleswig Holstein in der Nähe der Stadt Kiel ereignete sich ein
schreckliches Gewitter an einem Freitag im Frühling.

3   a) sondern–2 b) denn–4 c) denn–7 d) aber–8 e) und–6
f) aber/und–5 g) aber–3 h) und–1

4   a) i) zerstörte ii) tötete iii) richtete . . . an iv) rissen . . . ein
v) verwüstete vi) führte vii) tötete viii) verursachte.
b) i) In Japan zerstörte ein Erdbeben ein Superhotel. ii) Im Stadtpark
tötete ein Blitz einen Gärtner. iii) In der Karibik richtete ein Wirbelsturm
Millionenschaden an. iv) In den Schweizer Alpen rissen Fluten einen Damm
ein. v) In Florida verwüstete ein Orkan ein Waldgebiet. vi) In der
Rheinebene führte Dauerregen zu Überschwemmungen. vii) In der Türkei
tötete eine Explosion 110 Arbeiter. viii) In Südengland verursachte ein
Gewitter schwere Ernteschäden.

5   a) Bitte, steigen Sie ein. b) Bitte, setzen Sie sich. c) Bitte, schnallen Sie
sich an. d) Bitte, löschen Sie Ihre Zigarette. e) Bitte, stellen Sie Ihren Sitz
aufrecht. f) Bitte, lesen Sie die Sicherheitsvorschriften. g) Bitte, hören Sie
der Sicherheitsanweisung zu. h) Bitte, genießen Sie den Flug.

6   a) Schreibe bald einen Brief! b) Sei beim Umsteigen vorsichtig!
c) Verliere den Pass nicht! d) Verpasse den Anschlusszug nicht! e) Iss die
Butterbrote unterwegs! f) Vergiss das Handgepäck nicht im Zug! g) Gib
den Eltern ein Geschenk von uns!

7   a) Wann bist du abgefahren? b) Wo bist du umgestiegen? c) Wie war
die Reise? d) Was hast du unterwegs gemacht? e) Wer hat dich zum
Bahnhof gebracht? f) Wohin bist du in England gefahren? g) Warum bist
du nicht über Harwich gefahren? h) Womit hast du den Kanal überquert?
i) Wen hast du unterwegs kennengelernt? j) Womit hast du die Zeit
verbracht?

Chapter 17

1 a) wenn die Ferienzeit im Sommer beginnt. b) obgleich er nicht viel verdient. c) ohne dass er Geld spart. d) bevor er eine Entscheidung über das Reiseziel trifft. e) nachdem er das Reiseziel festgelegt hat. f) ob er mit der Bahn oder mit dem Flugzeug fährt. g) da er unverheiratet ist. h) weil er nicht allein sein möchte. i) obwohl er mehrere Fremdsprachen spricht. j) ohne dass er eine Reiseapotheke in seinem Gepäck hat. k) damit er sorglos reisen kann. l) sobald er am Reiseziel ankommt. m) während er seine Ferien verbringt. n) sobald er wieder in seinem Heimatort eintrifft.

2 a) Wenn der Wecker um 7.30 Uhr klingelt, wacht Gisela Hoffmann auf. b) Obwohl sie wach ist, bleibt sie noch fünf Minuten liegen. c) Bevor sie ins Badezimmer geht, macht sie ihre Morgengymnastik. d) Nachdem sie die Übungen gemacht hat, beginnt sie mit der Morgentoilette. e) So dass ihre Zähne gesund bleiben, putzt sie sie sehr sorgfältig. f) Um im Büro gut auszusehen, schminkt sie sich sorgfältig vor dem Spiegel. g) Sobald sie im Badezimmer fertig ist, geht sie in die Küche. h) Während sie frühstückt, liest sie die Zeitung. i) Nachdem sie gefrühstückt hat, macht sie Butterbrote für die Mittagspause im Büro. j) Wenn sie das Haus verlässt, schlägt die Kirchturmuhr meistens 8.30 Uhr. k) Als sie heute das Haus verließ, war es leider schon neun Uhr.

3 a) Es war ganz toll, dass wir jeden Abend ein Lagefeuer haben anzünden dürfen. b) Es gefiel mir sehr gut, obwohl ich immer Deutsch habe sprechen müssen. c) Es machte viel Spaß, als wir beim Zeltaufbau haben mithelfen müssen. d) Wir waren enttäuscht, dass wir wegen des schlechten Wetters die lange Bergtour nicht haben machen können. e) Die Ferien waren prima, so dass wir nicht nach Hause haben zurückkehren wollen. f) Wir hatten viel Freizeit, obwohl wir bei allen Arbeiten haben mithelfen sollen.

Chapter 18

1 a) den, der, dessen, in dem, durch den, in dem b) das, dessen, dessen, in dem, durch das, das c) die, die, auf der, deren, auf der, über der, auf der d) die, die, in denen, durch die, in denen, von denen.

2 a) Das hier ist der Bergführer, der die Gruppe geführt hat. b) Neben ihm steht seine Frau, die sich immer um das Essen gekümmert hat. c) Vor ihnen sitzt ein junges Ehepaar, das die ganzen zwei Wochen über unzertrennlich war. d) Dahinter stehen drei Studenten aus Japan, die viele Fotos gemacht haben. e) Neben ihnen sieht man die junge Dame aus der Schweiz, die die Berggipfel immer als erste erreicht hat. f) Neben ihr steht ein junger Spanier, dessen Frau hier neben dem Bergführer sitzt. g) Das hier war die älteste Teilnehmerin, deren kleiner Hund auch dabei war. h) Ihr Bruder, dessen Rucksack am letzten Tag in eine Bergschlucht fiel, steht links neben ihr. i) Die beiden jungen Bergsteiger im Hintergrund, deren Gesichter so braun gebrannt sind, haben unsere Gruppe begleitet. j) Das Haus im Vordergrund, dessen Dach hier auf der linken Seite zu sehen ist, war die letzte Berghütte auf unserer Wandertour.

3 a) in denen, zu denen b) mit der c) auf dem d) in dem e) mit denen f) auf den g) durch die h) für die.

4 a) was für eine b) wer c) welche d) wo e) wann f) was g) wie h) wessen i) warum.

Chapter 19

1 interessieren sich für, strengen sich an, Sie erholen sich, sich gesund zu ernähren.

Der Ehemann interessiert sich für, hat er sich in einem Fußballverein angemeldet, trifft er sich mit Kollegen, hat er sich verbessert, sich einem großen Fußballklub anzuschließen, hat sich bezahlt gemacht, er erfreut sich ausgezeichneter Gesundheit.

Die Ehefrau befasst sich mit Yoga und kümmert sich um, Sie wäscht sich und (sie) pflegt sich mit, Sie bemüht sich, Um sich fit zu halten, hat sie sich bei einem Yogakurs in der Abendschule angemeldet.

beschäftigen sich mit, halten sich fit, Daneben befasst sich der Sohn mit Schwimmen, und die Tochter bemüht sich, Sie alle sind sich einig/Sie sind sich alle einig.

2 a) i) Ich schenke dem Vater einen Atlas. ii) Ich gebe der Mutter eine Flasche Parfüm. iii) Die Eltern kaufen dem Sohn ein Fahrrad. iv) Die Eltern schenken der Tochter einen Kassettenrekorder. v) Der Bruder gibt der Schwester eine CD. vi) Die Schwester schenkt dem Bruder eine Taschenlampe. vii) Die Kinder geben den Eltern Pralinen.
b i) Ich schenke **ihn** dem Vater. ii) Ich gebe **sie** der Mutter. iii) Die Eltern kaufen **es** dem Sohn. iv) Die Eltern schenken **ihn** der Tochter.
v) Der Bruder gibt **sie** der Schwester. vi) Die Schwester schenkt **sie** dem Bruder. vii) Die Kinder geben **sie** den Eltern.
c) i) Ich schenke **ihm** einen Atlas. ii) Ich gebe **ihr** eine Flasche Parfüm.
iii) Die Eltern kaufen **ihm** ein Fahrrad. iv) Die Eltern schenken **ihr** einen Kassettenrekorder. v) Der Bruder gibt **ihr** eine CD. vi) Die Schwester schenkt **ihm** eine Taschenlampe. vii) Die Kinder geben **ihnen** Pralinen.
d) i) Ich schenke **ihn ihm**. ii) Ich gebe **sie ihr**. iii) Die Eltern kaufen **es ihm**. iv) Die Eltern schenken **ihn ihr**. v) Der Bruder gibt **sie ihr**. vi) Die Schwester schenkt **sie ihm**. vii) Die Kinder geben **sie ihnen**.

Chapter 20

1 a) Ich möchte heute nicht ins Kino gehen. Ich möchte **nicht heute** ins Kino gehen (sondern . . .). b) Wir wollen am Sonntag nicht im Restaurant essen. Wir wollen **nicht am Sonntag** im Restaurant essen. c) Ich möchte dieses neue Automodell nicht kaufen. Ich möchte **nicht dieses neue Automodell** kaufen. d) Ich habe gestern Abend diese Nachricht im Fernsehen

nicht gesehen. Ich habe **nicht gestern Abend** diese Nachricht im Fernsehen gesehen. e) Ich reise im Sommer nicht wieder nach Spanien. Ich reise **nicht im Sommer** wieder nach Spanien. f) Ich bin dieses Jahr bei meiner alten Firma nicht angestellt. Ich bin dieses Jahr **nicht bei meiner alten Firma** angestellt.

2 a) kein Dach über dem Kopf b) keine Familie c) keinen warmen Mantel d) keine Schuhe e) kein regelmäßiges Einkommen f) keinen Pfennig Geld g) keine feste Adresse h) keinen festen Wohnsitz i) keine Freunde j) keine Packung Zigaretten.

3 (*a variety of answers possible*)

4 a) Wir haben uns in den letzten Sommerferien im IC-Zug zwischen Hamburg und Berlin getroffen. b) Ich habe meinen Mann an einem Sommerabend beim Biertrinken in München im Hofbräuhaus kennengelernt. c) Ich habe meine Frau an Fastnacht zufällig in einer Disco auf einer Geschäftsparty kennengelernt. d) Wir haben uns zu Ostern auf einer Safari in Kenia kennengelernt. e) Ich habe meinen Mann eines Tages im Winter beim Skifahren in Österreich getroffen. f) Ich habe meine zukünftige Frau zum ersten Mal mit meinen Arbeitskollegen auf einer Geschäftsreise nach Bern gesehen. g) Wir haben uns letztes Jahr zufällig in Potsdam im Wartezimmer unseres Hausarztes getroffen.

Chapter 21

1 arbeite, einstellt, beschäftigt, gibt, aushelfen.
macht, passt, ist, bekommen, heißt, ist.
beginne, arbeite, liegt, essen, freue, austausche.
ist, verkauft, habe, versuche, sind, weiß, will, beschweren, finde.

2 a) wohnen Sie in der Stadtmitte, arbeiten Sie in diesem Betrieb, spielen Sie Schach, studieren Sie hier an der Universität, lernen Sie Spanisch, trainieren Sie im Fitnessklub, besitzen Sie ein Auto, haben Sie Semesterferien, wissen Sie das schon, geben Sie Nachhilfestunden, fahren Sie mit dem Fahrrad zur Arbeit, laufen Sie Ski, sammeln Sie Briefmarken, lassen Sie Ihr Auto in der Mercedesgarage reparieren, sind Sie schon hier angestellt.
b) wohnst du in der Stadtmitte, arbeitest du in diesem Betrieb, spielst du Schach, studierst du hier an der Universität, lernst du Spanisch, trainierst du im Fitnessklub, besitzt du ein Auto, hast du Semesterferien, weißt du das schon, gibst du Nachhilfestunden, fährst du mit dem Fahrrad zur Arbeit, läufst du Ski, sammelst du Briefmarken, lässt du dein Auto in der Mercedesgarage reparieren, bist du schon hier angestellt.
c) wohnt ihr in der Stadtmitte, arbeitet ihr in diesem Betrieb, spielt ihr Schach, studiert ihr hier an der Universität, lernt ihr Spanisch, trainiert ihr im Fitnessklub, besitzt ihr ein Auto, habt ihr Semesterferien, wisst ihr das schon, gebt ihr Nachhilfestunden, fahrt ihr mit dem Fahrrad zur Arbeit, lauft ihr Ski, sammelt ihr Briefmarken, lasst ihr euer Auto in der Mercedesgarage reparieren, seid ihr schon hier angestellt.

3 a) bin, habe, weiß b) ist, hat, weiß c) ist, hat, weiß d) sind, haben, wissen e) sind, haben, wissen f) sind, haben, wissen g) ist, hat, weiß, hat.

Chapter 22

1 mitteilte, verbrachte, war.
versprach, stimmte, betraf, sah, pries, erwähnte.
ließ, behandelte, war, regnete, herrschte, hielt, froren.
waren, störte.
hoffe.

2 ich saß, ich las, es war, es dämmerte, da sah ich, (der Radfahrer) näherte, er fiel mir auf, (er) trug, (er) hatte, er befand sich, (er) versuchte, Die Verkehrsampel zeigte, radelte er, ein Personenwagen näherte sich, abbiegen wollte, sah der Fahrer, erfasste ihn, Der Radfahrer stürzte, wurde geschleudert, Sein Rucksack flog . . . und traf, zersplitterte, Der Radfahrer . . . lag, war der Notrettungswagen . . . und brachte, kam er . . . davon.

3 lief . . . ab, wohnten, waren, hatte, arbeitete, versorgte, bestellte, aßen, bekamen, kauften . . . ein.
     mussten, hatten, gingen, zogen wir . . . an, saßen, war, durften, erwärmte, badete, kannte, heizte, ging, gab, war.

Chapter 23

1 a) ist b) ist c) haben d) haben e) haben f) hat g) sind h) sind i) ist j) sind k) sind l) haben m) hat n) haben o) hat p) hat q) haben r) sind s) hat t) haben u) sind v) haben w) sind.

2 a) i) Sie haben das ganze Jahr über gespart. Sie haben auf die Ferien gewartet. Sie haben die Reise geplant. Sie haben die Reiseroute geprüft. ii) Sie haben das Reisebüro besucht. Sie haben interessante Reiseziele entdeckt. Sie haben miteinander über die Reisepläne verhandelt. Sie haben Reiseschecks bei der Bank bestellt.
iii) Sie haben das alte Zelt für Notfälle repariert. Sie haben Hotelprospekte studiert. Sie haben mit einem Hotel telefoniert. Sie haben Zimmer für zwei Wochen reserviert.
iv) Sie haben ihre Lieblingssachen eingepackt. Sie haben Reiseproviant eingekauft. Sie haben die neuen Reisepässe vom Passamt abgeholt. Sie haben das Wasser und die Heizung abgeschaltet. Sie haben ihre Ferienadresse aufgeschrieben.
v) Sie haben einen freundlichen Nachbarn gefunden, der das Haus versorgt. Sie haben ihm die Hausschlüssel gegeben. Sie haben den Hund ins Tierheim gebracht. Sie haben an alles gedacht!
b) Sie sind ganz schlecht eingeschlafen. Sie sind frühmorgens um drei Uhr aufgewacht. Sie sind zehn Minuten später aufgestanden. Sie sind noch bei Dunkelheit abgereist. Sie sind mit hoher Geschwindigkeit gefahren. Sie sind leider nicht weit gekommen. Schon kurz außerhalb der Stadt auf der

Autobahn ist es passiert. Herr Sorgsam ist am Steuer eingeschlafen. Das Auto ist von der Fahrbahn abgekommen. Es ist an einem Baum gelandet. Sie alle sind verletzt worden. Was ist nun geschehen? Die Polizei ist gekommen. Sie sind die Ferien über im Krankenhaus geblieben.

3 a) Bevor wir in diese Stadt kamen, hatten wir in einem kleinen Dorf auf dem Land gelebt. b) . . . hatte ich viele Haustiere gehabt. c) . . . hatte mein Bruder sogar ein eigenes Pony besessen. d) . . . waren meine Eltern durch die ganze Welt gereist. e) . . . hatten meine Eltern ein eigenes Geschäft gehabt. f) . . . hatten wir nie in einem Hochhaus gewohnt. g) . . . war ich nie in diese Stadt gekommen. h) . . . waren wir immer zu Fuß zum Einkaufen gegangen. i) . . . war mein Bruder mit dem Schulbus zur Schule gefahren.

Chapter 24

1 a) wird b) wird c) werden d) werden e) wird f) werden g) wird h) wird i) werden j) werden k) werden l) werden m) werden n) wird o) wird p) werden.

2 a) Ulla wird die Wände streichen. Eva wird das Bad putzen. Sven wird die Toilette reparieren. Herr Arnold, ein Handwerker, wird die Dusche einbauen. Eva and Günther werden die Teppiche verlegen. Sven wird Regale einbauen. Alle gemeinsam werden die Küche modernisieren. Günther wird die Fenster putzen. Sven wird die Terrasse bepflanzen. Sven und Eva werden die Gardinen aufhängen.
b) Ich werde die Wände streichen. Eva, du wirst das Bad putzen. Sven, du wirst die Toilette reparieren. Herr Arnold, Sie werden die Dusche einbauen. Eva und Ulla, ihr werdet die Teppiche verlegen. Sven, du wirst Regale einbauen. Wir alle gemeinsam werden die Küche modernisieren. Günther, du wirst die Fenster putzen. Sven, du wirst die Terrasse bepflanzen. Sven and Eva, ihr werdet die Gardinen aufhängen.
c) Ulla wird wohl die Wände gestrichen haben. Eva wird wohl das Bad geputzt haben, Sven wird wohl die Toilette repariert haben. Herr Arnold, ein Handwerker, wird wohl die Dusche eingebaut haben. Eva and Günther werden wohl die Teppiche verlegt haben. Sven wird wohl Regale eingebaut haben, alle gemeinsam werden wohl die Küche modernisiert haben. Günther wird wohl die Fenster geputzt haben. Sven wird wohl die Terrasse bepflanzt haben. Sven and Eva werden wohl die Gardinen aufgehängt haben.

Chapter 25

1 a) Schrei b) Gib c) Sei d) Komm e) Sitz f) Sing(e) g) Stell h) Räum . . . auf! i) Steh(e) . . . auf j) Zieh(e) . . . an!

2 a) Raucht b) Hinterlasst c) Werft d) Betretet e) Tragt f) Kaut g) Schreibt h) Gebt . . . ab i) Esst j) Seid.

3 1–h, 2–j, 3–g, 4–b, 5–c, 6–d, 7–f, 8–i, 9–e, 10–a.

4 a) Halten Sie die Mittagsruhe von 13–15 Uhr ein! b) Klopfen Sie die

Teppiche nur ab acht Uhr! c) Waschen Sie sonntags kein Auto! d) Stellen Sie Fahrräder nicht im Treppenhaus ab! e) Reinigen Sie einmal pro Monat den Gehweg! f) Putzen Sie jede Woche das Treppenhaus! g) Hören Sie im Garten keine Laute Musik! h) Veranstalten Sie keine Grillpartys auf dem Balkon! i) Schließen Sie die Haustüre um 22 Uhr ab!

5 a) vorwärmen b) stellen c) einlegen d) hineingeben e) kochen f) übergießen g) quellen h) nachgießen i) servieren.

6 1–b, 2–d, 3–f, 4–a, 5–g, 6–e, 7–c.

Chapter 26
1 (*a variety of answers possible*)

2 a) i) Sie beabsichtigen, nach Bayern umzuziehen. ii) Sie plant, eine Ausbildung als Erzieherin zu machen. iii) Er hofft, ein helles Zimmer in der Stadtmitte zu finden. iv) Sie versuchen, Arbeit in einem Hotel zu bekommen. v) Er wünscht sich, hier bei seinen Verwandten zu bleiben.
b i) ..., schnell Deutsch zu lernen. ii) ..., eine nette Wohnung zu finden. iii) ..., später in die USA auszuwandern. iv) Planst/hoffst du, eine Stelle zu bekommen? v) ..., einen Sprachkurs zu machen. vi) Beabsichtigen/hoffen Sie, einen Weiterbildungskurs zu besuchen? vii) ..., aufs Land umzuziehen. viii) Hofft ihr, eine Ausbildung als Mechaniker zu machen?

3 a) Es ist schwierig, alles auf einmal zu lernen. Alles auf einmal zu lernen, ist schwierig. b) Es ist interessant, eine neue Kultur kennen zu lernen. Eine neue Kultur kennen zu lernen, ist interessant. c) Es ist teuer, in Deutschland einzukaufen. In Deutschland einzukaufen, ist teuer. d) Es ist langweilig, immer nur im Heim zu sitzen. Immer nur im Heim zu sitzen, ist langweilig. e) Es macht Spaß, neue Freunde kennen zu lernen. Neue Freunde kennen zu lernen, macht Spaß. f) Es ist schwer, keine Familie zu haben. Keine Familie zu haben, ist schwer. g) Es ist einfach, neue Speisen auszuprobieren. Neue Speisen auszuprobieren, ist einfach. h) Es ist möglich, eine Aushilfsstelle zu finden. Eine Aushilfsstelle zu finden, ist möglich. i) Es ist unmöglich, einen deutschen Pass zu bekommen. Einen deutschen Pass zu bekommen, ist unmöglich.

4 a) Ich schlage vor/empfehle/rate, täglich eine halbe Stunde zu trainieren. b) Ich schlage vor/empfehle/rate, früher ins Bett zu gehen. c) Ich schlage vor/empfehle/rate, an der frischen Luft spazierenzugehen. d) Ich schlage vor/empfehle/rate, wärmere Kleidung zu tragen. e) Ich schlage vor/empfehle/rate, zum Hautarzt zu gehen. f) Ich schlage vor/empfehle/rate, den Friseur zu besuchen.

5 a) Statt zu trainieren, sitzt sie vor dem Fernsehapparat. b) Statt früh ins Bett zu gehen, geht sie oft aus. c) Statt spazieren zu gehen, fährt sie mit dem Auto. d) Statt warme Kleidung zu tragen, kleidet sie sich unvernünftig. e) Statt zum Hautarzt zu gehen, geht sie zu einem Psychiater.

6 a) Sie macht eine Diät, um schlank zu werden. b) Sie raucht nicht mehr, um gesund zu bleiben. c) Sie schläft viel, um sich zu entspannen. d) Sie geht viel zu Fuß, um fit zu werden. e) Sie pflegt sich, um hübsch zu bleiben. f) Sie verkauft ihr Auto, ohne es ihrem Freund zu sagen. g) Sie kleidet sich vernünftig, ohne sich schlecht zu fühlen. h) Sie verbringt mehr Zeit zu Hause, ohne sich zu langweilen. i) Sie achtet auf ihr Gewicht, ohne zu hungern. j) Sie verbessert ihr Selbstgefühl, ohne es zu merken.

Chapter 27

1 a) ansagen, sagt an, hat angesagt; anbringen, bringt an, hat angebracht; ankommen, kommt an, ist angekommen; anlachen, lacht an, hat angelacht; anschauen, schaut an, hat angeschaut; angeben, gibt an, hat angegeben; anziehen, zieht an, hat angezogen; anweisen, weist an, hat angewiesen; anstreichen, streicht an, hat angestrichen; anreden, redet an, hat angeredet; anfangen, fängt an, hat angefangen; anstellen, stellt an, hat angestellt.
b) mitbringen, bringt mit, hat mitgebracht; mitnehmen, nimmt mit, hat mitgenommen; mitsingen, singt mit, hat mitgesungen; mitgehen, geht mit, ist mitgegangen; mitkommen, kommt mit, ist mitgekommen; mitreden, redet mit, hat mitgeredet; mitfahren, fährt mit, ist mitgefahren; mitlaufen, läuft mit, ist mitgelaufen; mitteilen, teilt mit, hat mitgeteilt; mitmachen, macht mit, hat mitgemacht; mitfühlen, fühlt mit, hat mitgefühlt; mitreisen, reist mit, ist mitgereist.

2 a) belegen, belegt, hat belegt; bekommen, bekommt, hat bekommen; bestehen, besteht, hat bestanden; beziehen, bezieht, hat bezogen; begegnen, begegnet, ist begegnet; beliefern, beliefert, hat beliefert; bereiten, bereitet, hat bereitet; besetzen, besetzt, hat besetzt; berufen, beruft, hat berufen; beweisen, beweist, hat bewiesen; besorgen, besorgt, hat besorgt.
b) verkaufen, verkauft, hat verkauft; vergeben, vergibt, hat vergeben; verlieren, verliert, hat verloren; versehen, versieht, hat versehen; verkommen, verkommt, ist verkommen; verfahren, verfährt, hat verfahren; vergessen, vergisst, hat vergessen; verlassen, verlässt, hat verlassen; verweisen, verweist, hat verwiesen; verwöhnen, verwöhnt, hat verwöhnt; verschwinden, verschwindet, ist verschwunden; versagen, versagt, hat versagt.

3 a)

Nomen	Verb	Partizip
Übersetzung	übersetzen	übersetzt
Überblick	überblicken	überblickt
Überweisung	überweisen	überwiesen
Übergabe	übergeben	übergeben
Überfall	überfallen	überfallen
Unterbrechung	unterbrechen	unterbrochen
Unterstellung	unterstellen	unterstellt
Unterdrückung	unterdrücken	unterdrückt

b)

Untergang	untergehen	untergegangen
Umtausch	umtauschen	umgetauscht
Umkehr	umkehren	umgekehrt
Durchfall	durchfallen	durchgefallen
Durchführung	durchführen	durchgeführt
Unterbringung	unterbringen	untergebracht
Umzug	umziehen	umgezogen

4 a) fällt ... durch b) durchsuchte c) durchdenke d) durchsucht
e) liest ... durch f) durchgeführt, durchquert, durchgekommen
g) durchgemacht h) durchfuhr i) durchkreuzte j) hielt ... durch k) griff
... durch l) strich ... durch.

5 a) arbeitet b) verarbeitet c) arbeiten d) zusammen e) erarbeitet
f) überarbeitet g) arbeitet h) um i) bearbeitet j) arbeiten k) mit
l) arbeiten ... durch m) abarbeiten n) eingearbeitet o) aufgearbeitet.

6 ausgesucht, eröffnet, beantragt, bestellt, ausgefüllt, unterschrieben,
abgeholt, eingelöst, abgehoben, überwiesen.

Chapter 28

1 a) 8/11 b) 2/5/6/9/10 c) 3/8 d) 1/4/5/7/9/11

2 a) i) wollen/möchten ii) möchten/wollen iii) können
iv) dürfen/können v) sollen/müssen vi) müssen vii) sollen/müssen
viii) können/dürfen.
b) Hans und seine junge Frau Anni (i) haben vor, nach Neuseeland
aus**zu**wandern. Sie (ii) planen, dort in der Wildnis eine Farm **zu** bewirtschaften.
Leider (iii) sind sie fähig, nur ein bisschen Englisch **zu** sprechen. (iv) Sie
bekommen die Erlaubnis einzuwandern, **erst** wenn sie ein gültiges Visum
haben. (v) Es wird ihnen deshalb geraten, **sich** auf der neuseeländischen
Botschaft vorzustellen. (vi) Sie haben viele Formulare auszufüllen und Fragen
zu beantworten. (vii) Sie sind vorbereitet, mit einer Wartezeit von etwa vier
Monaten **zu** rechnen. (viii) Dann haben sie die Erlaubnis aus**zu**wandern.

3 a) dürfen b) muss c) müssen d) darf e) dürfen f) müssen g) darf
h) muss i) darf j) darf.

4 willst du, Ich will, möchte ich, Kannst du, Muss, Ich will, Ich will, meine
Freunde wollen, möchten wir, Willst/Möchtest du, Man darf, ich sollte, Ich
muss.

5 Herr Vergesslich mag fremde Länder gern. In den Sommerferien will er
weit wegreisen. Dieses Jahr kann er drei Wochen Urlaub bekommen.
    Er möchte eine Safari in Afrika mitmachen. Er will eine teure Pauschalreise
buchen, denn er möchte die Reise genießen.

Als er aufs Reisebüro kommt, hört er, dass er ohne Visum nicht einreisen darf und dass er sich impfen lassen muss. Er sollte das Visum sofort beantragen. Als er seinen Pass zeigen will, merkt er, dass dieser nicht mehr gültig ist. Er muss verlängert bzw. erneuert werden. So muss er seine Reise aufschieben, weil er ohne gültigen Pass das Land nicht verlassen kann.

6 a) Der Bundespräsident will im Juli zu einem Staatsbesuch nach Südafrika reisen. b) Der Innenminister möchte noch diesen Monat seinen französischen Kollegen in Paris besuchen. c) Der Wirtschaftsminister muss auf einer Konferenz in Mailand eine Rede halten. d) Der Außenminister soll sich zur Zeit auf einer Tagung in Berlin befinden. e) Der Bundeskanzler kann leider an den geplanten Feierlichkeiten in Japan nicht teilnehmen. f) Die Kultusminister der Länder können sich bei ihrem Treffen in Berlin nicht einigen. g) Die Verteidigungsminister der EU müssen sich diese Woche in Salzburg über die neuen Maßnahmen einigen.

7 a) Man hat einen bestimmten Geldbetrag umtauschen müssen. b) Man hat nicht auf den Transitstraßen anhalten dürfen. c) Man hat sich von Grenzpolizisten kontrollieren lassen müssen. d) Man hat Verwandte nicht ohne Erlaubnis besuchen können. e) Man hat nicht im anderen Teil der Stadt einkaufen können. f) Die DDR-Bürger haben nicht ohne Genehmigung ausreisen dürfen.

Chapter 29
1 *All verbs require 'sich'.*

2 mich verliebt, befand mich, interessierte mich, sehnte mich, mir eingebildet, er sich . . . fühlte, änderte sich, beschäftigte sich, interessierte sich, nahm mir vor, freute sich, bedankte sich, bildete sich ein, überlegte mir, ärgerte mich, beklagten sich, nahmen sich vor, stritten uns, verstanden uns, mir nicht vorstellen, hatten uns geirrt, lasse mich scheiden.

3 a) dich, mich b) sich, sich c) euch, uns d) dir, mich e) euch, uns, uns.

Chapter 30
1 a) Es donnert. Es gibt Donner. b) Es regnet. Es hört auf zu regnen. Es regnet wieder. c) Es hagelt. d) Es schneit. Es gibt Schnee. Es wird kalt. e) Es regnet. Es schneit. Es hagelt. f) Es wird sehr warm. Es bleibt sehr warm. g) Es gibt Regen. Es gibt Sonne. Es gibt Wolken. h) Es gibt viele Wolken. Es gibt wenige Wolken. i) Es friert. Es gibt Eis.

2 (*a variety of answers possible*)

3 1–g, 2–c, 3–a, 4–j, 5–b, 6–d, 7–f, 8–e, 9–h, 10–i.

4 a) Es wird viel gefeiert. b) Es wird viel Sekt getrunken. Es wird ein Feuerwerk veranstaltet. c) Es werden Geschenke ausgepackt. d) Es wird Gänsebraten gegessen. Es wird Weihnachtsstollen gegessen. e) Es wird viel

gebacken. f) Es werden Weihnachtslieder gesungen. Es wird ein Christbaum aufgestellt. g) Es werden Masken und Fastnachtskostüme getragen. h) Es werden Bälle und Partys veranstaltet. i) Es wird ein Umzug abgehalten. j) Es werden Ostereier gefärbt.

Chapter 31

1 für, aus, von, von, mit, nach.
um, zu, vor, auf, mit, mit, über.
in, auf, auf, aus, mit, für, über, zu, an.
an, mit, über, mit.
aus, um, mit, mit, mit, nach, zur, zu, zur.
an, auf, auf.

2 a) Sie hat daraus gelernt. b) Sie war nicht darauf vorbereitet. c) Sie gewöhnte sich daran. d) Sie freute sich darüber. e) Sie war dankbar dafür. f) Sie gewöhnte sich bald daran. g) Sie nahm gern daran teil. h) Sie hatte davor Angst.

Chapter 32

1 a) Energie wird gespart. b) Die Geschwindigkeit wird beschränkt. c) Flaschen und Gläser werden zur Flaschenbank gebracht. d) Pfandflaschen und keine Einwegflaschen werden gekauft. e) Altpapier und Pappe werden gesammelt. f) Plastiktüten werden fast nie benutzt. g) Keine Plastikgefäße werden gekauft. h) Der Müll wird in verschiedene Mülltonnen getrennt. i) So wird die Umwelt geschont.

2 a) Joghurtbecher wurden weggeworfen/sind weggeworfen worden. b) Papier wurde verschwendet/ist verschwendet worden. c) Energie wurde verbraucht/ist verbraucht worden. d) Einwegflaschen wurden gekauft/sind gekauft worden. e) Plastiktüten wurden kostenlos abgegeben/sind abgegeben worden. f) Verbleites Benzin wurde getankt/ist getankt worden. g) Müll wurde nicht getrennt/ist nicht getrennt worden. h) Altmaterial wurde nicht gesammelt/ist nicht gesammelt worden.

3 a) Häuser werden mit Doppel- oder Dreifachverglasung gebaut werden. b) Sonnen- und Windenergie wird mehr genutzt werden. c) Energiesparende Haushaltsgeräte werden eingeführt werden. d) Die Höchstgeschwindigkeit wird gesenkt werden. e) Der Energieverbrauch wird besteuert werden. f) Die Umweltverschmutzung wird bestraft werden.

4 a) Die Steuern wurden erhöht. b) Keine neuen Finanzmittel wurden bereitgestellt. c) Keine Sozialwohnungen wurden gebaut. d) Die Renten wurden nur um 1% erhöht. e) Mehr Geld wurde für die Rüstung ausgegeben. f) Keine neue Umweltpolitik wurde betrieben. g) Kein Geld wurde in den Straßenbau investiert.

5 a) Ein amerikanischer Tourist ist <u>von einem Taschendieb</u> bestohlen

worden. b) Der Einbrecher wurde <u>von einem Polizisten</u> auf frischer Tat ertappt. c) Durch das schnelle Eingreifen der Polizei ist <u>ein Banküberfall</u> verhindert worden. d) Zwei Randalierer sind am Hauptbahnhof <u>von einem Polizisten</u> festgenommen worden. e) Auf der Kreuzung ist <u>ein Betrunkener</u> von einem Lastwagen überfahren worden. f) Zwei Taschendiebe wurden von der Polizei <u>im Fußballstadion</u> gefasst. g) Ein Haus wurde <u>durch einen Blitzschlag</u> in Brand gesetzt. h) Ein streunender Hund ist <u>von einem Streifenwagen</u> gefunden worden.
(Bitte beachten Sie, daß die Sätze auch jeweils mit dem unterstrichenen Ausdruck beginnen könnten.)

6 a) Man hat einen Touristen bestohlen. b) Man hat einen Einbrecher auf frischer Tat ertappt. c) Man hat einen Banküberfall verhindert. d) Man hat zwei Randalierer am Hauptbahnhof festgenommen. e) Man hat einen Betrunkenen auf der Kreuzung überfahren. f) Man hat zwei Taschendiebe im Fußballstadion gefasst. g) Ein Blitzschlag hat ein Haus in Brand gesetzt.
h) Man hat einen streunenden Hund gefunden.

Chapter 33

1 sie sei ... gelandet, sie habe ... verlassen, sie habe sich beeilt, sie habe ... einhalten wollen, sie sei ... gegangen, sei sie ...gestoßen, sie habe ... genommen, sie sei ... gelaufen, habe sie ... gesehen, sie haben/hätten ... gewartet, [er] habe sie ... angesprochen und (er habe) ... gefragt, sie ... abgestellt habe, habe sich eine junge Dame genähert, ... ergriffen habe, ... eingestiegen sei, das Taxi sei ... abgefahren, es habe sich herausgestellt, nicht gekannt haben/hätten, sie seien erstaunt ... gewesen, sie habe ... verloren, habe ihre Firma ... ausgesetzt, der Finderlohn sei, es sich ... gehandelt habe.

2 a) wie ich hieße/heiße b) wo ich wohnte/wohne c) wann ich geboren sei d) ob ich zum ersten Mal hier sei e) ob ich versichert sei f) wie meine Krankenkasse hieße/heiße g) ob ich eine Krankengeschichte hätte h) seit wann ich Schmerzen hätte i) wo es weh tue j) ob ich Angst vor einer Spritze hätte k) ob ich allergisch gegen Penicillin sei l) ob ich die Symptome beschreiben könne m) es tue ihm Leid, ich sei sehr krank n) er müsse einen Krankenwagen für mich bestellen o) ich müsse noch heute operiert werden.

3 a) wo er sei b) was passiert sei c) wie lange er bleiben müsse d) wann er aufstehen könne e) wann er etwas essen dürfe f) ob man hier rauchen dürfe g) ob er ruhig liegen solle h) er wolle seine Verwandten anrufen – er habe keine Kinder i) wie oft er die Tabletten einnehmen müsse j) warum er nichts trinken dürfe, er habe Durst.

4 a) ich hätte zu viel gegessen b) ich hätte zu wenig Bewegung gehabt c) ich sei nicht fit d) ich müsse mehr Sport treiben e) ich dürfe nicht mehr rauchen f) ich könne viel Obst essen g) ich solle nicht so viele Pommes frites essen h) ich müsse mehr auf meine Gesundheit achten.

Chapter 34

1 hätten, könnten, möchten, wollten, könnte, wäre, bräuchten, wäre, ginge, fänden, wäre, wäre, sparten, könnten, hätten, wäre.

2 a) i) hätten ii) <u>abschlössen</u> iii) umtauschten iv) <u>führen</u>
v) reservierten vi) reisten. (*Note that the forms with* werden *are more likely to be used in place of the underlined forms.*)
b) i) mitnehmen würden ii) haben würden (*more likely*: hätten)
iii) abschließen würden iv) umtauschen würden v) fahren würden
vi) reservieren würden vii) reisen würden.

3 a) Er wäre gern Multimillionär. b) Er hätte gern einen Rolls Royce.
c) Er besäße gern ein Flugzeug/würde gern ein Flugzeug besitzen. d) Er wohnte gern in einem Schloss/würde gern in einem Schloss wohnen. e) Er machte gern sechs Monate im Jahr Urlaub/würde gern sechs Monate im Jahr Urlaub machen. f) Er spielte gern Golf und Tennis auch während der Woche/Er würde gern Golf und Tennis auch während der Woche spielen.
g) Er besäße gern 30 Hotels/Er würde gern 30 Hotels besitzen. h) Er lebte gern wie ein König/Er würde gern wie ein König leben.
i) Sie wäre gern die reichste Frau Deutschlands. j) Sie hätte gern mehr Freunde. k) Sie hätte gern mehr Gold und Juwelen. l) Sie besäße gern einen ganzen Reitstall/Sie würde gern einen ganzen Reitstall besitzen. m) Sie würde gern mehr ausländische Stars kennen. n) Sie spräche gern ohne Akzent/Sie würde gern ohne Akzent sprechen. o) Sie lernte gern auch Französisch, Spanisch und Italienisch/Sie würde gern auch Französisch, Spanisch und Italienisch lernen. p) Sie beschäftigte gern einen Butler/Sie würde gern einen Butler beschäftigen.

4 a) An ihrer Stelle wäre ich nicht gekommen. b) . . . hätte ich einen Arzt angerufen. c) . . . hätte ich Tabletten genommen. d) . . . wäre ich im Bett geblieben. e) . . . hätte ich mich ausgeruht. f) . . . hätte ich die Einladung abgesagt. g) . . . hätte ich mehr auf die Gesundheit geachtet.

Chapter 35

1 a) höflicher wäre b) nettere Freunde hätte c) die Arbeit abnehmen würde d) nicht tränke/trinken würde e) nicht ins Wirtshaus ginge/gehen würde f) nach Hause käme/kommen würde g) öfter kochen würde
h) Arbeit suchte/suchen würde i) fleißiger wäre j) ihr Zimmer aufräumen würde k) nicht rauchte/rauchen würde l) nicht so viel Geld verbrauchen würde m) nicht so viele Kleider kaufen würde n) nicht so laute Musik hören würde o) nicht so oft in Nachtklubs gehen würde.

2 a) Ich wünschte, die Hausaufgaben wären nicht so schwer/Wenn doch die Hausaufgaben nicht so schwer wären! b) Ich wünschte, der Unterricht würde nicht so früh beginnen/Wenn doch der Unterricht nicht so früh beginnen würde! c) Ich wünschte, die Stunden wären nicht so langweilig/Wenn doch die Stunden nicht so langweilig wären! d) Ich wünschte, man bekäme bessere

Noten/würde bessere Noten bekommen/Wenn man doch bessere Noten bekäme/bekommen würde! e) Ich wünschte, man würde leichter versetzt/Wenn man doch leichter versetzt würde! f) Ich wünschte, man bliebe nicht sitzen/würde nicht sitzen bleiben/Wenn man doch nicht sitzen bliebe!/sitzen bleiben würde! g) Ich wünschte, die Ferien wären länger/Wenn doch die Ferien länger wären!

3 käme/kommen würde, mitnähme/mitnehmen würde, wäre, wäre, vorankämen/vorankommen würden, hätten, bekämen/bekommen würden, wäre, hätte, gewinnen würde, wäre, hätten.

4 a) ..., hätte ich nette Kollegen. b) ..., hätte ich nicht so einen weiten Arbeitsweg. c) ..., würde ich mehr verdienen. d) ..., müßte ich jetzt nicht diese langweilige Arbeit machen. e) ..., hätte ich längeren Urlaub. f) ..., würde ich flexiblere Arbeitszeiten genießen. g) ..., bekäme ich bessere Aufstiegschancen/würde ich bessere Aufstiegschancen bekommen. h) ..., wäre ich zufriedener.

5 a) Wenn wir mehr Zeit gehabt hätten, hätten wir den Kurfürstendamm besucht. b) ..., hätten wir die Mauer besichtigt. c) ..., wären wir in die Oper gegangen. d) ..., hätten wir eine Bootsfahrt auf dem Wannsee gemacht. e) ..., hätten wir einen Ausflug nach Potsdam gemacht. f) ..., wären wir in die Umgebung gereist. g) Wenn wie mehr Geld gehabt hätten, hätten wir im Luxushotel gewohnt. h) ..., wären wir jeden Abend auf den Kurfürstendamm ausgegangen. i) ..., hätten wir teure Theaterkarten gekauft. j) ..., hätten wir Einkäufe in den Boutiquen gemacht. k) ..., wären wir immer mit dem Taxi gefahren. l) ..., hätten wir schöne Reiseandenken mitgebracht.

Chapter 36

1 a) der Audi b) den Mercedes c) der BMW d) des Volkswagens e) dem Polo f) des Fords g) der Golf h) dem Opel.

2 der neue Kollege, der/ein Ingenieur aus England, mit Herrn Maître, dem/einem Ingenieur aus Frankreich, zusammen, werden ... Herrn Müller, den Hauptingenieur der Firma, unterstützen, Herr Pfeifer, der Personalchef, mit Herrn Weiß, dem Abteilungsleiter, mit Frau Bosch, der neuen Chefin, kommen die ... aus, ist Frau Basler, die Stellvertreterin, um so freundlicher, für die Mitarbeiter, die Angestellten der Firma Laub, hat sie immer Zeit, Herrn Weber, den/einen Abteilungsleiter, mit Frau Hübsch, der/einer Chefsekretärin, arbeitet sie eng zusammen.

3 a) 7 b) 4 c) 1 d) 6 e) 3 f) 2 g) 5

4 a) auf eine Tasse schwarzen Kaffee, auf ein Glas prickelnden Sekt, auf eine Portion süße Erdbeeren, auf einen Krug kühles Bier, auf eine Flasche französischen Rotwein, auf einen Teller italienische Spaghetti, auf einen Schluck starken Schnaps, auf eine Scheibe frischgebackenes Brot.

b) mit einer Tasse schwarzem Kaffee, mit einem Glas prickelndem Sekt, mit einer Portion süßen Erdbeeren, mit einem Krug kühlem Bier, mit einer Flasche französischem Rotwein, mit einem Teller italienischer Spaghetti, mit einem Schluck starkem Schnaps, mit einer Scheibe frischgebackenem Brot.

Chapter 37

1 a) Fünfzig Mark b) (Ein)hundert Franken
c) (Ein)hundertfünfundzwanzig Mark d) Sechsunddreißig Schilling
e) (Ein)hundertachtundzwanzig Euro und achtzig Cents
f) Zweihundertfünfundvierzig Mark und fünfzig Pfennig
g) Sechshundertundfünfzig Franken und fünfundsiebzig Rappen
h) Achthundertsechsundvierzig Euro und fünfundvierzig Cents
i) (Ein)tausendunddreißig Schilling j) (Ein)tausendzweihundertsiebzehn Euro und sechzehn Cents.

2 a) 55 824 b) 1 324 005 c) 37 215 d) 839 e) 2 000 412 f) 66 487
g) 1 385.

3 a) Neunundreißig b) Sieben c) Vier d) Zwölf e) Drei f) Achtzig
g) Vier h) Einhundertundeins i) Zehn j) Sieben k) Dritte l) Erste,
Zweite m) Dritte n) Siebte o) Achte p) Einundzwanzigsten q) Zweite.

4 (Im Jahre) neunzehnhundertfünfundvierzig hat der Zweite Weltkrieg geendet.
(Im Jahre) neunzehnhundertneunundvierzig ist die BRD gegründet worden.
(Im Jahre) neunzehnhundertfünfundfünfzig hat die BRD die Souveränität erlangt.
(Im Jahre) neunzehnhundertsiebenundfünfzig ist das Saarland das elfte Bundesland geworden.
(Im Jahre) neunzehnhunderteinundsechzig ist die Berliner Mauer gebaut worden.
(Im Jahre) neunzehnhundertneunundachtzig ist die Grenze zwischen der BRD und der DDR geöffnet worden.
(Im Jahre) neunzehnhundertneunzig ist Deutschland wiedervereinigt worden.
(Im Jahre) neunzehnhundertachtundneunzig haben die SPD und die Grünen eine neue Regierung gebildet.
(Im Jahre) neunzehnhundertneunundneunzig hat die erste Sitzung des Bundestages im neuen Reichstag in Berlin stattgefunden.

5 a) Der erste Januar ist/heißt Neujahr/Am ersten Januar feiert man Neujahr. b) Der erste Mai ist/heißt der Tag der Arbeit/Am ersten Mai feiert man den Tag der Arbeit. c) Der erste November ist/heißt Allerheiligen/Am ersten November feiert man Allerheiligen. d) Der vierundzwanzigste Dezember ist/heißt der heilige Abend/Am vierundzwanzigsten Dezember feiert man den heiligen Abend. e) Der einunddreißigste Dezember ist/heißt Sylvester/Am einunddreißigsten Dezember feiert man Sylvester. f) Der dritte Oktober ist/heißt der Tag der deutschen Einheit/Am dritten Oktober feiert man den Tag der deutschen Einheit.

4

Fehl	Miss	Nicht	Un
-geburt	-erfolg	-raucher	-glück
-meldung	-geburt	-schwimmer	-ruhe
-schlag	-handlung	-beachtung	-mensch
-anzeige	-gunst	-mitglied	-gunst
	-verständnis		-wetter
	-brauch		-fall
			-verständnis

INDEX

AKTION GRAMMATIK!

AKTION GRAMMATIK!

NEUE AUSSICHTEN
Etappen

Jeannie McNeill, Judith Ram Prasad, Steve Williams

ISBN: 0-340-73791-3

Neue Aussichten is a new two-stage course written to meet the requirements of the new AS/A2 level specifications. Stage 1, *Etappen*, smoothly handles the difficult transition from GCSE and takes students to AS level; Stage 2, *Ziele*, leads on from there to ensure success at A2.

- **Consistent themed approach** Each of the six units within a stage has its own thematic and regional focus. There is also a *Kulturspot* feature in every unit, exploring aspects of contemporary culture in German-speaking countries.

- **Fully up-to-date** Authentic materials are drawn from a wide range of sources, including the Internet – and the activities hold plenty of opportunities and suggestions for the development of students' IT skills.

- **Interesting reading** The wide variety of short and manageable texts is designed to keep your students fully engaged. The course encourages a mature and objective reading of the texts and exploration of the issues raised.

- **Plain sailing!** A well-organised structure to every spread and every unit charts a clear progression through the course, which both students and teachers will find simple to follow.

The following components accompany the Students' Book:

- Cassette Set   0 340 73795 6
- Teacher's Book (with photocopiable worksheets)   0 340 73792 1

Hodder & Stoughton
A MEMBER OF THE HODDER HEADLINE GROUP

AKTION GRAMMATIK!

WORT FÜR WORT
A new advanced vocabulary

Paul Stocker

ISBN: 0-340-77163-1

Wort für Wort is an advanced German vocabulary book for A2, AS and Higher Grade students. It will also prove an invaluable resource for those in Higher or Further education.

This new edition has been updated in order to provide comprehensive coverage of the language requirements for the new examination specifications. The vocabulary is contemporary and covers a wide area of relevant topics.

It is a practical resource for oral and written work and is designed to provide full support for those taking modern topic-based syllabuses.

Listing words and phrases under the thematic headings now familiar to students, **Wort für Wort** facilitates the acquisition and consolidation of a bank of relevant vocabulary. It will be invaluable both as a quick reference source for discussion and essay writing, and as a means of systematic revision.

Also available in this series:

> **Mot à Mot** A new advanced French vocabulary
> **Palabra por Palabra** A new advanced Spanish vocabulary

Hodder & Stoughton

A MEMBER OF THE HODDER HEADLINE GROUP

Aufsatz! 2000
German Language Essay Writing
Rod Hares & Christa Clemmetson

ISBN: 0-340-72478-1

Fully revised and updated, this new edition of the popular *Der Deutsche Aufsatz* provides step-by-step guidance on essay-writing to advanced students of German. In addition to the sections on structure, style and common pitfalls, *Aufsatz! 2000* offers:

- brand new sections on the geography or background essay and on preparing coursework

- advice on researching topic material

- examples of essay-writing subjects and suggested model essays

- lists of useful words and phrases

- hints for successful essay-writing in the final exam

Although designed to be compatible with modern A- and AS-level syllabuses, the sound, practical advice offered in this book could also prove invaluable to undergraduates, enabling the student to write with self-reliance and confidence even in an exam situation.

Hodder & Stoughton
A MEMBER OF THE HODDER HEADLINE GROUP

AKTION GRAMMATIK!